L'ÉCOLE MENAISIENNE

...IBERT

...MAISON DE SA SAINTETÉ

PROFESSEUR DE THÉOLOGIE DOGMATIQUE AUX FACULTÉS D'AIX ET DE MARSEILLE

PARIS

LIBRAIRIE PLON

E. PLON, NOURRIT ET Cie, IMPRIMEURS-ÉDITEURS

RUE GARANCIÈRE, 10

1884

MONTALEMBERT

DU MÊME AUTEUR :

L'ÉCOLE MENAISIENNE.

I. *Lamennais.* (3e édition.)
II. *Gerbet et Salinis.* (2e édition.)
III. *Lacordaire.* (2e édition.)
IV. *Montalembert.*

EN PRÉPARATION :

LA RENAISSANCE CATHOLIQUE AU XIXe SIÈCLE.

I. *L'Abbé Maury.*
II. *Les Négociateurs du Concordat.*
III. *Chateaubriand.*
IV. *Joseph de Maistre, de Bonald,* etc.

PARIS. — TYPOGRAPHIE E. PLON, NOURRIT ET Cie, RUE GARANCIÈRE, 8.

MONTALEMBERT

PAR

Mᴳᴿ RICARD

PRÉLAT DE LA MAISON DE SA SAINTETÉ

PROFESSEUR DE THÉOLOGIE DOGMATIQUE AUX FACULTÉS D'AIX ET DE MARSEILLE

PARIS

LIBRAIRIE PLON

E. PLON, NOURRIT ET Cⁱᵉ, IMPRIMEURS-ÉDITEURS

RUE GARANCIÈRE, 10

1884

Tous droits réservés

PRÉFACE

En publiant ce quatrième et dernier volume de mon *Essai sur l'École Menaisienne*, je n'ai plus à dire le but que je me suis proposé dans cette série d'études dont, moins que personne, je ne me dissimule l'insuffisance, tant le sujet est vaste et digne de fixer l'attention approfondie de quiconque s'intéresse à ce grand mouvement d'idées qui a renouvelé l'apologétique contemporaine.

L'accueil exceptionnellement bienveillant dont le public a honoré ces modestes essais me dispense de répondre ici à certaines critiques qui, pour avoir été dans la forme plus acerbes que je ne l'aurais attendu, ne m'ont pas moins été utiles dans la révision sévère *à laquelle j'ai soumis la réimpression de mes trois précédents volumes.*

J'ose espérer, pour celui-ci, la même indulgence et la même faveur.

Comme on le verra, j'ai utilisé les écrits des biographes qui ont déjà parlé de mon héros. Avec ces sources d'informations, j'ai pu, grâce à une bienveillante hospitalité dont je garde le souvenir reconnaissant au plus intime de ma mémoire, parcourir bien des documents, la plupart inédits, qui m'ont permis de compléter en cent endroits ce que les précédents historiens avaient déjà si bien dit sur ce sujet.

Il ne me reste donc rien à ajouter ici pour présenter ce livre aux lecteurs, qui ont bien voulu témoigner quelque impatience d'en voir hâter la publication.

Sur un point cependant, j'ai besoin de dire encore un mot avant de livrer ces pages aux hasards de la publicité.

On a beaucoup discuté et l'on discute encore vivement, de part et d'autre, sur certaines faces des doctrines et sur certains actes des déclarations du brillant disciple de la Chesnaie, l'émule et le compagnon d'armes des plus illustres représentants de l'École Menaisienne. Je n'ai eu nullement la pensée d'apporter un élément de plus à l'attaque ni même, en un sens, à la défense.

Ce livre n'est point une œuvre de polémique : il veut être uniquement un hommage aux généreux services d'un champion de la sainte Église, dont nul n'a contesté jamais l'admirable désintéressement et le dévouement filial.

Outre qu'en évitant les discussions irritantes, j'ai suivi la pente de mes propres inclinations, je savais aussi par là obéir à des vœux que tout me fait un devoir de seconder.

Daigne le lecteur agréer que, laissant de côté ce qui divise, en ce temps où l'union est devenue si indispensable en face de la coalition ennemie, j'ai recherché surtout ce qui peut rapprocher et fondre les cœurs devant une tombe glorieuse et fidèle. Celui qui y dort le sommeil de la paix divine n'est point mort tout entier. Sa parole vibre encore, et ses écrits ont gardé toute leur opportunité, car la lutte n'a pas changé de terrain. Quiconque veut opposer une victorieuse et éloquente réponse aux vieilles attaques à peine rajeunies par l'antique adversaire de ce que nous aimons, ne saurait mieux s'armer pour le combat que dans cet arsenal où ce grand chrétien a réuni des armes qui n'ont rien perdu de leur puissance ni de leur portée.

1er mars 1884.

MONTALEMBERT

I

L'ÉDUCATION ET LES ÉDUCATEURS.

SOMMAIRE. — Un ancêtre sous François Ier. — Gentilhomme et héros. — Un beau sujet d'étude. — La devise des Montalembert. — Première éducation de Charles. — Il entre au collége écossais. — Charmant récit de son grand-père. — Mort de M. Forbes. — Mystère de souffrance intime. — L'abbé Eugène de la Bourdonnaye. — François de la Bouillerie. — Souvenirs de première communion. — Un confesseur à la mode ! — Madame de Montalembert se convertit au catholicisme. — L'amour maternel. — L'internat dans les colléges. — L'abbé Busson. — Le duc Mathieu de Montmorency. — Rio. — Un Montalembert au siége de Thérouanne.

— Nous sommes quatre gentilshommes de la Guienne qui combattons en lice contre tous allants et venants de la France : moi, Sansac, Montalembert et la Châtaigneraie [1].

C'est de l'un des ancêtres de notre héros que parlait ainsi François Ier, un roi qui ne s'amusait pas toujours avec Triboulet, quoi qu'en ait dit le poëte.

Le Montalembert du dix-neuvième siècle n'avait point dégénéré de son aïeul du seizième.

— Je suis le premier de mon sang qui n'ai guerroyé

---

[1] LACORDAIRE, *Notice sur Marc-René de Montalembert*, t. VIII, p. 4.

qu'avec la plume, écrira-t-il un jour ; mais qu'elle devienne un glaive à son tour [1] !

Charles de Montalembert est là tout entier.

Ce n'est pas un académicien, c'est un chevalier : il sent en gentilhomme et il se bat en héros, gentilhomme et héros chrétien.

C'est bien en effet le gentilhomme chrétien qui, un jour, à la tribune, trouvera cette parole :

— Nous sommes les fils des Croisés, et nous ne reculerons pas devant les fils de Voltaire !

C'est le héros chrétien qui, à vingt ans, se lançait, lui cinquième, dans la décevante aventure de l'*Avenir* ; qui, à vingt-trois, gagnait sa bataille de Rocroy, inaugurant la restauration de l'art chrétien par sa lettre du *Vandalisme en France* ; qui, à vingt-six, l'*Histoire de sainte Élisabeth* à la main, opérait d'un seul coup la plus imprévue des évolutions dans l'hagiographie ; qui, trois ans plus tard, pour la grande œuvre de la liberté de l'enseignement, presque seul dans la mêlée, jetait, comme le grand Condé à Fribourg, son bâton de commandement dans les retranchements ennemis, dont il devait sortir vainqueur.

C'est le héros qui, le lendemain de la défaite du Sonderbund, s'écriait, aux acclamations de la Chambre des pairs :

— Savez-vous quelque chose de bien plus honteux que cette défaite ? c'est la victoire !

C'est le héros qui, l'année d'après, à l'Assemblée nationale d'alors, arrachait à Berryer cet éloge :

— Vous n'êtes pas un homme absolu, mais résolu.

C'est le héros qui, en 1852, protestait, seul encore,

---

[1] MONTALEMBERT, *les Moines d'Occident,* Introduction.

contre la prostration des amis de la liberté, par son livre *Des intérêts catholiques au dix-neuvième siècle*.

C'est le héros qui, en 1856, toujours au milieu du mutisme universel, dénonçait, trois ans à l'avance, les desseins de Napoléon III contre le Pape[1].

Et c'est ainsi, conclut M. Foisset[2], que, fidèle à lui-même jusqu'à la fin, il a pu se rendre en toute vérité ce témoignage :

— Que ma plume devienne un glaive, mais qu'au moins elle serve avec honneur dans la rude et sainte lutte de la conscience, de la vérité, de la majesté désarmée du droit, contre la triomphante oppression du mensonge et du mal[3].

On le voit, c'est un beau sujet que nous allons avoir à étudier.

Par ce temps de caractères amoindris, où les appétits et les intérêts priment tout, c'est un beau spectacle que de considérer ce grand caractère; comme, au temps de Charles VII, ce dut être, pour les âmes alanguies et scandalisées, un réconfortant singulier que de regarder du côté de la Lorraine, sur les chemins par où venait l'héroïne de Vaucouleurs.

Sur la bannière de Jeanne, quand elle flottait au sacre de Reims, étincelait la croix du Christ. Sur le blason du chevalier chrétien, brille la croix des croisades.

« Longtemps, dit Lacordaire, elle avait été sans légende, ayant assez de gloire pour se taire, jusqu'au jour où, dans l'exil, une noble modestie y grava ces mots : *Cecidi, sed surgam*[4] ! »

---

[1] *Correspondant* du 25 juin 1856.
[2] FOISSET, *le Comte de Montalembert*, p. 53.
[3] MONTALEMBERT, *les Moines d'Occident*, Introduction.
[4] LACORDAIRE, *Op. cit.*, p. 26.

A cette heure, la croix tombe en bien des lieux ; elle se relèvera, si nous savons comprendre et si nous voulons adopter la devise de Montalembert.

I

C'est durant l'émigration et sous l'Empire, le 15 avril 1810, à Londres, que naquit Charles-Forbes-René de Montalembert.

Son père était ce Marc-René dont Lacordaire a écrit l'éloge funèbre, et qui mourut victime « d'un dévouement sans relâche et sans fruit[1] », au moins apparent, à toutes les nobles causes de son temps. Il en fut le serviteur ardent, et, pour employer le mot du maréchal Mortier, qui lui en faisait un reproche, le serviteur « passionné ».

— Oui, répliqua le noble pair, je suis passionné pour la gloire et l'honneur de mon pays.

Par sa mère, Charles de Montalembert descendait des premiers barons d'Écosse, les lords Forbes.

L'aïeul, M. James Forbes, fut l'éducateur véritable de Charles. Membre de la Société royale de Londres, voyageur remarquable, chrétien d'une forte conviction, il s'empara de son petit-fils, avant même que l'enfant eût accompli sa seconde année. Il lui apprit à lire, il lui enseigna les éléments du latin et du grec, il lui inspira surtout cette curiosité universelle qui est restée l'un des plus

---

[1] LACORDAIRE, *Op. cit.*, p. 23.

rares attributs de cette infatigable intelligence. Jusqu'à l'âge de neuf ans, Charles ne s'intéressa qu'à des livres ; il ne sortit plus, pour ainsi dire, de la bibliothèque de M. Forbes ; il ne recherchait d'autre récréation que la conversation de son grand-père.

A huit ans, pour obéir aux désirs de sa fille, M. Forbes conduisit son petit-fils à Fulham, pour l'y mettre en pension au collége écossais.

Il l'écrivait à madame de Montalembert :

« Le jour de notre séparation vint la semaine dernière, jour pour moi d'une épreuve peu commune...

« Je lui dis que je comptais le conduire en pension après le déjeuner, mais que, s'il l'aimait mieux, il pourrait dîner avec moi, et que nous irions (à Fulham) dans la soirée. Après un moment d'hésitation, il répondit :

« — Puisque je dois y aller, j'aime mieux partir tout de suite.

« Nous partîmes, et lorsque nous fûmes à moitié chemin entre Londres et Fulham, observant qu'il regardait soigneusement autour de lui, je lui demandai ce qu'il cherchait. Il me répondit qu' « il voulait voir s'il y avait « encore des maisons sur la route ». Je lui répondis que nous étions sur la partie du chemin où il y en avait le moins. Je lui demandai ce que cela lui faisait. Alors, mettant ses deux petits bras autour de mon cou et cachant son visage sur mon épaule, il me dit, avec un gros sanglot et d'une voix entrecoupée :

« — Maintenant, cher grand-papa, comme vous m'avez enseigné qu'il fallait toujours dire la vérité, et ne jamais rien vous cacher, je vous supplie de répondre vous-même avec vérité à la question que je vais vous faire

« Je le lui promis, et voici les propres paroles que ce cher enfant m'adressa :

« — Vous savez, cher grand-papa, que lorsque papa et maman, mon frère et ma sœur, sont partis pour Stuttgart, ils m'ont laissé ici pour être votre enfant. Et maintenant, jusqu'à ce que nous les retrouvions, vous et moi, nous sommes tout l'un pour l'autre. Dites-moi donc, mais dites-le-moi bien vrai, — depuis que je suis venu de Paris, ai-je été tout à fait ce que vous désiriez et ce que vous attendiez que je fusse, et m'aimez-vous autant que lorsque nous étions là tous ensemble ?

« C'en était presque trop pour moi. Cependant je pus lui assurer avec vérité qu'il avait été tout, et au delà de tout ce que j'attendais de lui.

« — Alors, je suis le plus heureux garçon qu'il y ait au monde, et je ne verserai pas une larme en vous quittant.

« Et il n'en versa point en effet [1]. »

Le biographe anglais [2], à qui nous devons de connaître cette anecdote, s'écrie à bon droit : « Quelle scène charmante ! Cette route solitaire éclairée par le soleil d'avril, cet enfant dont le jeune cœur déborde, ce vieillard non moins ému, et qui se prépare, en le quittant, à subir *une épreuve peu commune*. Que peut-on imaginer de plus doux que cette expansion d'une part, cette émotion contenue de l'autre, et quel cœur ne serait attendri de ces paroles du grand-père : *C'en était presque trop pour moi !* »

Ce fut en effet trop pour l'aïeul.

Cet enfant grave, pensif, affectueux, reflétait sa vivante

---

[1] Lettre de M. Forbes à sa fille, le 28 avril 1818.
[2] MM. OLIPHANT, *Memoirs of count de Montalembert*, vol. I, p. 17.

image, et le vieillard se revoyait en lui, comme dans un autre lui-même.

— J'en souffre beaucoup, écrivait-il à la mère du jeune écolier.

Il en souffrit tant qu'il en mourut. C'était le 1er août 1819. L'enfant de neuf ans était inconsolable.

— Ce fut ma première douleur, a-t-il raconté plus tard, alors que, repassant dans sa mémoire toutes les phases de cette grande vie, où Dieu mit toujours, à côté de chaque triomphe, une poignante épreuve, il redisait les stations de sa voie douloureuse.

II

Louis XVIII venait d'appeler le comte Marc-René à la Chambre haute. Le moment était venu de donner au fils aîné du nouveau pair de France une éducation française, car, jusque-là, Charles n'avait parlé qu'anglais, et chacun sait que cette première éducation anglaise, comme le sang de la libre et fière Albion qui, du chef de sa mère, coulait dans ses veines, se sont trahis pendant toute sa vie, « par une vive admiration pour les caractères et les institutions d'outre-Manche [1] ».

A Paris, l'enfant porta le deuil de l'aïeul, mais il le portait silencieusement, comme il sied à toute grande douleur. Sa contenance sérieuse tranchait sur les bruyantes

---

[1] Mgr BESSON, *M. de Montalembert en Franche-Comté*, p. 4.

expansions de ses condisciples au collége Bourbon, où il suivit en 1820 la classe de cinquième. Il fallut l'en retirer et lui rendre, au sein de la famille, les joies du foyer domestique, dont un barbare préjugé, alors absolument maître des esprits et des mœurs, devait le priver deux fois en sa vie d'écolier, au grand dommage de ses forces morales et physiques.

Ce ne fut pourtant pas auprès des siens qu'il trouva la consolation, dont ce cœur aimant et concentré avait besoin. Son père lancé dans le tumulte des affaires publiques, sa mère occupée des soins à donner au monde et à l'éducation de ses autres enfants, ne remarquèrent peut-être pas assez ce mystère de souffrance intime, à un âge encore si tendre.

Dieu mit alors sur la route de Charles un de ces anges visibles, de qui le Christ disait : « Allez vous montrer à eux ! »

Un jour qu'il était à l'église de Saint-Thomas d'Aquin, sa paroisse, l'enfant remarqua un jeune prêtre, qui passait dans les rangs des fidèles, recueillis, doux, souriant d'un sourire voilé de quelque tristesse, comme s'il avait eu le pressentiment de sa mort prochaine. Il s'appelait l'abbé Eugène de la Bourdonnaye.

Quand le vicaire fut près de lui, Charles le regarda avec cette suave expression d'angélique mélancolie que réflétaient ses yeux d'enfant. Ce fut une commotion irrésistible. Ce qu'on a depuis appelé la sympathie — abusant à tort et à travers de cette expression, qu'il faudrait réserver comme on réserve les délicatesses suprêmes du plus intime de l'être humain — la sympathie établit son courant entre le prêtre et l'enfant. Ils se sentirent faits l'un pour l'autre. Le prêtre d'ailleurs n'eut guère à se baisser, l'enfant de dix ans était de sa taille, au moral s'entend.

— L'abbé Eugène de la Bourdonnaye fut mon premier bienfaiteur après mon grand-père.

Ce témoignage, que Charles de Montalembert aimait à rendre au pieux vicaire de Saint-Thomas d'Aquin, un autre enfant, du même âge, noble et pur comme Charles, se complaira, avant de mourir, à le rendre à la mémoire du jeune prêtre, trop tôt enlevé à l'Église.

Daigne le lecteur permettre que je m'arrête devant ce petit compagnon de Montalembert, son contemporain, son émule, peut-être son premier ami. Tous deux doués d'une ravissante physionomie telle que Angelico de Fiesole les voyait dans ses rêves de peintre inspiré, animés d'une précoce ardeur pour les choses du ciel dont parlait si bien leur pieux ami, merveilleusement intelligents, ils fixèrent les prédilections de celui-ci. Au catéchisme, Charles de Montalembert recherchait la place voisine de celle qu'occupait le fils du ministre de la maison du Roi. Ce voisin venait de l'Élysée-Bourbon, palais de la résidence de son père, pour écouter les leçons et prendre la direction du catéchiste aimé.

Qui les eût vus, tous deux, attentifs, sérieux, émus, aurait été tenté d'interroger leurs bons anges, et de demander, comme autrefois les visiteurs de Zacharie et d'Élisabeth :

— Quels pensez-vous que seront ces deux enfants?

Et les anges auraient répondu :

— Celui-ci sera le grand tribun catholique, le chevalier armé pour la justice et le droit, l'O'Connell français. Et l'autre, celui qui vit maintenant à l'Élysée, montera un jour sur une chaire épiscopale, pour devenir un des plus grands évêques de ce temps?

Au précédent volume, je l'ai salué avec une émotion filiale, tandis qu'il vivait [1]; ici, je saluerai encore ce nom si grand et si pur, maintenant que celui qui le portait s'est couché dans le cercueil au milieu des larmes de toute l'Église de France, le nom de celui qui fut mon maître, mon ami, mon père — François de la Bouillerie!

« Je suivis, a-t-il raconté lui-même, les catéchismes de Saint-Thomas d'Aquin, sous la direction de l'abbé de la Bourdonnaye, trop tôt enlevé à l'Église. Ma première communion m'a laissé un souvenir profond et bien cher. J'ai cherché à l'exprimer dans ma méditation des *Deux Communions*. Et chaque fois que je parle à des enfants qui s'approchent pour la première fois de la table eucharistique, j'essaye de me rappeler les sentiments que j'avais alors [2]. »

Pour Charles, quand il rentra chez lui au sortir de l'église où il venait d'accomplir cet acte auguste, il courut s'enfermer dans sa petite chambre d'écolier, et écrivit, sur son journal d'enfant, cette parole qui n'est pas d'un enfant vulgaire :

— Pour la première fois, j'ai compris qu'il pouvait être doux de mourir!

---

[1] Au tome III des *Études sur l'école menaisienne* (LACORDAIRE), *passim*.

[2] Ant. RICARD, *Mgr de la Bouillerie*, chap. I, p. 6.

III

Je n'ai point encore dit qu'il y avait entre Charles de Montalembert et sa mère un douloureux contraste. Ils ne s'agenouillaient point au pied des mêmes autels. Anglaise de naissance, la fille de M. Forbes était anglicane de religion.

Charles dès lors ne pouvait, comme François de la Bouillerie revenant de la table sainte où sa pieuse mère s'était agenouillée près de lui, écrire comme le fera son jeune ami :

« Notre première communion !... C'est alors que le peuple « chrétien, nous entourant de ses cantiques d'allégresse, a « chanté sur nous l'hosanna et répété avec cette femme de « Judée : « Heureuses les entrailles qui ont porté Jésus- « Christ !... » C'est alors que nos mères, oubliant les dou- « leurs de l'enfantement, ont été saintement fières d'avoir « mis au monde un homme qui devenait le tabernacle de « son Dieu [1] ! »

Or, il y avait, à ce moment, à Paris, un prêtre d'autrefois, homme d'une piété rigide et toute virile, dont l'éloquent et disert évêque de Nîmes a admirablement raconté l'attachante biographie.

Ce prêtre, de sainte vie et de grande mémoire, se nom-

---

[1] Mgr DE LA BOUILLERIE, *Méditations sur l'Eucharistie* (le meilleur souvenir et la plus douce espérance).

mait l'abbé Busson, et il était professeur de théologie au séminaire des Missions étrangères.

Royaliste dévoué, ce prêtre franc-comtois, bien qu'exempt au plus haut point des étroitesses de l'esprit de parti, avait gagné la confiance spirituelle de tout le faubourg Saint-Germain.

« C'était le confesseur à la mode ! »

Le mot est de Montalembert lui-même. Car il y a une mode partout, même à l'église, où la mode parque et divise quelquefois les confessionnaux, témoin cette dame de haut parage, qui disait dans un salon : « A celui-là, nous envoyons nos bonnes ; vous comprenez, ma chère, qu'on ne saurait avoir le même confesseur !... »

Donc, l'abbé Busson était le confesseur attitré du noble faubourg.

« De grandes dames, raconte Montalembert qui était aussi son pénitent, de grandes dames, les principaux personnages de la cour, venaient, comme nous, s'agenouiller à ses pieds et y déposer le fardeau de leur conscience. »

Et il conclut : « C'était le confesseur à la mode ! »

Or, cette fois, la mode avait eu raison. Car, ajoute-t-il, « quand j'y réfléchis et que je me demande d'où venait cette vogue, en vérité je n'y peux voir que l'ascendant d'une sainteté reconnue et admirée de tout le monde. Il n'avait ni un nom brillant, ni des fonctions élevées ; son abord était plus sévère qu'avenant, et, malgré cela, on le préférait aux autres. Jamais le moindre soupçon n'a effleuré sa vertu ; jamais la plus légère critique ne s'est exercée sur sa vie : on oubliait tout, sa jeunesse, son air mêlé en apparence de rudesse et d'austérité, pour ne voir en lui que le prêtre. C'était le prêtre, et rien que le prêtre, dans toute sa simplicité et dans toute sa grandeur [1]. »

Madame de Montalembert voulut connaître le confesseur de son fils. L'aspect de ce prêtre, rude montagnard, l'impressionna vivement. Sa conversation la charma. Elle entama avec lui une suite de discussions, mesurées, sincères, réfléchies. Comme pour madame Swetchine, la lumière ne se fit que peu à peu ; mais le jour où elle éclata nette et sans ombre, la fière anglicane n'hésita pas une heure à conformer sa pratique à ses croyances.

Charles était le confident de cette lutte mystérieuse. Sa précoce gravité le fit juger digne d'entrer en tiers dans le long échange de lettres et de controverses qui s'établit entre son père spirituel et sa mère.

— Je me rappelle très-bien, racontait-il dans la suite, que ce fut en écoutant et en transcrivant de ma main d'enfant les éclaircissements réclamés par ma mère, que je fus porté à réfléchir pour la première fois aux preuves historiques de la religion et à prendre du goût pour ce genre d'études [2].

Qui saura l'influence exercée par ces confidences sur l'avenir de l'enfant? On a dit qu'elles décidèrent de sa foi et en firent un soldat de l'Église [3]. J'aime à le croire, comme j'aime à me figurer l'émotion du premier communiant, quand, retournant à la table eucharistique, il y fut accompagné par sa mère.

[1] Lettre de M. de Montalembert à M. l'abbé Besson, 28 septembre 1861.
[2] *Ibid.*
[3] Mgr BESSON, *M. de Montalembert en Franche-Comté*, p. 5.

Sa mère!... Un cœur, comme le sien, avait compris l'amour maternel, cet amour dont le poëte a si bien dit :

> Fait d'héroïsme et de clémence,
> Présent toujours au moindre appel,
> Qui de nous peut dire où commence,
> Où finit l'amour maternel?

En revenant d'Angleterre, le cœur tout meurtri des douleurs de la séparation d'avec son grand-père, mort entre ses bras d'enfant dans une auberge solitaire, Charles avait deviné quel asile lui serait ce cœur maternel ; et, quand la fille de son aïeul bien-aimé eut embrassé sa foi, l'enfant, avec sa nature, sensible à l'excès, impressionnable et discrète, sentit que là serait son meilleur asile.

> Est-il de retraite plus douce
> Qu'un sein de mère? et quel abri
> Recueille avec moins de secousse
> Un cœur fragile endolori?

Sans doute, l'amitié avait ses charmes et ses consolations. Montalembert, nous l'allons voir, les a goûtés et recherchés plus que qui que ce soit en ce monde. Mais, c'est encore le poëte qui l'a dit :

> Lequel n'espère un avantage
> Des échanges de l'amitié?
> Que de fois la mère partage
> Et ne garde pas sa moitié [1] !

Puis, il se souvenait des douleurs de son internat à Fulham, et il avait entrevu les terreurs de l'internat dans les colléges de Paris, où la vie de caserne, voulue par l'Empereur, disposait, sous l'étau uniforme d'une disci-

---

[1] SULLY-PRUDHOMME, *Stances et poëmes.*

pline de fer, à la vie du régiment. « Vraies prisons, murées entre deux rues de Paris, dominées partout par des toits et des tuyaux de cheminée, avec deux rangées d'arbres étiolés au milieu d'une cour pavée ou sablée, et une malheureuse promenade tous les huit ou quinze jours à travers les guinguettes des faubourgs [1]. »

Il avait vu, de son regard profond et réfléchi, de malheureux petits êtres, assis sur les mêmes bancs que lui, comprimés, à l'âge où la nature plus expansive a le plus besoin de spontanéité, s'aigrir, prendre en haine ce collége, qui les avait ravis, comme un barbare, aux saines et réconfortantes joies du foyer domestique. Il avait compati à cette souffrance trop oubliée, des petits qui pleurent, dans les sombres écoles, et qui, le soir,

> Dans le désert du grand dortoir,
> ...pensent au dimanche, et veillent
> Pour se rappeler la maison.
> Ils ne peuvent oublier leurs mères,
> Et cachent leurs petites têtes,
> En sanglotant, sous l'oreiller.

Je ne fais point un vain étalage de sentiments, quand je rappelle les strophes émues et sincères du poëte délicat que l'Académie française vient d'admettre dans son sein. Toute âme honnête se doit, à mon sens, de protester et de réagir contre le changement introduit au seizième siècle, et parfaitement inconnu de nos pères, dans la discipline des écoles publiques, qui a reçu de Napoléon Ier son caractère définitif. L'enfant est créé pour la famille. Sortez-le du milieu que lui a assigné le Créateur, vous l'isolez de

---

[1] MONTALEMBERT, *OEuvres complètes*, t. V, p. 340.

son atmosphère naturelle, et, en l'isolant, vous l'emprisonnez,

Ah! que César ait rêvé de vous le ravir de bonne heure, afin d'en faire, dès sa septième année, comme une sorte d'enfant de troupe, qui marche au son du tambour et n'entrevoit qu'à de longs intervalles le sourire de la maison où il est né, c'est la mise en œuvre de cette monstrueuse prétention des conventionnels, décrétant que tous les enfants de France appartenaient à la nation, avant d'appartenir à leur famille. J'en appelle au cœur de tous les pères et de toutes les mères, c'est monstrueux de tyrannie, cela, et Néron n'a jamais inventé rien de mieux. Sans doute, la Providence a des ressources pour les orphelins; mais pourquoi la tenter, en multipliant ces pseudo-orphelins, qu'une civilisation cruelle fait chaque jour? Je le dirai donc, avec l'énergie d'une conviction profonde, appuyée sur les traditions les plus sacrées et les plus inviolables de nos ancêtres, les chrétiens, chez qui l'internat, tel qu'il s'est généralisé chez nous, eût semblé une criminelle dérogation aux lois de la famille : la mère est nécessaire à l'éducation, même à l'éducation patriotique; c'est un crime de lèse-famille, et aussi de lèse-nation, que d'exclure la famille de cette œuvre délicate, inaliénable et sacrée!...

Montalembert enfant l'avait deviné. Il sut un gré infini à sa mère de lui avoir épargné les tortures morales que sa onzième année avait entrevues au collége, où il suivit comme externe son premier cours de grammaire, et où il redoutait si fort d'entrer comme pensionnaire.

IV

Le séjour dans la maison paternelle lui procura, entre autres avantages, celui d'y rencontrer, en grand nombre, de ces hommes qui, par cette influence magnétique qu'exercent les âmes élevées sur les âmes mises en contact avec elles, décident quelquefois d'un avenir.

J'ai déjà nommé l'abbé Busson. Type accompli du prêtre sorti de la révolution, et bien que dévoué à la cause royaliste, M. Busson n'était point l'homme des extrêmes : rien chez lui ne dénonçait l'esprit de parti, ce détestable esprit de parti qui éternise nos malheurs en divisant nos forces. Rechercher les points où l'on s'entend sans conteste, laisser dans l'ombre les nuances, c'est l'unique moyen de confondre les forces vives d'une nation et de réaliser l'hypothèse de Jules César, quand il proclamait, il y a deux mille ans, cet axiome historique, aussi vrai aujourd'hui que de son temps : « Si les Gaulois ne se divisaient pas, ils seraient invincibles [1]. »

L'abbé Busson, qui pensait ainsi, ne craignait pas de dire à Charles :

— Ne donnez dans aucun extrême ; gardez toujours en tout le juste milieu, que choisit de préférence une vertu éclairée. Même dans les opinions purement spéculatives, il est rare que le milieu ne soit pas plus vrai que les

---

[1] Cæsar, *De bello Gallico.*

extrêmes. L'éclectisme est en tout ce qu'il y a de plus rationnel, et l'éclectisme, presque toujours, consiste à réunir les extrêmes dans le milieu, en rapprochant ce qu'ils ont de bon et de vrai, et en rejetant tout le reste [1].

Avec la paternelle sollicitude du sage abbé Busson, le jeune enfant sut conquérir celle du chevalier chrétien le plus vénéré de tous les courtisans chez Louis XVIII, de cette âme noble et grande en qui vivaient les traditions du plus beau nom de France, de ce cœur si ardent au service du Christ que, comme ses ancêtres des croisades, il mourra sur la voie douloureuse au jour anniversaire de la mort de son Dieu, en visitant les stations du Calvaire. J'ai nommé le duc Mathieu de Montmorency.

Par son exquise candeur non moins que par la précocité de son intelligence, Charles de Montalembert avait inspiré un vif et tendre intérêt à ce grand homme. Jamais, dit un contemporain, on n'eut plus de bonté pour un jeune homme de quinze ans. C'est à cet âge que Charles de Montalembert fut privé de ses exemples et de sa conversation si simple, si pieuse, si instructive et si distinguée : depuis la mort de son grand-père, il n'avait pas éprouvé une aussi vive douleur [2].

Mais, plus que tous, un autre ami, jeune encore celui-là, mais déjà mûri par l'habitude du haut enseignement, devait exercer une heureuse influence sur le développement de son esprit et de son cœur. Parlant de lui, dans les dernières années de sa vie, Montalembert disait encore :

— N'oublions pas qu'il a cultivé en nous l'enthou-

---

[1] Lettre de l'abbé Busson à Charles de Montalembert, du 24 novembre 1828.

[2] Foisset, *le Comte de Montalembert*, p. 57.

siasme, et gardons-lui, pour ce bienfait, la plus vive reconnaissance.

L'enthousiasme !... Ce qui s'en va de plus en plus, au sein de nos civilisations envahies par les choses positives et les réalités brutales ! L'enthousiasme ! ce qui a créé les Francs, ce qui a chassé l'étranger de notre sol au moyen âge, ce qui a fait les croisades, ce qui a constitué cette chose si fière et si renommée autrefois dans le monde entier : le patriotisme français ! Hélas ! l'enthousiasme s'en va, et Dieu avec lui, car l'enthousiasme, selon la sublime étymologie du mot, c'est Dieu en nous !...

Eh ! oui, il ne m'en coûte aucunement de le confesser, Montalembert fut un enthousiaste. Les plats valets du terre à terre le lui ont quelquefois reproché comme une injure ; et, quand elle tombait sur lui, il se redressait fièrement, le souvenir de son premier maître renaissait dans son âme toujours jeune, et il répondait par ce cri, qui sert d'exergue à la collection de ses œuvres complètes :

Qualis ab incepto !... Je suis tel que je fus à ma première entrée dans la lice, toujours enthousiaste, toujours en Dieu !

En sortant des cours faits par son ami à la *Société des bonnes lettres,* cours suivis par l'élite du monde parisien, le jeune auditeur, ravi, transporté, saisi d'un noble élan, s'écriait :

— En voilà un qui n'a ni honte ni peur de croire tout ce qu'il a trouvé dans le catéchisme, l'Évangile et la tradition de l'Église. C'est un frère, un homme à côté de qui l'on serait aise d'élever sa prière à Dieu, un homme que tout catholique pourrait accoster avec confiance, soit dans une église, soit dans une galerie, et lui prendre la main, et lui donner son cœur, sans craindre de se tromper, et de trouver le froid sourire de l'incrédulité ou la vanité satisfaite du pédant sous le voile d'un enthousiasme factice.

Puis, se tournant du côté de ceux qui souriaient :

— Ce doit être quelque chose de bien déconcertant pour vous, messieurs les critiques, qui, dans vos jugements souverains, posez d'abord en principe que le catholicisme est définitivement mort, qu'il est aujourd'hui dénué de toute sève créatrice, et qu'aucun être, doué de raison et à plus forte raison de science, ne peut y trouver la règle actuelle et positive de ses jugements et de ses idées ! Daignerez-vous seulement vous retourner, dans votre marche triomphale, pour écouter la voix grave et éloquente d'un homme qui aurait cependant quelque droit à votre attention ? C'est un savant professeur de l'Université, qui, après avoir commencé à vivre sur le champ de bataille, et avoir gagné à quinze ans la croix d'honneur, a enseigné longtemps l'histoire avec éclat, et puis, tout à coup, à la fleur de l'âge, s'est senti saisi d'un tel amour pour l'art purement chrétien, qu'il a renoncé à toute autre occupation pour l'étudier et pour en révéler les doux mystères et les saintes traditions. Un esprit aussi rétrograde vous étonne peut-être : mais, s'il plaît à Dieu, vous en verrez bien d'autres [1].

Rio — c'est le nom du jeune maître qui ouvrit à Montalembert les horizons où il va se complaire — était Breton, ami et admirateur de Lamennais, mêlé au mouvement de

---

[1] MONTALEMBERT, *Du vandalisme et du catholicisme dans l'art*, passim.

l'école dont l'illustre auteur de l'*Essai sur l'indifférence* était déjà le promoteur. Comme nul ne l'avait fait avant lui, il avait montré le beau dans l'art, jugeant l'antiquité avec une fermeté originale, étudiant le symbolisme au sein des erreurs païennes, montrant les rapports de la forme et de la pensée, et parlant de l'idéal, âme de l'art, sans lequel la forme, fût-elle parfaite, n'est que le cadavre de l'art.

En traitant de cet idéal, Rio touchait aux plus hauts problèmes de la philosophie chrétienne et réussissait à faire aimer non-seulement les arts, mais encore le principe catholique qui les a inspirés.

Ces vues larges et neuves sur l'esthétique fixèrent l'esprit de Montalembert. Elles décidèrent de son avenir.

V

Le 12 juin 1553, les Impériaux montaient, pour la troisième fois, à l'assaut de Thérouanne, l'antique cité d'une des plus belliqueuses tribus de la Gaule et l'un des boulevards de notre frontière du nord. Ils s'avançaient irrités d'une résistance qu'ils ne s'attendaient pas à rencontrer dans une ville des plus mal pourvues. Au sommet de la brèche, au premier rang des assiégés, se tenait un vieillard plus que septuagénaire, le visage tout décomposé par la fièvre et la jaunisse : c'était le commandant de la place, ancien compagnon du roi François et de Bayard. Une pique à la main, il attendait l'ennemi, pour le recevoir comme il avait fait aux deux attaques précédentes. Dès qu'au milieu des décombres, il vit paraître le premier des assaillants :

— A moi, cria-t-il, capitaine ou enseigne, je suis le général !

Et presque aussitôt il roula, frappé d'un coup d'arquebuse, tenant la parole qu'il avait donnée au roi :

— Sire, je suis bien malade ; mais, quand vous apprendrez que Thérouanne est pris, dites hardiment que votre serviteur est bien guéri ; madame la jaunisse n'aura pas l'honneur de me faire mourir [1].

Dans cet entrain chevaleresque, dans ce dévouement à soutenir une lutte désespérée, dans cette forme originale et fière du courage, nous pouvons déjà reconnaître des traits que ce livre a l'ambition de rendre familiers à ses lecteurs.

Le défenseur de Thérouanne était un Montalembert.

Nous allons voir comment son arrière-petit-fils se dispose à se faire tuer, lui aussi, sous le drapeau, au champ d'honneur du droit, de la justice et de la vérité, brandissant sans défaillance une parole qui valait un glaive et qui lui a fait une place à part dans la galerie héroïque des gentilshommes de son sang.

[1] Duc d'Aumale, *Discours de réception à l'Académie française.*

II

LA JEUNESSE DE MONTALEMBERT.

« Il serait singulier, a dit l'austère et tendre Lacordaire, que le christianisme, fondé sur l'amour de Dieu et des hommes, n'aboutît qu'à la sécheresse de l'âme à l'égard de tout ce qui n'est pas Dieu... Le détachement de soi-même, loin de diminuer l'amour, l'entretient et l'augmente. Ce qui ruine l'amour, c'est l'égoïsme, ce n'est pas l'amour de Dieu ; et il n'y eut jamais sur la terre d'ardeurs plus durables, plus pures, plus tendres que celles auxquelles les saints livraient leur cœur, à la fois dépouillé d'eux-mêmes et rempli de Dieu [1]. »

[1] Lettre de Lacordaire à un jeune homme, 9 novembre 1852.

Cette pensée, si profondément vraie et si bien justifiée par l'histoire, domina toute sa vie Montalembert. Sous des dehors réservés, comme Lacordaire et comme Lamennais leur malheureux maître à tous deux, il recélait une âme rêveuse, aimante et tendre jusqu'à la passion. Ses colères contre la roideur et les compressions antihumaines du jansénisme s'échappaient en accents d'une éloquence enflammée. Ses plus beaux écrits, nous le verrons, sont consacrés à célébrer l'amour, l'amour humain tel que Dieu l'a voulu mettre au cœur de l'homme. Parfois même, il se sentait impuissant devant ce beau sujet, et il s'en désolait.

— Ah ! disait-il alors, où trouver parmi nous une plume assez délicate et assez pure pour raconter ces annales du véritable amour [1] ?

Et il ajoutait :

— Il semble les avoir entrevues, ce poëte, le plus vrai poëte de notre siècle et le plus malheureux par sa faute, lorsqu'au milieu de chants d'une si étrange, si déchirante et si dangereuse beauté, il laisse échapper ces vers :

> Cloîtres silencieux, voûtes des monastères,
> C'est vous, sombres caveaux, vous qui savez aimer ;
> Ce sont vos froides nefs, vos pavés et vos pierres,
> Que jamais lèvre en feu n'a baisés sans pâmer...
> Trempez-leur donc le front dans les eaux baptismales,
> Dites-leur donc un peu ce qu'avec leurs genoux
> Il leur faudrait user de pierres sépulcrales
> Avant de soupçonner qu'on aime comme vous.
> Oui, c'est un vaste amour, qu'au fond de vos calices,
> Vous buviez à plein cœur, moines mystérieux !...
> Vous aimiez ardemment ! oh ! vous étiez heureux [2]...

---

[1] MONTALEMBERT, *les Moines d'Occident* (Introduction), p. LXXXI.
[2] Alfred DE MUSSET, *Rolla.*

Comme ces moines dont il a scruté la vie intime, comme ces saints qu'il a soumis à son scalpel respectueux, Montalembert, jeune, ardent, cherchait un préservatif contre les rigueurs et les dégoûts de la vie chrétienne, un aliment pour les rêves et les ardeurs de la jeunesse.

Nous l'allons suivre, sur cette voie toujours mystérieuse, toujours semée d'écueils et d'épines, la voie du cœur qui veut rester chaste sans étouffer sous le barbare étau des puritains de Port-Royal. Le sujet est délicat sans doute, mais il est du plus haut intérêt, car étudier un grand cœur, c'est un peu étudier le sien propre, puisque chacun de nous, comme le poëte de Rome, a droit de dire :

Homme suis, rien d'humain ne peut m'être étranger [1] !

I

Au mois d'octobre 1826, à l'aurore de sa dix-septième année, Charles de Montalembert entre au collége Sainte-Barbe. Il y entra en rhétorique et prit immédiatement le premier rang de sa classe.

Mais ses nouveaux maîtres, pas plus d'ailleurs que ses condisciples, ne partageaient sa foi religieuse. Le petit nombre des croyants était en butte aux railleries des professeurs et aux persécutions des élèves.

Dès le premier jour, il accepta résolûment le combat.

[1] *Homo sum, nil humani a me alienum puto.*

Un jeune homme chrétien, un rhétoricien de Sainte-Barbe agenouillé devant Dieu, c'était une merveille, et la rencontre de l'un d'entre eux dans une église ne produisait pas autant de surprise et de curiosité que la visite d'un voyageur chrétien dans une mosquée d'Orient [1].

Pourtant, cette lutte de chaque jour, sans lasser jamais son âme, fatiguait son cœur.

— Dans la conversation des jeunes gens que je fréquente et qui sont ce qu'il y a de mieux, écrivait-il alors, il règne une impiété et une impureté qui m'effrayent.

Il prit le parti de s'enfermer dans sa cellule, comme dans une place de sûreté inexpugnable, et là, de se réfugier dans l'étude avec une passion indicible.

Daigne le lecteur me permettre de dérouler le programme de l'une des journées du jeune rhétoricien à Sainte-Barbe. Ces détails sembleront minutieux. Comme ils expliquent l'avenir de cet écolier, on me pardonnera de les avoir notés dans ses souvenirs de collége.

Levé à quatre heures et demie, il alternait entre l'étude de la philosophie grecque dans Xénophon et celle de l'histoire d'Allemagne dans Pfeffel. De six heures à sept heures et demie, après un court intermède de lecture accordé à un poëte, il passait de la poésie aux mathématiques. A sept heures et demie, déjeuner et récréation. De huit heures jusqu'à dix, classe de mathématiques, suivie d'une récréation d'une demi-heure. De dix heures et demie à midi un quart, étude ou classe de physique. Puis le dîner. A midi trois quarts, répétition de chimie ou récréation. De deux heures à quatre heures un quart, classe de philosophie.

____

[1] MONTALEMBERT, *OEuvres*, t. V, p. 58.

A quatre heures un quart, goûter et récréation. De cinq à six, lecture d'ouvrages de philosophie. De six heures à sept heures et demie, devoir de philosophie, puis prolongation de l'étude jusqu'à huit heures et demie, et alors souper et prière. A neuf heures, notre jeune collégien, rentré dans sa chambre, lisait un poëte grec ou latin, puis étudiait l'histoire grecque dans Xénophon ou Thucydide jusqu'à dix heures. Alors, jusqu'à onze, c'était le tour de l'histoire d'Allemagne, dans Pfeffel ou dans Schiller. Le dimanche, répétition de grec et lecture de Platon, en guise de délassement. Enfin, à onze heures, notre jeune rhétoricien croyait pouvoir se livrer au sommeil, mais en ayant soin de bien monter son réveille-matin, pour recommencer de plus belle le lendemain.

Que vont dire nos candidats au baccalauréat? Voilà pourtant ce que Charles de Montalembert a fait de son temps durant son année scolaire de philosophie. Ce règlement est relevé sur son journal de 1828, et nous savons, par le témoignage de ses contemporains, qu'il y était minutieusement fidèle.

Bien plus, il s'ingéniait à économiser les minutes, à ce point qu'il put, en une année, traduire tout Épictète en prélevant chaque matin dans sa cellule cinq minutes sur le temps donné aux élèves pour se lever et s'habiller.

Voilà pour l'esprit. Mais la nature humaine est complexe, elle ne vit pas seulement de lumière. A côté de l'intelligence qui se meuble, il y a une autre faculté qui réclame impérieusement sa nourriture.

— Jamais, écrivait-il le 5 juin 1827, jamais cœur n'éprouva plus que le mien le besoin d'aimer, si nécessaire à l'homme.

Et il ajoutait mélancoliquement :

— Jamais attente n'a été si trompée ou plutôt si retardée. Toutes les personnes qui m'ont plu, je me suis pour ainsi dire accroché à elles... Mais la différence de l'âge, de la condition ou du sexe, ont toujours refroidi ou froissé ces amitiés. En arrivant à Sainte-Barbe, je me suis trouvé seul, au milieu de la multitude... Personne ne me comprend, je suis dévoré d'une inquiétude indéfinissable.

Or, parmi les camarades de Charles de Montalembert, il en était un, appartenant à une famille de province, fils d'une sainte mère et petit-fils d'un martyr de la Révolution décapité à Lyon en 1794, qui partageait toutes ses idées en religion comme en politique, et qui depuis plusieurs années luttait à peu près seul contre ses condisciples incrédules. Ils se rapprochèrent. De classes différentes, ils ne se voyaient qu'en récréation, au milieu de leurs camarades. De là une correspondance incessante, échangée à tout propos, pour un livre prêté ou rendu, pour une conversation interrompue par la présence importune d'un camarade peu sympathique [1].

A peine le lien noué, il ne suffit pas à Montalembert : il veut une chaîne. Il imagine donc de dresser une sorte de contrat pour assurer à cette amitié naissante une durée éternelle.

Les deux jeunes gens, après l'avoir rédigé et signé, communient l'un près de l'autre. C'est une lecture émouvante que ce pacte étonnant et magnifique qu'on ne

---

[1] Cf. l'Introduction aux *Lettres à un ami de collége*, p. xvii et suiv.

peut lire sans croire qu'on a sous les yeux je ne sais quel parchemin oublié d'une croisade d'enfants [1] :

« La religion, la liberté, tels sont les fondements éternels
« de la vertu. Servir Dieu, être libre, voilà nos devoirs.
« C'est à les remplir que nous emploierons toutes les res-
« sources, tous les moyens que la Providence mettra entre
« nos mains. Nous aimerons Dieu de tout notre cœur et
« notre prochain comme nous-mêmes. Dans un siècle où
« l'on méconnaît les vérités sublimes du christianisme et
« où l'on se joue de ses mystères, nous sacrifierons toutes
« nos inclinations, nous surmonterons toutes les opposi-
« tions pour lui demeurer fidèles.....

« La liberté sera notre seule passion, nous ne cesserons
« jamais de travailler pour l'établir et la consolider dans
« notre patrie : nul sacrifice ne nous coûtera, quand il
« s'agira de la défendre... S'il lui faut des martyrs, une
« pareille mort sera pour nous une récompense : en vivant
« pour notre patrie, nous aurons aussi vécu pour notre
« Dieu; et quand on a vécu pour Dieu et sa patrie, on
« peut mourir sans douleur comme sans honte.

« Nos mœurs seront exemptes de tout reproche. Prati-
« quant ouvertement la religion, et dévoués au culte de
« la liberté, nous ne souillerons pas cette sorte de sacer-
« doce par des désordres qui nous dégraderaient autant
« qu'ils nous rendraient malheureux...

« Aujourd'hui, nous avons confirmé cette consécration
« à Dieu et à la patrie, ce pacte d'amitié, par l'acte le
« plus auguste de la religion. Nous l'offrons à Dieu dans

[1] COCHIN, Discours du 1er avril 1820.

2.

« toute la pureté de nos âmes, et nous espérons qu'il ne
« rejettera pas cet élan de deux cœurs vers la vertu, la
« liberté et l'amitié.

« 10 décembre 1827. »

La correspondance entre les deux amis, si heureusement publiée sous le titre de *Lettres à un ami de collège,*
n'est en somme que le touchant et parfois sublime com-
mentaire de ce chapitre.

Montalembert y apparaît, dévoré d'une ambition brû
lante, mais tellement désintéressée qu'elle semble une
forme particulière de la vertu.

Enfermé à Sainte-Barbe, il rêve aux grands hommes
d'État anglais. Il a sans cesse devant les yeux l'image de
William Pitt, député à vingt et un ans, ministre des
finances à vingt-trois, premier ministre à vingt-quatre,
conservant cette dignité pendant un quart de siècle, puis
mourant à quarante-sept ans épuisé.

Cette image fait frissonner d'envie le cœur de Montalembert. Après avoir raconté à son ami cette vie si rapide et
si pleine de Pitt :

— Trop souvent, dit-il, on étouffe dans le cœur des
jeunes gens ces inspirations divines qui élèvent au-dessus
de la fange mortelle, qui nourrissent en eux ce sentiment
d'oubli de soi-même, de dévouement à autrui qui fait leur
gloire et leur bonheur.

On peut compter que Montalembert, qui connaît « ces
inspirations divines », ne les laissera pas étouffer en lui.
Il se sent poussé à un dessein immense : il ne veut rien
moins que conquérir le monde à Dieu et à la liberté constitutionnelle ; il part pour cette conquête, comme un jeune
hevalier du moyen âge pour la conquête de Jérusalem.

II

Aux vacances, Montalembert alla passer quelques jours au château de la Roche-Guyon, chez l'abbé duc de Rohan. Il fait de Saint-Germain à Mantes la route dans une voiture publique avec de gros cultivateurs et des paysannes. « Les uns dormaient, les autres bavardaient entre elles. » A Mantes, il ne trouve, pour le conduire à la Roche, qu' « une carriole menée par une jeune paysanne des environs ».

« La veille, écrit-il, j'avais vu Michelet, qui m'avait beaucoup parlé de l'utilité et du devoir qu'il y avait pour tout homme éclairé de communiquer les lumières. Je me mets à entamer une discussion tour à tour théologique, morale et politique. Oh! tu aurais ri de bon cœur si tu m'avais vu dans le fond de ma carriole, gesticulant et employant toutes mes ressources rhétoriciennes pour convaincre les faibles esprits de ma conductrice. Je réussis à lui démontrer que, dans son état d'obscurité et de pauvreté, elle était tout aussi heureuse que moi, et ensuite que l'état des classes inférieures était bien meilleur qu'avant la Révolution. Après avoir gagné ces deux points, je tombe sur M. de Villèle ; mais il paraît que l'esprit de la brave fille se bornait à des généralités ; car elle se brouilla entièrement dès que je commençai à particulariser. Toutefois, j'arrivai à la Roche tout fier ; car je sentais que j'avais rempli un devoir, que j'avais communiqué des lumières. »

Si, au lieu de confier ce naturel et si gracieux récit à son ami de Sainte-Barbe, Montalembert l'eût fait au grand seigneur ecclésiastique, son hôte de la Roche-Guyon, quelle surprise et peut-être quel scandale il eût causés! L'abbé duc de Rohan-Chabot était le type parfait du prélat d'ancien régime. Comme il avait porté l'habit de chambellan, puis l'uniforme de chevau-léger de la garde, on disait de lui, quand il devint cardinal, qu' « il était voué au rouge ». Chateaubriand ne l'aimait pas; il lui reprochait d'avoir servi Bonaparte. Il a fait de lui, dans les *Mémoires d'outre-tombe,* un portrait méchant, à la Saint-Simon. Si l'on retranche quelques coups de crayon, le portrait est vrai; mais ces traits-là, Chateaubriand ne les eût retranchés pour rien au monde. Grand de taille et de manières, plein des traditions de la vieille cour, aimant les vers, peignant l'aquarelle, toujours assez recherché dans sa tenue et dans sa mise, mais plein de foi et de piété, il était à la fois prêtre et prélat, très-aumônier, très-porté aux bonnes œuvres, fort entêté d'ancien régime et très prévenu contre toutes les nouveautés constitutionnelles, dans lesquelles il ne voyait que des folies révolutionnaires. Les préjugés faisaient tort à ses vertus, et les habitudes extérieures de sa vie diminuaient l'autorité que lui donnaient son esprit élevé, son cœur admirable et sa foi vive.

On retrouve cette figure de l'abbé de Rohan dans tous les *Mémoires,* dans tous les *Souvenirs* et dans toutes les correspondances de cette époque. Sa vie est tout un roman. Il avait été attaché comme chambellan à la princesse Pauline Borghèse, puis à la princesse Murat. En 1808, très-jeune encore, il épousa une demoiselle de Sérent, fort jeune aussi, fort belle et fort pieuse. Au retour des Bourbons, le duc

de Rohan entra dans les mousquetaires rouges : il y eut
tout de suite le grade de colonel. Lui et la duchesse étaient
de toutes les fêtes, menaient grand train, faisaient grande
figure à la cour. Un soir, la duchesse se préparait à aller à
un bal, à l'ambassade d'Autriche. Couverte de dentelles,
de diamants et de fleurs, elle passa près d'une cheminée ;
le feu prit à sa robe ; elle fut brûlée vive et mourut dans
d'atroces douleurs, à l'heure où les danses commençaient.

Le duc de Rohan avait toujours été non-seulement très-
religieux, mais très-pieux. Vivement frappé de la mort si
affreuse de la duchesse, obéissant aux conseils du vieux
duc Mathieu de Montmorency, il se consacra de plus en
plus à Dieu. Il était lié avec Lamartine ; il voulait le convertir, cherchait à le défendre contre les rechutes, espérait le préserver des tentations. Il s'était fait une vie
d'apostolat mondain. Un beau jour, il entra au séminaire,
se mit sous la direction de M. Hamon, plus tard curé de
Saint-Sulpice, et il reçut les ordres en 1819. Louis XVIII
avait voulu le marier en secondes noces à une princesse de
Saxe : il avait opiniâtrément refusé.

La société réunie à la Roche-Guyon dans cet automne
de 1827 était généralement très-d'accord de sentiments
et d'idées avec le duc de Rohan. C'étaient, au premier plan,
l'amie de madame la Dauphine, la comtesse Esterhazy, et
ses filles ; le comte Apponyi, ambassadeur d'Autriche, et
la comtesse Apponyi ; la princesse Léon de Rohan, belle-
sœur du duc ; le comte Stanidtzky, Mgr de Forbin-Janson,
évêque de Nancy. Au second plan, se trouvaient « deux
jeunes avocats, gais et spirituels [1] » ; quelques prêtres,

[1] Lettre du 2 octobre 1827.

parmi lesquels Montalembert écrit qu'il a remarqué l'abbé Dupanloup, « jeune ecclésiastique de beaucoup de talent [1] ».

Rien n'est curieux comme le récit des « épreuves [2] » du jeune Montalembert à la Roche-Guyon. Dès avant de partir, il savait ce qui l'y attendait :

— J'ai vu le duc de Rohan samedi dernier... Une demi-heure de conversation avec le duc et ses amis m'a averti que nous ne nous accordions sur aucun point... Mais n'importe... J'ai su conserver ma religion au milieu de cent vingt incrédules : j'espère que Dieu me fera la grâce de ne pas me laisser prendre mon principe d'indépendance au milieu d'une demi-douzaine d'absolutistes [3].

Les appréhensions du jeune Montalembert se réalisent : l'abbé de Rohan le gagne par sa bonté, mais le rebute par ses opinions. Il écrit le 28 septembre :

— Mes rapports avec le duc de Rohan m'ont plus d'une fois embarrassé. Ma mère m'a écrit lettre sur lettre pour m'exhorter à me lier avec lui. Il a toujours eu pour moi toutes sortes de bontés ; il m'a même témoigné une véritable affection et un tendre intérêt, et cependant j'éprouve un je ne sais quoi qui m'éloigne de lui. Jamais il ne pourra exister de confiance entre lui et moi ; jamais mon cœur ne pourra se livrer à un prêtre, à un Français, qui déclare hautement que la liberté et l'égalité constitutionnelles sont des chimères. Je rendrai toujours justice à ses nobles qualités ; j'aurai un profond respect pour sa piété et ses vertus, une

---

[1] Lettre du 2 octobre 1827.
[2] Lettre du 28 septembre 1827.
[3] Lettre du 28 août 1827.

vive reconnaissance pour ses bontés; mais il faut que les opinions se ressemblent, pour que les cœurs s'unissent. C'est ce que nous savons par expérience.

Ce « je ne sais quoi » qui éloignait le jeune Montalembert de l'abbé de Rohan, c'était l'opposition de l'ancien régime et du nouveau, la répulsion instinctive, invincible, des hommes de ce siècle pour les choses d'avant 1789. On peut dire beaucoup contre ce sentiment, l'attribuer à des préjugés injustes, le blâmer sévèrement, le condamner même absolument; mais il ne faut pas moins en tenir compte, si l'on n'a pas le parti pris de voir faux et de juger mal le temps de la Restauration — et le nôtre.

Montalembert, à la Roche-Guyon, froissé, blessé dans toutes les affections, dans toutes les tendresses de son esprit, tantôt se consolait par de véritables débauches de travail, tantôt par quelque course folle dans le parc ou dans la campagne.

Il était arrivé le 30 août à la Roche-Guyon; quand il fit, le 30 septembre, son examen mensuel de conscience littéraire, il trouva qu'il avait « lu tout Byron (ce qui « n'est pas peu de chose), Delolme, *De la constitution* « *anglaise,* l'*Odyssée* en entier, vingt-quatre chants, un par « jour, Thomson, Cooper, les *Lettres de Pline,* la partie « poétique de l'*Excerpta* grec », quoi encore? les *Lettres provinciales,* et — sans doute pour corriger — la *Vie de saint François-Xavier,* par Bouhours, que « le duc l'a forcé de lire [1] ».

Dans l'intervalle de ses lectures, il allait courir la campagne; mais, portant partout ce besoin d'éloquence impé-

[1] Lettre du 24 septembre 1827.

tueuse qui le travaillait, il n'était pas plutôt dans les champs qu'il se mettait à déclamer [1] :

« Souvent, au milieu d'un bois, je commence une impro-
« visation fougueuse contre le ministère, et puis, avec ma
« vue basse, je tombe nez à nez sur quelque bûcheron ou
« quelque paysanne, qui me regardent d'un air ébahi et
« qui me croient sans doute échappé d'une maison de fous.
« Moi, couvert de honte, je me sauve à toutes jambes,
« puis je recommence à gesticuler et à déclamer [2]. »

III

Le comte Marc-René de Montalembert, qui était entré dans la diplomatie dès 1814 et qui avait été ministre plénipotentiaire à Stuttgard et à Copenhague, fut envoyé en la même qualité à Stockholm.

Au mois d'août 1828, Charles dut aller rejoindre son père en Suède.

Le voilà libre, il va passer un hiver, dans un monde brillant, au milieu d'un spectacle nouveau et curieux. C'est sa première vraie entrée dans le monde. On comprendrait qu'il en fût un peu grisé.

Blond, avec de longs cheveux, des yeux pleins d'un regard admirable, des manières empreintes d'une grâce irrésistible, très-attachant par la variété déjà merveilleuse

[1] BESLAY, *Montalembert à vingt ans* (*Français* du 17 août 1873).
[2] Lettre du 21 septembre 1827.

de ses connaissances, ayant l'habitude de parler bien l'anglais et l'allemand, le prestige du rang, un beau nom, ce jeune homme de dix-huit ans peut être tenté de quitter ses livres et de se distraire quelquefois de ses sérieuses études.

Lacordaire dira de lui, deux ans après : « Il est charmant ! »

M. de Carné, qui l'a connu à cette époque, peint, avec une complaisance attendrie, « ce jeune homme à la longue chevelure blonde, dont la parole lente et douce contrastait parfois avec les éclats d'un rire » bruyant. « Son frais visage rappelait assez la figure de ces étudiants d'université, tour à tour joyeux et rêveurs, qu'on voit dans les romans d'outre-Rhin, l'œil en arrêt sur les étoiles. »

Ozanam, dans une de ses lettres, écrit que « Montalembert a une figure angélique [1] », et Alexandre Dumas, moins sympathique cependant, le peint, dans ses *Mémoires* [2], sous les traits vraiment ravissants que rappelle le beau portrait gravé en tête des *Lettres à un ami de collége*.

Le monde le désirait. Dans les conditions que je viens de dire, il pouvait compter y avoir beaucoup de succès. De pareils succès le touchent peu.

— Bien rarement, écrit-il à son ami demeuré en France, je pourrais dire jamais, je n'ai trouvé de plaisir dans la société qu'on a décorée du nom de grand monde... Je savais que j'y perdrais terriblement mon temps, et je me trouvais fièrement à plaindre d'être obligé de faire une chose qui m'était très-nuisible et qui était bien loin de m'amuser [3].

---

[1] Lettre du 5 janvier 1833.
[2] Chap. CLXXXIX.
[3] Lettre d'août 1827.

Une autre fois, il peint, avec une humour charmante, son ennui mortel, au milieu de tous ces élégants, « qui se croient forcés tous les soirs d'errer dans trois ou quatre maisons, où l'on s'étouffe en disant que l'on s'amuse [1] ».

A peine arrivé à Stockholm, son père veut le présenter à la cour. Il refuse. Le père insiste. L'enfant résiste. On finit par s'aviser d'un *mezzo termine,* qu'il raconte ainsi à Cornudet :

« Hier, ma mère m'a mené en bourgeois et sans cérémonie au château, où j'ai eu l'*ineffable honneur* d'être présenté à S. M. Charles XIV Jean, roi de Suède et de Norvége, des Goths et des Vandales, et à son auguste épouse, Bernardine-Eugénie-Désirée. Le Roi a fort bonne tournure et un air extrêmement jeune, malgré ses soixante-quatre ans : c'est certainement celui de nos soldats de fortune qui a l'air le plus distingué. En parlant, il a un accent gascon assez désagréable. Tu sais qu'il est fils d'un avocat de Pau. Quant à la Reine, elle est très-bonne femme et sans prétentions... Elle est fille d'un négociant de Marseille, Clary. Bonaparte en a été, dit-on, fort amoureux dans son jeune temps. Tous deux ont été fort aimables pour moi. C'est un spectacle bien extraordinaire que celui de ces deux parvenus régnant sur une nation où la vanité est portée à l'excès le plus ridicule, et où l'aristocratie a plus de morgue que partout ailleurs [2]. »

Comme à Sainte-Barbe, à la cour de Suède, Montalembert règle sa vie. Il travaille six à sept heures par jour. Comme il regrette le temps où, à Sainte-Barbe, il pouvait

[1] Lettre du 20 août 1827.
[2] Lettre du 28 octobre 1828.

travailler quinze heures! Le matin, il fait de la philosophie;
après le déjeuner, il « réserve le temps qu'il peut attraper[1] »
à la correspondance, à la lecture de quelques poëmes et
romans allemands, et à des études statistiques et politiques. Le soir, de neuf heures à minuit, il fait de l'histoire,
et quelle histoire? L'histoire des peuples du Nord!

Libre de toute frivolité et soumis à une règle volontaire,
mais inflexible, Montalembert a du temps pour étudier
toutes les questions, et toutes il les étudie avec une ardeur
à la fois juvénile et constante. La philosophie, les arts,
l'histoire, le droit, l'économie politique, il ne néglige
rien. Il suit chaque jour, par la lecture de plusieurs journaux, le cours des événements et les péripéties de la politique. A Stockholm, au printemps de 1829, il vient d'achever Kant, dont il a acheté les œuvres à Hambourg. De
Kiel, il a écrit à M. Cousin[2], pour lui demander quel
ordre il fallait suivre en lisant le philosophe de Kœnigs-
berg. Il a étudié en détail l'histoire des peuples du Nord[3],
« ennuyeuse à mourir, bien qu'il l'étudie dans les chroniques[4] »; il a lu les romans de Wagner; il a commencé
« une brochure amicale adressée au clergé »[5]; il prépare
une histoire constitutionnelle; il a trouvé un ami et un
compagnon de recherches studieuses dans l'aumônier de
la princesse royale de Suède, l'abbé Laurent Studach, plus
tard vicaire apostolique de Suède, « tout à fait versé dans
la philosophie allemande », et qui lui présente « ce mé-

1 Lettre du 21 octobre 1828.
2 Lettre du 16 septembre 1828.
3 Lettre du 21 octobre 1828.
4 Lettre du 28 octobre 1828.
5 *Ibid.*

lange » le plus beau « de foi et de science, de piété et de tolérance [1]. » L'abbé Studach a un peu détourné Montalembert de Kant, et l'a jeté dans la lecture de Schelling, Zimmer, Baader, et dans l'examen des docteurs de cette « école catholique et synthétique du midi de l'Allemagne, qui cherche à expliquer la religion par la philosophie [2] ». Montalembert se précipite dans toutes les parties d'étude qu'on lui montre : il ne s'absorbe dans aucune. Cet hiver de 1828 à 1829 passé en Suède, il a en tête une histoire d'Irlande, et il y travaille. Il reçoit de Paris les comptes rendus détaillés, animés, vivants, des cours de M. Cousin, de M. Lherminier : il y assiste par la pensée ; il suit à travers les mers et les continents le développement du double enseignement. « Ton analyse de Cousin est excel-« lente, — écrit-il le 9 janvier 1829. — J'espère que tu « m'en donneras souvent de pareilles : je me tais sur les « erreurs capitales que je crois avoir remarquées dans ses « leçons, pour ne voir en lui que le défenseur inspiré du « spiritualisme et de la religion naturelle. Je pense bien « qu'il n'est ni catholique, ni même chrétien ; mais sa « cause est néanmoins celle du christianisme, elle est la « nôtre. » De Stockholm, il suit tout le mouvement litté-raire : il trouve que « les *Orientales* d'Hugo sont ravis-« santes [3] ». Il est « enchanté du poëme de Victor Hugo « sur le poëte dans les révolutions [4] ». Il n'aime pas trop *Eloa* d'Alfred de Vigny [5] ; mais *Moïse, Dolorida* et le

[1] Lettre du 4 novembre 1828.
[2] Lettre du 28 novembre 1828.
[3] Lettre du 6 février 1829.
[4] Lettre du 5 juin 1829.
[5] *Ibid.*

Trappiste lui semblent fort beaux. Il lit les journaux français, le *Moniteur,* le *Messager,* le *Journal des Débats,* la *Quotidienne,* le *Globe,* et il les lit à fond ; plus les journaux allemands, plus les journaux anglais, plus les journaux suédois. « As-tu remarqué, dans le *Journal des Débats,* « deux articles de Saint-Marc Girardin sur les contes « d'Hoffmann, où il donnait l'analyse d'un conte intitulé « *Marino Faliero,* en envisageant cette histoire d'une « manière tout à fait nouvelle ? Saint-Marc Girardin me « semble avoir un prodigieux talent. Il y a, dans les « *Débats* du 26 juillet, un article de lui sur M. de Bour- « rienne, qui est d'une éloquence admirable [1]. » Dans une autre lettre du 26 juin : « A propos, quel magnifique « article il y a, dans le *Globe* du 10 juin, sur la liberté reli- « gieuse ! » — Vous croyez que cet esprit, si plein de poésie, de politique, de philosophie, d'histoire, de littérature, n'a plus de place pour l'économie politique. Tout à coup, dans une lettre du 8 mai, on trouve cette phrase : « Je n'ose pas encore me prononcer bien décidément sur « la question des vins, bien que mes propres principes en « matière économique et ma sympathie soient entièrement « du côté des vignerons », et il se sert de quelques renseignements recueillis en Suède sur les lieux, pour corriger les opinions alors en cours dans notre pays.

Cette activité merveilleuse de l'esprit, cette exubérance réglée et puissante, ce goût universel de toutes les parties des connaissances procuraient au jeune Montalembert les plus vives jouissances. Mais tout ce qu'il a appris, tout ce qu'il sait ne lui suffit pas. Il s'impatiente de ne pouvoir

---

[1] Lettre du 28 août 1829.

travailler plus, savoir davantage. Le 15 avril 1829, le jour
où il entre dans sa vingtième année, il écrit : « A dix-neuf
« ans, je suis effrayé de mon ignorance et de mon
« impuissance. » Rien d'ardent, dans ces lettres intimes,
si pleines d'effusion et de tendresse, comme les souvenirs
des saluts solennels de Sainte-Geneviève ou de la Roche-
Guyon, comme l'émotion des communions de Saint-Germain des Prés. Rien de plus religieux que tous les sentiments du jeune de Montalembert. Il écrit de Copenhague
à son ami : « C'était hier dimanche : c'est le troisième que
« je passe sans assister à la sainte messe. Si tu savais, bon
« ami, comme je suis affligé de cette privation, comme
« elle me fait sentir l'amertume de mon exil ! C'est sur-
« tout alors que je me rappelle avec une tristesse mêlée de
« joie ces délicieux saluts de Sainte-Geneviève, ces com-
« munions où l'amitié venait au secours de la piété, et
« cette dernière matinée où, agenouillés devant le même
« autel, nous avons prié l'un avec l'autre et l'un pour
« l'autre [1]. » Ce fier et ardent esprit, qui lit les *Lettres
provinciales,* Kant, Byron, a toute la pureté virginale et
toute la piété d'une jeune fille le jour de sa première communion. Toutes les règles de la vie intérieure, de la vie
spirituelle, ce rhétoricien plein de fougue les connaît et les
observe, sans faste, sans effort, mais comme par l'habitude et l'inclination naturelle d'une âme tournée de bonne
heure vers Dieu. Les affections les plus simples, celles que
tous les cœurs se croient capables de sentir, l'amour fra-
ternel, l'amitié, le goût de la nature, sont chez Montalembert mêlées d'un sentiment tellement religieux qu'elles

[1] Lettre du 16 septembre 1827.

prennent un caractère tout particulier. L'impression la plus vive est toujours commandée et réglée par la pensée la plus sérieuse. Les lettres où Montalembert prévient son ami contre le danger de l'orgueil philosophique, et celles où il lui raconte la maladie et les derniers moments de sa sœur Élise de Montalembert, sont de vrais chefs-d'œuvre de sensibilité et de piété chrétienne. Il y a dans toute cette correspondance un mélange de vivacité et de mélancolie, de tristesse et d'élan, qui lui donne un charme infini [1].

IV

Je viens de faire une allusion à l'épisode le plus attristé de ce long séjour en Suède. Je ne voudrais pas l'écourter : il me semble qu'il y a comme une sorte de sacrilége à soumettre ces analyses morales aux inhumaines tortures du lit de Procuste.

C'est le 1ᵉʳ mai 1829, en pleine saison du printemps et des roses, que Montalembert en a raconté les premières lamentations.

— Il faut, écrit-il à Cornudet, que je t'entretienne maintenant, cher et meilleur ami, d'un bien triste sujet... le dépérissement moral et physique de ma sœur. Je dis moral : car s'il ne s'agissait que d'une pâleur continuelle, d'une maigreur toujours croissante, d'un épuisement et d'une faiblesse générale, je pourrais encore attribuer ces symp-

---

[1] BESLAY, *Montalembert à vingt ans* (loc. cit.).

tômes à l'influence pernicieuse du climat. Mais, cher ami, ce n'est pas tout. Elle semble dévorée d'une indifférence générale : elle ne s'anime et ne s'enthousiasme pour rien. Tout l'ennuie, tout lui pèse... Dis-moi, cher ami, voudrais-tu de ma pairie, au prix que la destinée me la fait payer ?

A quelque temps de là, il écrit encore :

— D'affreux pressentiments remplissent mon âme : depuis quatre ou cinq jours, je suis poursuivi de cette idée que cette jeune et charmante enfant est aussi une de ces émanations célestes, destinées seulement à apparaître sur la terre, sans avoir le temps d'y connaître le bonheur par elles-mêmes, ni de rendre heureux ceux qui les entourent[1].

Un mois après, sa sœur a pu sortir un peu en calèche. Lui garde la maison, attendant le médecin :

— Comme elle tarde ! pense-t-il, agité des plus tristes angoisses.

Enfin, la voiture parut, rapportant la jeune malade épuisée :

— Ah ! mon ami, s'écrie-t-il, souffrir tant et si long-temps pour mourir, rester pendant sept mois étrangère à toutes les joies, voir s'anéantir graduellement et ses forces physiques et ses émotions morales, être dévorée par un mal qu'on ne sait pas décrire, et dont les progrès, pour être plus lents et plus imperceptibles, n'en sont que plus sûrs, et tout cela, pour laisser sa poussière à cinq cents lieues de son pays, voilà la destinée de ma sœur !... Adieu, je ne puis même pleurer ! Heureux ceux qui peuvent offrir à Dieu leurs larmes et leurs prières[2] !

[1] Lettre du 17 juin 1827.
[2] Lettre du 17 juin 1829.

Le 23 juillet, il décrit encore ses alternatives de découragement et d'espérance, cette marche lente et implacable du mal qui détache un à un les charmes terrestres de la mourante.

— On lui a coupé sa longue et superbe chevelure. Elle en était fière, et avec raison : mais elle l'a vue tomber avec la plus parfaite indifférence.

Les médecins voulurent essayer d'un changement de climat, et c'est à Charles que fut confiée la mission d'accompagner sa mère et la bien-aimée malade.

Le 12 août, après le long supplice d'une marche à travers des chemins fatigants, Élise se sentit à bout de forces. Il fallut s'arrêter. On arrivait dans un misérable hameau, où pour tout gîte les voyageurs n'eurent qu'un affreux cabaret, plein de paysans ivres.

« Élise nous a appelés auprès de son lit, et nous a dit,
« au milieu de larmes abondantes, que tout était fini...
« Puis elle nous a distribué divers petits objets... Ah!
« mon ami, quel moment! quel contraste! Un lit de mort
« dans une chambre, des ivrognes et des chants grossiers
« dans l'autre! »

Cependant, un mieux inespéré se déclare. La moribonde demande à manger. Pour la première fois depuis trois mois et demi, elle peut prendre un peu de nourriture solide... Mais il faut traverser la Baltique!

« Vingt-quatre heures en mer par un orage complet, et
« douze heures échoués sur un banc de sable à l'entrée
« du port; tout cela par une pluie battante et sans pro-
« visions [1]. »

---

[1] Lettre du 26 août 1829.

Enfin, après une odyssée navrante, dont les étapes sont notées avec une touchante émotion, voici la frontière, voici la France!

Mais le sol français ne rassure point encore Charles.

— Elle mourra en route, se disait-il; je serai seul au lit de mort de ma sœur [1]!

Il a fallu s'arrêter à Besançon. Là, le cardinal-archevêque, et avec lui un jeune avocat général, devenu depuis archevêque et cardinal lui-même, Henri de Bonnechose [2], apportent aux voyageurs leurs consolations et leur aide.

Le 3 octobre 1829, Charles écrit :

— Mon ami, mon meilleur, mon bien-aimé ami, prends entre tes mains le cœur de ton ami et console-le : tout est fini! Aujourd'hui, à midi, mon Élise, ma sœur unique, est montée au ciel, après une agonie de douze heures! Mon ami, je suis vraiment désespéré, je perds celle qui aurait été ma meilleure, ma plus douce amie..... C'est le duc de Rohan qui lui a administré hier, comme par une pré-

---

[1] Lettre du 3 août 1829.

[2] Montalembert écrit à son sujet : « Dieu nous a envoyé un véri-« table consolateur dans la personne d'un jeune homme, Henri de « Bonnechose, avocat général à la cour de Besançon, que nous « n'avions jamais vu de notre vie, et qui, depuis notre malheur, « nous dévoue la sienne. Depuis huit heures du matin jusqu'à dix « heures du soir, il est auprès de ma mère; et moi, il m'a soutenu « pendant tout le temps de cet affreux service, pendant que j'étais « agenouillé devant la fosse de ma sœur. C'est un jeune homme « admirable sous tous les rapports; je lui ai promis une longue et « sincère amitié. » Le jeune avocat général à la cour de Besançon, qui savait si bien dès lors consoler les affligés, entra, après la révolution de 1830, dans les ordres, et il est devenu le cardinal de Bonnechose, archevêque de Rouen.

voyance miraculeuse, le sacrement de pénitence ; c'est lui
qui a lu les prières des agonisants à côté de son lit, qui a
placé le crucifix entre ses mains mourantes... Elle est
morte, elle est là gisant sur un lit de douleur... Mon
Dieu ! vous m'êtes témoin que j'achèterais, par le sacrifice
de toute ma jeunesse, encore une année de sa vie. Elle
n'a donc traversé l'Europe, bravé tous les climats, survécu
à mille accidents, que pour toucher le sol de la patrie et
y mourir !

A quatre jours de là, il écrit encore à Léon Cornudet :

— Ami, peut-être le 5 octobre tu étais heureux, tu
jouissais de toutes les joies domestiques, et, ce jour-là,
ton ami était en proie à la plus cruelle douleur qu'il ait
jamais connue, qu'il ait jamais imaginée. Ce jour-là, *seul
de mon nom et de ma famille,* j'ai dû rendre les derniers
honneurs à la dépouille mortelle de mon angélique sœur;
ce jour-là, j'ai été condamné à être, à mon tour, la victime de ces usages inhumains et cruels qui semblent inventés
pour envenimer le supplice de ceux qui ont perdu ceux
qu'ils aiment. J'ai été contraint de traverser une foule
indifférente et curieuse, de livrer ma douleur en spectacle
pendant deux heures aux regards d'un monde d'étrangers;
j'ai vu le cercueil de ma sœur livré aux mains profanes et
grossières de je ne sais quels porteurs; puis je l'ai vu
déposer dans sa fosse, et j'ai entendu le bruit de la terre
que le prêtre laissait tomber sur ces planches funèbres ; et
puis je l'ai perdue de vue pour toujours... Le 5 octobre,
j'ai été plus malheureux que pendant tout le reste de ma
vie. Tu n'as jamais encore, cher ami, suivi l'objet de ton
amour et de tes soins à sa dernière demeure : un jour tu
rempliras ce devoir, tu boiras à ce funeste calice, car nul

homme ne peut s'y dérober. Quand tu en seras là, pense à ton ami et console-toi de n'être pas comme lui seul de ta famille et loin de tes foyers.

Charles de Montalembert a pleuré jusqu'à la fin de sa vie cette petite sœur, dont il avait reçu le dernier soupir. Nous en aurons bientôt un éloquent et attendrissant témoignage. En attendant ce monument impérissable que nous décrirons avec soin, il lui fit élever un monument de pierre, et le visita pendant quarante ans, avec une piété touchante. S'il passait à quelque distance de Besançon, il se détournait de sa route pour revoir cette tombe si chère. Dans les rapides séjours qu'il fit dans cette ville, sa sœur eut toujours sa première et sa plus longue visite. Il lui portait des fleurs et des prières [1].

L'abbé Busson lui écrivait avec cet accent de la foi et du cœur que Montalembert aimait tant en ce digne prêtre :

— Elle jouit à la fois de vos regrets, et de votre résignation, et du pouvoir qu'elle a de vous être utile. Pauvre petite, elle vous regarde du haut du ciel avec amour [2].

Ce regard de sa sœur, Charles le cherchait et le retrouvait partout. C'est bien lui qui eût applaudi le poëte des *Stances* mélancoliques, parlant des yeux qui regardent d'outre-tombe :

> Bleus ou noirs, tous aimés, tous beaux,
> Des yeux sans nombre ont vu l'aurore ;
> Ils dorment au fond des tombeaux,
> Et le soleil se lève encore.

[1] Mgr Besson, *Montalembert en Franche-Comté*, p. 9.
[2] Lettre de l'abbé Busson, 12 octobre 1829.

Les nuits plus douces que les jours
Ont enchanté des yeux sans nombre ;
Les étoiles brillent toujours,
Et les yeux se sont remplis d'ombre.

Oh ! qu'ils aient perdu le regard,
Non, non, cela n'est pas possible !
Ils se sont tournés quelque part,
Vers ce qu'on nomme l'invisible ;

Et comme les astres penchants
Nous quittent, mais au ciel demeurent,
Les prunelles ont leurs couchants,
Mais il n'est pas vrai qu'elles meurent ;

Bleus ou noirs, tous aimés, tous beaux,
Ouverts à quelque immense aurore,
De l'autre côté des tombeaux,
Les yeux qu'on ferme voient encore [1].

Et maintenant, nous allons quitter ces scènes de la vie intime. La vie publique commence. Montalembert entend l'appel du grand lutteur des temps modernes, il accourt sous sa bannière pour combattre et mourir avec lui. Intéressant sujet d'étude, qu'il va falloir traiter avec soin.

[1] SULLY-PRUDHOMME, *les Yeux* (à Francisque Gerbaud).

III

MONTALEMBERT ET LAMENNAIS.

Au mois de novembre 1830, quatre mois après une révolution qui avait paru un moment confondre dans une ruine commune le trône et l'autel, un mois après la création du journal *l'Avenir*, Charles de Montalembert entrait dans le cabinet de l'abbé Lamennais.

— J'accourais, dit-il, pour prendre part à son œuvre, avec l'ardeur de mes vingt ans, du fond de l'Irlande, où je venais de voir O'Connell à la tête d'un peuple dont l'invincible fidélité à la foi catholique avait lassé trois siècles de persécution, et dont l'émancipation religieuse venait d'être conquise par la presse libre et la libre parole [1].

---

[1] MONTALEMBERT, *Œuvres complètes*, t. IX, p. 399.

Quelques laïques entouraient Lamennais, associés à son dessein de régénérer l'opinion catholique en France et d'en sceller l'union avec le progrès libéral. A côté du maître, apparaissait, dans l'éclat et le charme de la jeunesse, un prêtre de taille élancée, tout à la fois fier et modeste, c'était Lacordaire.

— Je les voyais tous les deux pour la première fois. Ébloui et dominé par l'un, je me sentis plus doucement attiré vers l'autre [1].

Dès Sainte-Barbe, d'ailleurs, le grand lutteur catholique le fascinait, et, comme Lacordaire, il avait beau lutter contre l'entraînemeut du plus intime de son âme vers cet étrange séducteur, dont le système philosophique lui semblait faux, dont il trouvait les opinions politiques exagérées, et que cependant il trouvait sublime, au point de s'écrier :

— Je ne sais si Bossuet et Massillon ont jamais rien fait de si beau [2].

La lecture des deux premiers numéros de *l'Avenir* l'avait jeté dans une admiration éperdue.

— L'*Avenir* m'enchante, écrit-il à Cornudet; si l'on y veut de moi, j'abandonne tout [3].

Le 26 octobre, il n'y tient plus.

— Tout ce que je sais, tout ce que je peux, je le mets à vos pieds [4].

C'est à Lamennais qu'il adresse cette offre chevaleresque. Il fait plus. Sans attendre un réponse, il accourt,

---

[1] MONTALEMBERT, *Œuvres complètes*, t. IX, p. 400.
[2] Lettre de juin 1827.
[3] Lettre du 6 octobre 1830.
[4] FOISSET, *le Comte de Montalembert*, p. 65.

et, le 5 novembre, en sortant de sa première entrevue avec le maître, il est transporté.

Déjà, il s'était essayé dans le *Correspondant*. Mais l'*Avenir*, avec sa flamboyante devise : « Dieu et liberté ! » s'annonce pour inaugurer une polémique bien autrement ardente et tranchée. Là, sa plume sera un glaive. Il a trouvé sa voie, disons mieux, son terrain et son champ de bataille.

I

On a dit que l'histoire du journal *l'Avenir* est le « roman du journalisme ». L'expression est vraie, à condition de l'entendre dans le sens de ces romans héroïques, où nos aïeux chantaient les batailles des grands héros de ces temps antiques où les éléments encore neufs et bruts des nationalités diverses, civilisées ou barbares, entraient en fusion sous le regard et les bénédictions de l'Église.

L'*Avenir*, sa naissance, sa carrière, sa fin, ce fut le drame du journalisme et, dans la vie de Montalembert, le principal épisode de sa mission chevaleresque.

Entre deux hommes, type parfait l'un et l'autre du caractère français, l'un — Lamennais — semblable à une comète troublant l'atmosphère, et y répandant d'abord un éclat étincelant, mais traînant ensuite le désordre, la souffrance et enfin les ténèbres ; l'autre — Lacordaire — pareil à une étoile sûre et fidèle, éclairant la voie véritable, et répandant jusqu'au bout une bienfaisante lumière [1], —

---

[1] OLIPHANT, *Mem. of c. de Montalembert*, t. I, p. 115.

entre ces deux hommes, Montalembert, revenant d'Irlande, la tête encore remplie du rôle et de l'œuvre d'O'Connell, dans l'ardeur de sa vingtième année, prend sa place, et la flamme jaillit aussitôt, brillante et brûlante.

L'épée qu'il manie, rapide, va droit au but, avec des jaillissements d'étincelles. Ces passes d'armes donnent le vertige, on est haletant. Aujourd'hui encore, sous cette lave refroidie, figée dans les pages mortes du livre, on devine le volcan qui a passé par là, avec ses ardeurs, ses incendies, ses lueurs dans la nuit.

« Il n'écrit pas, il parle, et il nous semble, en le lisant, voir ce jeune visage, les yeux animés, les cheveux flottants, fendant l'air d'une course rapide, comme l'emportement de sa pensée et l'ardeur de sa foi [1]. »

Mais, disent quelques-uns, il se trompe plus d'une fois, il exagère, il n'a pas assez fouillé le vieux sol théologique, avant d'entreprendre cette aventureuse campagne!... Bientôt, vous entendrez tonner sur la tête de ces preux trop hardis les foudres du Vatican. — Eh! pour Dieu, je le sais bien! Mais, de bonne foi, parce qu'un guerrier est tombé au champ d'honneur, en s'aventurant trop dans les avant-gardes, sur sa tombe, inscrirez-vous une accusation de félonie? Si Roland s'était tenu plus proche de Charlemagne, il n'aurait pas péri, c'est vrai : pour cela, trouverez-vous que la vallée où repose son corps, percé de mille traits, est sans gloire? Roland fut peut-être un imprudent, il n'en demeure pas moins un héros, et, entre les timides déjà réfugiés au cœur de la France, tandis qu'il se bat au val des Pyrénées, je sais bien qui mon cœur salue le premier.

[1] Cf. OLIPHANT, *Mem. of c. de Montalembert*, t. 1, p. 115

Qui donc me reprocherait de m'incliner, de préférence aux prudents, devant les morts de Roncevaux?

Ah! il exagère!... il se trompe!... il s'égare... Mais dites donc tout, ô zoïles, et finissons-en avec ces critiques de hiboux, vous savez, cet oiseau de nuit, laid, rechigné, qui n'a jamais qu'un œil ouvert, et encore à demi.

Lorsqu'il exagère, tout est toujours, chez lui, noble, généreux, magnanime, profondément imbu de l'essence même de l'esprit chevaleresque. S'il se trompe, c'est toujours pour pencher du côté du malheur. Si son jugement s'égare, c'est toujours sous l'influence de la pitié, de la charité, d'une noble tendresse pour ceux qui souffrent. Aucune injustice, aucune oppression, aucun mal n'est jamais épargné. Son erreur, sa faute, son crime, si l'on veut, ou plutôt, sa faiblesse, c'est de ne point aimer les causes triomphantes, et d'être enclin à abandonner les vainqueurs. Généreuse faiblesse, et peu commune, que je sache, en ce temps et en ce monde [1]!

Le premier cri de guerre de Charles, dans l'*Avenir*, fut son article sur la révolution de Pologne. En l'entendant, les compagnons d'armes se retournèrent du côté d'où partait cette éloquence déjà virile, et celui qu'ils appelaient leur Maître et leur Père sourit fier de cette vaillante recrue.

Quant à lui, dans la première ivresse de cette mêlée, comme un soldat, dont la responsabilité est couverte par l'autorité du génie et de la gloire de son général, il se précipitait, le cœur ardent et la conscience tranquille.

Le monde à changer, toutes les nationalités catholiques

---

[1] Cf. OLIPHANT, *Mem. of c. de Montalembert*, t. I, p. 115.

à rétablir, la république du moyen âge, moins l'Empereur, à réédifier par la liberté à peu près illimitée de la presse, avec le Pape au sommet, arbitre souverain entre les peuples de la terre et dictateur pacifique connaissant des querelles de peuple à peuple et de peuple à gouvernement, l'héroïque Pologne à tirer de son grand tombeau, la plaintive Irlande à consoler et à relever, le schisme d'Orient à pacifier [1], etc., qu'est-ce que tout cela, dans un temps de révolution comme 1830, qu'est-ce, pour ce fils des croisés ?

C'est alors que parurent ses trois lettres sur le catholicisme en Irlande, restées dans toutes les mémoires comme le bill d'accusation le plus écrasant qui pût être dressé contre la trois fois séculaire oppression de l'Angleterre [2].

C'est alors surtout que son âme, blessée dans sa tendresse fraternelle, laissa tomber ses pages émues sur les sépultures du mont Valérien, menacées de destruction, en haine des missionnaires de France, qui avaient planté leur tente sur ce rocher stérile.

Or, sur le mont Valérien, dans ce cimetière du Calvaire que tout Paris vénérait, reposait, sinon en entier, la dépouille mortelle d'Élise, du moins le cœur de cette angélique sœur, tant pleurée et tant aimée. Une ordonnance, contre-signée Mérillou, ordonnance rendue le jour de Noël, dix-huit cent trente années après la naissance du Fils de Dieu, vient déraciner sa croix dans un lieu désert.

— Ah ! s'écrie Montalembert [3], hommes venus avec

<hr>

[1] NETTEMENT, *Histoire de la littérature française sous le gouvernement de Juillet*, t. I, p. 322.

[2] FOISSET, *loc. cit.*, p. 66.

[3] 11 janvier 1831.

l'orage et que l'orage ne respectera point, elle vous était donc bien à charge, cette croix qui, du haut du Calvaire, planait à la fois sur Saint-Cloud et sur Neuilly, sur les vaincus et sur les vainqueurs! Elle vous importunait donc rudement, cette pieuse ardeur des fidèles qui enveloppaient la montagne dans les replis de leur foule nombreuse, et qui accouraient pour y pleurer sur une poussière aimée! Ah! malheureux, que vous sert d'affliger ainsi les catholiques? Croyez-vous désarmer ainsi la fureur républicaine? Quand vous leur aurez jeté pour pâture la foi des peuples et la croix de Dieu, qu'y gagnerez-vous? Un peu plus de leur mépris et la perte de notre attachement, qui n'attendait qu'un mot de vous pour vous être acquis, un mot qui nous eût faits libres et qui vous eût faits grands. Et vous, catholiques, voilà ceux qui réclament votre docile obéissance! Regardez-les, ils mettent à l'encan le temple où vous allez prier. Écoutez-les, ils crient : Tu ne dormiras point à côté de ceux que tu as aimés!

On nous a souvent reproché, à nous catholiques, d'invoquer la liberté, et l'on nous a bien des fois jeté à la face un insultant défi d'en appeler à cette fille du Calvaire, comme si la liberté n'était pas le premier héritage que les disciples du Christ, plus que qui que ce soit, bien mieux, seuls et uniques dans les fastes de l'histoire, ont le droit de revendiquer comme un bien propre. Eh! que serait le monde sans nous? Lorsque notre chef a conquis sa délivrance, qu'était donc le monde, si brillant pourtant à cette heure, si glorieux, à l'apogée de la civilisation, telle que les hommes la peuvent créer? Écoutez donc ces bruits de chaînes, si nombreux, si universels que le monde romain trembla, rien qu'en les entendant! Écoutez ces longues

lamentations de toute une multitude, courbée sous le fouet
d'une poignée de tyrans! Or, ces esclaves, ces ilotes, ce
vil bétail humain, ce sont nos pères, nos pères délivrés
par le Christ, seul rédempteur, seul apôtre, seul fondateur
de la liberté religieuse et civile!

La liberté doit donc être chrétienne. Lui donner un
autre caractère, c'est un contre-sens historique. L'inscrire
sur la porte de nos temples, et vouloir fermer ces temples,
c'est le comble de l'ingratitude et de la déraison!

Montalembert l'avait compris. Sous l'empire de cette conviction ardente, on se figure s'il dut bondir, en assistant à
la hideuse dévastation de Saint-Germain l'Auxerrois, au
sac de l'archevêché, à toutes ces explosions sacriléges
d'une haine idiote et sauvage.

Comme le fils qui voit assassiner sa mère, il poussa
un cri, un cri passionné de désespoir :

— Il s'est trouvé dans le monde, s'écrie-t-il avec un
accent d'indicible douleur, un peuple, qui s'est proclamé
le pontife de la civilisation, le libérateur des nations, le
maître de l'avenir : et ce peuple a brisé la croix... Notre
cœur se soulève à la pensée de cet affront, et nous nous
écrions, avec un généreux compagnon de nos luttes et de
nos croyances : « Remplacez ces croix d'or par des croix
de bois, afin qu'il y ait quelque chose entre Paris et le ciel,
pour en détourner la foudre! »

Est-ce bien un demi-siècle qui nous sépare du jour où
ce cri fut poussé? Sont-elles d'hier, ces paroles, ou
d'aujourd'hui? On entend ce que je veux dire, et puisque
la situation est la même, pire peut-être depuis que la croix
a servi de cible, sur la poitrine d'un martyr, pour fusiller
à bout portant l'archevêque de Paris, pourquoi, nous qui

croyons et aimons encore, n'adopterions-nous pas, pour notre [cri de bataille, cette acclamation, qui sortit, le 21 février 1831, du cœur de Montalembert :

« S'il nous eût été donné de vivre au temps où Jésus
« vint sur la terre et de ne le voir qu'un moment, nous
« aurions choisi celui où il marchait couronné d'épines et
« tombant de fatigue, vers le Calvaire : de même nous
« remercions Dieu de ce qu'il a placé le court instant de
« notre vie mortelle à une époque où sa religion sainte est
« tombée dans le malheur et l'abaissement... Nous ramas-
« sons avec amour les débris de sa croix, pour leur jurer un
« culte éternel. On l'a brisée sur nos temples, nous la met-
« tons dans le sanctuaire de nos cœurs, et là, nous ne l'ou-
« blierons jamais. De la terre où on nous l'a détruite, nous
« la replaçons dans le ciel, et là nous lisons encore une fois,
« autour d'elle, cette parole divine : *In hoc signo vinces!* »

II

Je voudrais pouvoir suivre toute cette carrière d'une année et plus, durant laquelle les épreuves de l'Église et les attentats à la liberté religieuse arrachèrent tant de cris élo-quents à l'âme du jeune croyant. Mais il faut se hâter, de peur d'être tenté de ne jamais finir : d'ailleurs, quelques-uns de ces accents, nous les retrouverons plus tard, lorsqu'une vue rétrospective nous ramènera vers l'*Avenir* de 1831, pour parler de l'Irlande, de la Pologne et de la liberté d'enseignement.

Toutefois, je ne puis quitter le journaliste de l'*Avenir,* sans noter un épisode grave, qui se présente à moi avec tout l'intérêt et aussi avec tous les périls de l'actualité : je veux dire l'attitude des légitimistes au lendemain de la révolution de Juillet.

Lamennais, toujours impérieux, ne comprenant pas les résistances, venait de fulminer contre les légitimistes un acte d'excommunication d'une violence inouïe. Le 18 février 1831, un article magistral, motivé dans les termes les plus sévères, adjurait les catholiques de France de rompre pour toujours « avec les hommes qui sacrifient leur Dieu à leur roi ».

L'effet fut effrayant. Tandis que les légitimistes ralliés à l'École Menaisienne se taisaient, de la part des autres, ce fut une explosion de colère et un débordement, comme l'esprit de parti peut seul en créer.

Montalembert intervint. Avec sa nature loyale et son caractère chevaleresque, il osa parler après le maître, pour expliquer sa pensée. Au comité de rédaction, on se refusait à cet apparent désaveu. Lacordaire seul le goûtait. On en référa à Lamennais, pour lors retiré à Juilly. Il fit quelques corrections, et l'article parut, le 16 mars 1831. Il est intitulé : *A ceux qui aiment ce qui fut.*

Je ne sais si Montalembert a jamais écrit une œuvre plus sensée, plus noble, plus vraiment éloquente.

Il s'adresse aux démissionnaires de l'armée, de la marine, de la magistrature, aux royalistes retirés sous la tente comme Achille et boudant à Louis-Philippe, tandis que la France agonisait. Quelle franchise cordiale, et quelle liberté chrétienne de langage ! Qu'on en juge :

« Nous ne nous donnons pas à vous pour les partisans

« de vos croyances politiques, pour les néophytes de ce culte
« de la légitimité des rois, que vous professez sans tenir
« compte de la légitimité des peuples; mais, nous vous le
« disons, dans notre simplicité et dans notre bonne foi, si
« vous saviez combien nous respectons les affections mal-
« heureuses, combien nous vénérons le long enthousiasme
« de votre fidélité, combien surtout la foi qui nous est
« commune avec vous excite notre sympathie, vous
« regretteriez les dissentiments qui nous séparent; vous
« reconnaîtriez, en nous, des enfants d'un même père, des
« chrétiens qui gémissent de ne pouvoir être unis avec
« d'autres chrétiens dans toutes leurs pensées, et cherchent
« à les rassembler tous dans une unité plus haute que
« celle qui peut être dissoute par les événements de la
« terre. »

Il ajoutait, avec une courageuse franchise :

« Nous n'éprouvons pas cette sympathie pour des
« regrets de courtisans, des dépits de fonctionnaires, des
« mortifications d'amour-propre ou d'ambition qui ne
« savent enfanter que des conspirations de salon et de
« misérables échauffourées. Mais nous l'éprouvons vive et
« profonde pour l'attachement désintéressé de ces roya-
« listes de province, de ces populations rurales, qui
« n'ont jamais vu la cour, qui n'ont jamais rien reçu
« d'elle, qui n'ont rien gagné à son retour, qui n'ont rien
« perdu par sa chute... et qui sont restés inébranlables
« dans leur affection, dans la tristesse de leurs regrets,
« dans le culte de la croyance héréditaire qu'ils conservent
« comme un patrimoine sacré. Nous les respectons, et il
« nous a fallu toute la profondeur de notre foi dans les
« desseins éternels de Dieu, pour ne pas être entraînés

« par un sentiment trop vif vers des hommes dont
« l'honneur est si pur ! »

Les légitimistes reprochaient aux hommes de l'*Avenir*
leur horreur pour les opinions gallicanes et leur libéra-
lisme :

— Eh ! leur dit Montalembert, qu'a-t-il fait pour les
trônes, ce gallicanisme qui vivait de son salaire et s'étalait
à son ombre ?

Au reproche d'aimer la liberté, il répondait :

— Mais, vous-mêmes, quel refuge avez-vous, si ce n'est
elle ? Dieu, en brisant l'idole de vos cœurs, vous a ouvert
le temple de la liberté, et malgré vous, et à votre insu,
vous vous êtes jetés dans son sanctuaire, et il ne vous reste
plus d'autre asile ; toutes les libertés que nous réclamons
d'une voix forte et altière, vous les invoquez en secret, et
vous en usez les premiers, à mesure qu'elles se laissent
conquérir.

Il concluait — avec une sagesse patriotique qui devançait
son âge et que la fatale histoire de notre temps n'a que
trop prouvée [1] — par une adjuration qui, si elle eût été
entendue, aurait épargné au pays bien des troubles et
rallié sur le terrain de la défense nationale toutes les
forces vives de la nation :

« Royalistes sincères ! noblesse de France ! propriétaires
« fonciers ! nous vous exhortons ardemment, sachez user des
« innombrables avantages de votre position. Sachez exercer
« l'influence légitime qui vous appartient sur les masses
« populaires ; avouez hautement cette prétention, que des
« restrictions législatives pourraient en vain vous contes-

---

[1] Madame CRAVEN, *Étude sur le comte de Montalembert*, p. 35.

« ter. Rattachez-vous, par votre désintéressement et par
« votre dévouement aux intérêts de tous, les populations
« qui vous entourent. Ne méconnaissez pas la double popu-
« larité dont vous êtes appelés à jouir : la puissante popu-
« larité de la défaveur officielle, et la sainte popularité de
« la vertu... Entrez donc avec courage et confiance dans
« la vie publique. Courez vous enrôler dans les rangs de
« la garde nationale, demandez des armes à la patrie, et
« jurez de ne pas les déposer lorsque votre Dieu sera
« insulté ; remplissez avec cela le devoir sacré d'électeur,
« et donnez au pays des mandataires qui sachent com-
« prendre la véritable union de l'ordre et de la liberté.
« Appelés à participer à la souveraineté nationale, sachez
« en user avec le recueillement et la conscience que la
« France vous demande. Faites, en un mot, ce que firent
« vos pères, faites, avec nous et avec tous les hommes de
« bonne foi, *une ligue du bien public*, devant laquelle
« viendront se briser à la fois toutes les attaques de
« l'impiété et tous les piéges du pouvoir [1] ! »

[1] C'est à cet article et à quelques autres semblables de sa vie,
que Montalembert faisait allusion lorsque, sur le soir de son existence, recueillant ses œuvres pour les publier ensemble, il écrivit,
dans le magnifique Avant-propos qui précède cette précieuse collection, si importante pour l'histoire de l'apologétique chrétienne au
dix-neuvième siècle :

« Au premier rang de ceux qui auraient à se plaindre de moi,
« s'ils ne se sentaient désarmés autant par l'antiquité de nos dissen-
« timents que par le sincère et durable accord de nos douleurs et de
« nos convictions actuelles, je devrais placer les orateurs et les écri-
« vains du parti légitimiste. Si ces volumes leur tombent sous la
« main, qu'ils me pardonnent les pensées et les expressions qui les
« affligèrent ! Qu'ils veuillent bien les croire exclusivement dictées
« par le sentiment qui me dominait au début de ma carrière, par la
« nécessité impérieuse de dégager la cause catholique de toute soli-

III

C'était le 19 septembre 1831,

La Chambre des pairs est au complet, les tribunes regorgent de monde, à la barre trois prévenus. L'un d'eux, le plus jeune, vêtu de noir, se lève, et, à l'interrogatoire du chancelier, M. Pasquier, qui, lui adressant les questions d'usage, lui a demandé ses nom, prénoms, âge et qualité, il répond :

— Charles, comte de Montalembert, âgé de vingt et un ans, maître d'école et pair de France.

Puis, il se rassit, calme, et ses deux compagnons, Lacordaire et de Coux, prirent tous deux cette qualité de

« darité temporelle, de toute alliance politique, même de celle qu'une
« longue communauté de gloire et de malheur, que des traditions
« séculaires et sacrées rendaient si naturelle et si honorable avec la
« royauté du vieux droit.....
« On voudra bien admettre que l'opinion légitimiste, il y a vingt
« et trente ans, était loin d'être unanime à arborer les principes de
« liberté politique et religieuse qui font aujourd'hui sa force et son
« honneur. Elle n'avait point encore fourni à l'indépendance de
« l'Église, au gouvernement parlementaire, leurs plus éloquents,
« leurs plus intrépides, leurs plus glorieux champions. Depuis lors,
« appelée à reprendre son rang dans deux assemblées souveraines,
« elle y a montré un dévouement aussi éclairé que sincère à toutes
« les libertés. Aujourd'hui, d'ailleurs, qui pourrait me soupçonner
« d'un sentiment autre que celui de la plus respectueuse sympathie
« pour le parti qui a eu l'honneur de recruter presque seul la poignée
« de héros et de martyrs dont le sang a coulé, sous les murs de
« Lorette, pour la sainte faiblesse de l'Église, pour la liberté des
« âmes, pour le droit violé par un brigandage royal? »

maître d'école qui les amenait à la barre de la Chambre haute.

J'ai raconté déjà [1] comment Lacordaire et Montalembert, liés entre eux par une amitié touchante, aimant ensemble la religion et la liberté, avaient fait ensemble le projet d'ouvrir à leurs risques et périls une première école libre, de se faire hardiment arrêter et juger, sachant bien qu'en faisant condamner dans leur personne l'illégalité, ils feraient condamner dans la loi l'injustice [2]. J'ai dit aussi ce que fut le discours de Lacordaire.

Quand Montalembert se leva, la Chambre devint attentive. Elle souriait, suivant la spirituelle expression de M. de Broglie [3], comme un aïeul sourit à la vivacité généreuse et mutine du dernier enfant de sa race. Les tribunes ne dissimulaient qu'avec peine leur sympathie attendrie, à la vue de ce jeune homme de vingt ans, orphelin de la veille, vêtu de noir en signe de la mort de son père qui, en mourant, le faisait pair de France et ne lui laissait pas même le temps de finir son droit pour l'exercer.

— Je ne suis qu'un enfant, fit-il, au milieu du plus religieux silence, et je me sens si jeune, si inexpérimenté, si obscur, que, pour m'encourager, il ne me faut rien moins que la pensée de la grande cause dont je suis ici l'humble défenseur. Aussi ai-je pour me soutenir devant vous, et le souvenir des paroles prononcées pour cette même cause, dans cette même enceinte, par mon père, et la conviction que c'est ici une question de vie et de mort,

---

[1] Voir le troisième volume de mes études sur l'*École menaisienne*, intitulé Lacordaire.

[2] Cochin, *Discours du 1ᵉʳ avril* 1870.

[3] *Discours à l'Académie française*, février 1863.

pour la majorité des Français, pour vingt-cinq millions de mes coreligionnaires; et le cri unanime de la France pour la liberté de l'enseignement; et les vœux unanimes de ces quinze mille Français dont nous avons nous-mêmes déposé les pétitions à l'autre Chambre; et les droits des milliers de familles dont les rejetons germaient là où l'arbitraire n'a plus laissé que des déserts : en un mot, l'image d'un passé cruel à réparer, d'un avenir incalculable à assurer, et par-dessus tout, le nom que je porte, ce nom qui est grand comme le monde, le nom de catholique...

Le *Moniteur,* auquel j'emprunte ce discours, note ici, d'après les indications de ses sténographes, qu'un *mouvement prolongé* interrompit à ce moment le jeune pair.

Mouvement de surprise, bien plus que de faveur, sur ces bancs où siégeaient comme juges tous les vieux débris de nos révolutions, et en majorité les fils de ceux qui avaient acclamé Voltaire.

Il y avait quatorze siècles que pareille déclaration n'avait offensé des oreilles hostiles. Quand les préteurs de Rome siégeaient sur leur tribunal, et que des patriciens comparaissaient devant eux, sous l'inculpation d'appartenir à la secte infâme du Crucifié, ceux-ci n'hésitaient pas à revendiquer hautement ce qu'ils considéraient comme leur plus beau titre de noblesse, et, oubliant leur patriciat, avec le nom pourtant bien illustre des aïeux, ils répondaient aux préteurs, qui les interrogeaient de leur nom :

— *Christianus,* je me nomme chrétien !

Montalembert se souvint de ses ancêtres, les vieux chrétiens de Rome, et, comme eux, à la grande surprise de ses juges, il revendiqua son nom de *catholique.*

— Catholique... Mais qu'est-ce donc que cela, un

4.

catholique? se demandaient ces fils de Voltaire, stupéfaits de la hardiesse de ce fils des croisés. « On connaissait des légitimistes, des orléanistes, des bonapartistes, des républicains, et parmi eux il pouvait se trouver des catholiques : mais des catholiques proprement dits, des catholiques avant tout, des catholiques sans autre dénomination, on ne savait ce que c'était, on n'en soupçonnait pas l'existence possible [1]. »

— Catholiques, poursuivit le noble champion de la liberté civile et religieuse, nous sommes las de prostituer à la créature de la Convention et de l'Empire ce que nous aimons le plus au monde. Nous vous redemandons nos enfants ; nous vous redemandons leur honneur, leur pureté, leur foi, leur vertu. Vous n'oseriez refuser à des Juifs, à des protestants le fruit de leur amour ; vous n'oseriez rester sourds aux cris de leurs cœurs. Pourquoi faut-il que nous, catholiques, nous soyons sans refuge et sans secours ? Vos lois nous proclament la majorité du peuple français : ah ! pour Dieu, ôtez-nous ce vain titre, et rendez-nous à ce prix les libertés que nul n'a le droit de contester à la minorité la plus chétive !

Puis, au milieu de l'émotion générale, tandis que les tribunes approuvaient tout haut, et que les pairs de plus en plus attentifs se taisaient dans un morne silence, il s'écria :

— Eh bien ! notre patience s'est lassée, nous avons trouvé que c'était trop longtemps se jouer de nous, trop longtemps nous assujettir à un régime plus exécrable, plus perfide que celui de Julien l'Apostat. Lui, le plus cruel et le plus adroit persécuteur de notre religion, excluait, il est

___

[1] FOISSET, *loc. cit.*, p. 81.

vrai, les chrétiens des écoles publiques ; mais il ne songea jamais à fermer les leurs. Jamais il ne les précipita de force dans les écoles païennes, pour les y dépouiller à son aise de leurs mœurs et de leur foi.

Cette allusion directe, cette accusation formelle contre « le doute contagieux, et l'impiété froide et tenace », des établissements officiels, déjà dénoncés par l'*Avenir* dans un réquisitoire écrasant de Lamennais, produisit l'effet d'une déposition en justice. L'accusé devenait accusateur. Il apportait à la tribune le propre témoignage de son expérience de jeune homme, d'étudiant, de collégien, sortant, dit-il, de courir « l'horrible chance d'acheter un peu de « science au prix de la foi de ses pères, au prix de tout ce « qu'il y avait de pureté et de fraîcheur dans son âme, « d'honneur et de vertu dans son cœur ».

— De deux choses l'une, continua-t-il avec la saisissante éloquence d'une impitoyable logique, de deux choses l'une : ou nous avons pour nous la vérité et le droit, et alors vous devez au moins les respecter ; ou nous ne sommes que des êtres égarés, impuissants, trahis par la destinée et par l'avenir ; alors, pourquoi accélérer notre dernier soupir ? pourquoi conjurer par votre despotisme contre notre agonie ? Ah ! si notre foi doit mourir, souffrez du moins que nous lui choisissions un tombeau, et que ce tombeau soit la liberté du monde ! C'est notre foi qui, la première, a levé la noble bannière sous laquelle le genre humain est aujourd'hui en bataille. C'est bien la moindre chose qu'elle puisse s'en servir comme d'un linceul.

Après de tels accents, Montalembert pouvait perdre son procès à la Chambre des pairs, il en avait assuré le gain devant un tribunal plus puissant et plus solennel, celui de l'opinion publique. Aussi, ce fut au milieu du saisissement, de l'enthousiasme et de l'émotion générale, qu'il acheva sa harangue :

— Pairs de France, souffrez que je vous le dise avec une franchise héréditaire : ne soyez pas infidèles à votre noble mission, et dans ce moment même dites à la France que vous avec beaucoup fait pour elle et pour la liberté.

Puis, il conclut, avec cette modestie et cette ardeur qui devaient lui faire, au sortir de ce discours, un nom immortel :

— J'en ai dit assez, nobles pairs, pour vous prouver que ma foi religieuse m'a surtout guidé dans cette entreprise; j'en ai dit assez, je l'espère, sinon pour me justifier, du moins pour expliquer ce qu'il peut y avoir d'étrange dans cette tentative d'un écolier de vingt ans. Je me féliciterai toute ma vie d'avoir pu consacrer ces premiers accents de ma voix à demander pour ma patrie la seule liberté qui puisse la raffermir et la régénérer. Je me féliciterai également d'avoir pu rendre témoignage dans ma jeunesse au Dieu de mon enfance. C'est à lui que je recommande le succès de ma cause, de ma sainte et glorieuse cause. Je la dis glorieuse, car elle est celle de mon pays; je la dis sainte, car elle est celle de mon Dieu.

Il se rassit, tremblant d'émotion, à côté de Lacordaire, et couvert de gloire devant l'Église et la France. Le parti catholique avait trouvé son Démosthènes, tandis que la chaire chrétienne allait revoir Bossuet.

Quel beau moment! Quelle heure! « Ce moment rapide fut et demeurera l'un des plus féconds de notre siècle! » En s'exprimant ainsi, M. de Falloux a fixé une date de notre histoire, la plus glorieuse peut-être de toutes, dans les Annales de l'École Menaisienne.

Quand il sortit, le chef de cette école le reçut dans ses bras et mouilla des pleurs d'une paternelle fierté ce front maintenant sacré pour le génie et l'éloquence.

Sur les instances de Lamennais, Montalembert partit, chargé de conquérir des sympathies et des adhésions à l'*Avenir.*

On était au mois d'octobre 1831.

Cette tournée fut un triomphe. Montalembert l'a dit lui-même, dans ses notes intimes, « cette ovation d'un mois a été l'instant le plus brillant de sa jeunesse ». De Lyon à Marseille, ce fut un long *hosanna.* Le jeune apôtre de la liberté de l'Église trouvait partout des cœurs pour l'acclamer. des bras pour le presser dans l'étreinte enthousiaste d'une fraternelle admiration.

Notre grand évêque, Eugène de Mazenod, lui fit à Marseille, un accueil sans exemple. Ce grand cœur d'apôtre, déjà blanchi dans les fatigues du prosélytisme, avait compris le jeune missionnaire de la liberté religieuse. Tandis que bon nombre d'évêques se cachaient ou se montraient hostiles à la propagande lamennaisienne, lui la prenait ouvertement sous son égide, et, quand les prêtres de Marseille en 1831 acclamaient la venue de Montalembert, Mgr de Mazenod était à leur tête et chantait plus haut qu'eux tous l'*hosanna* [1].

Hélas! l'*hosanna* de Jérusalem fut la première étape du

---

[1] La correspondance de Lamennais abonde en documents qui établissent le zélé dévouement de Mgr de Mazenod. J'ai raconté, dans mon volume sur LAMENNAIS, comment ce digne prélat fut le seul évêque de France qui donna une lettre de recommandation aux trois pèlerins de Rome. Que de fois, dans les dernières années de sa belle

Calvaire. Les pharisiens ne purent l'entendre sans frémir de rage contre le Christ, et, ce jour-là, il fut condamné à mort dans leurs pensées et leurs conciliabules sataniques.

Charles s'en revenait, heureux et saintement fier de sa mission, repassant dans sa mémoire le récit qu'il en ferait au maître, quand, arrivé à Vienne, il trouva une lettre de Lamennais, l'avisant que l'*Avenir* allait cesser tout à coup, et l'invitant à partir, avec Lacordaire et lui, pour Rome.

« Tout l'espoir de sa jeunesse lui était subitement ravi. Toute une année de travaux et de succès, tout l'enchantement du voyage qu'il venait de faire s'abîmait sous ses pieds, il était comme enseveli dans son triomphe [1]. »

Le 10 novembre, il rentrait navré à Paris, et, le 24 novembre, il reprenait le chemin de Lyon pour entreprendre cette odyssée douloureuse que j'ai racontée ailleurs [2], et qui devait inaugurer la seconde phase des rapports de Montalembert avec Lamennais, s'obstinant dans une révolte dont le jeune disciple ne se consola jamais.

IV

Un jour, à Sainte-Pélagie, tandis qu'il y était prisonnier, Lamennais songeait. Ce n'était plus le vaillant de 1830.

vie, ne l'avons-nous pas entendu s'écrier, avec un accent de profonde émotion : « Au lieu d'écrire, j'aurais dû les accompagner moi-même à Rome ! Ce qui s'est passé n'aurait pas eu lieu ! »

[1] FOISSET, *loc. cit.*, p. 94.

[2] Au 1er et au 3e volume de mes études sur l'*École Menaisienne* (LAMENNAIS et LACORDAIRE).

Dix années avaient passé sur ce front, jadis si glorieux, et maintenant si seul, où les rides de la vieillesse se creusaient à côté d'autres sillons douloureux. La chaleur, sous les toits de la prison, était étouffante, et le vieillard en était manifestement accablé.

Sa pensée alors s'en alla errer sur les grèves d'Armorique, où court la brise marine. Il revit la Bretagne, Saint-Malo, les rivages aimés. Sa jeunesse passa, comme un mirage, sous le regard de son âme. L'émotion le domina. Un sanglot monta du cœur aux lèvres. Il se rapprocha vivement de la table grossière devant laquelle il était assis, et, comme un goéland qui s'abat sur un récif, il coucha son rêve sur la feuille blanche à portée de sa main :

« La mer scintillait au soleil, chaque goutte d'eau reflé-
« tait, comme une pointe de diamant, une lumière blanche
« et pure que l'œil supportait à peine.

« Du village déserté, hommes, femmes, enfants, arri-
« vaient en foule sur les dunes, où, mêlé au thym, l'œillet
« sauvage, aux fleurs violettes, exhalait un parfum de
« giroflée.

« Munis de paniers, de légers filets, de pelles et de longs
« bâtons armés d'un crochet de fer, ils attendaient que la
« marée laissât à découvert la vaste grève et ses rochers,
« pour recueillir le riche butin préparé par la Providence,
« le lançon argenté qui glisse dans le sable humide, les
« crabes voraces et les homards aux larges pinces, et la
« crevette, et la moule nacrée, et les coquillages de toute
« sorte.

« Vers le soir, à l'heure où le flux accourt comme un
« fleuve gonflé par les pluies, la troupe joyeuse regagnait
« le village. Mais tous n'y revinrent pas.

« Plongée dans les songes de son cœur, une jeune fille
« s'était oubliée sur un rocher lointain. Lorsqu'elle sortit
« de sa rêverie, le flot déjà serrait le rocher de ses
« nœuds mobiles, et montait, montait toujours. Personne
« sur la grève, point de secours possible.

« Que se passa-t-il alors dans l'âme de la vierge? Nul ne
« le sait; c'est resté un secret entre elle et Dieu.

« Le lendemain, on retrouva son corps. Elle avait noué
« aux algues pendantes ses longs cheveux noirs, sans
« doute pour n'être pas emportée par la houle, pour reposer
« dans la terre bénite, près des siens.

« Une croix de bois marque dans le cimetière le lieu où
« elle dort. Souvent l'une de celles qui furent ses com-
« pagnes, agenouillée sur le gazon, prie pour elle, et, le
« cœur ému de souvenirs tristes, s'en va, le front baissé,
« en essuyant des pleurs [1]. »

On a saisi l'attristante allégorie.

A cette heure encore, le prêtre tombé qui l'écrivait, se
souvenait de la croix, de la terre bénite où les chrétiens
iment à reposer, après leur mort, près de ceux qu'ils ont
aimés. Il espérait encore au fond de l'âme et il songeait,
ne l'osant dire que sous le voile de l'allégorie, à ses anciens
compagnons, à ses frères, à ses fils, maintenant bien loin
de lui, qu'il entendrait peut-être, du fond de sa fosse,
venir s'agenouiller, avec des larmes dans les yeux, sur la
tombe de celui qui fut leur maître et leur père.

Ah! la triste chose!... c'est notre gloire, c'est aussi notre
châtiment, à nous, enfants de l'unité catholique, surtout si

---

[1] Cette charmante composition inédite nous a été révélée par
M. FORGUES, dans ses *Notes et souvenirs,* p. 98.

nous avons pénétré dans le sanctuaire, de ne pouvoir trouver de repos ni d'asile nulle part, quand nous sortons des rangs, en face de l'ennemi.

Si le déserteur ose encore lever la tête après ce que tous appelleront son apostasie, il sera peut-être adulé par des ennemis déclarés de cette Église, au sein de laquelle il est né, et que, au fond du cœur, malgré sa désobéissance, il préfère à tout [1].

Sans doute, le foyer paternel a parfois ses rigueurs, la loi y est souvent sévère et les froissements y sont douloureux. Mais du foyer paternel passer au camp ennemi, entendre parler de son père avec les rudesses de l'ignorance hostile, s'associer aux railleries qui poursuivent la vie et les actions de ceux qui vécurent près de vous et mangèrent à la même table, ah! quelle horrible chose pour cet homme, si, en perdant les suprêmes délicatesses du sacerdoce, il a conservé au cœur quelque chose de l'homme! Ceux qui lui tendent la main, en lui proposant un pacte d'union contre ce qu'il a aimé et servi, ne lui rappellent-ils pas ce pacte d'amitié que Pilate proposa à Hérode, au prix du sang!

On a cherché le secret des mystères d'obstination de Lamennais au sein de la révolte. Eh! le voilà!... Ange tombé des cieux, il s'en souvenait encore, et ce souvenir le tuait. Hors de sa place, sorti des rangs, il s'animait, comme l'archange rebelle, contre ce qu'il avait aimé. Puis, comme rien n'est comparable à la colère d'un cœur contre l'objet de son amour, il en arrive à ces profondeurs de la haine qui confinent au désespoir.

----

[1] OLIPHANT, *Mem.*, t. I, p. 260.

V

— Je vais commencer une vie nouvelle... Nous nous rejoindrons, je l'espère, là-haut, mais nous marcherons par deux voies sur la terre.

C'est dans ces termes, tout à la fois découragés et résolus, que le maître notifia au disciple le pas fatal qui venait de mettre un abîme entre la première et la seconde phase de son existence.

— Mon père, répond aussitôt Montalembert, mon bien-aimé père, qu'ai-je fait pour mériter un changement si subit et si cruel?... Vous savez bien que ce n'est pas seulement le génie que j'ai admiré en vous, mais votre cœur, surtout, que j'ai aimé, votre cœur si tendre, si aimant, si bon, si cruellement blessé et percé de coups [1]!

Quelle heure dans la vie de Charles!

Lui-même l'a dit. Au lendemain de la condamnation, il était « hésitant et troublé [2] ». Mais [3] il s'est calomnié lui-même, quand, dans son admirable livre sur Lacordaire, il a tant insisté sur l'influence qu'exerça cet illustre ami sur sa soumission publique aux actes du Saint-Siége, condamnant Lamennais.

Sans doute, Montalembert écrivit à ce moment bien des

[1] FORGUES, *Notes et souvenirs*, p. XCVIII.
[2] MONTALEMBERT, *Œuvres complètes*, t. IX, p. 407.
[3] Ce que je vais dire n'a jamais été révélé jusqu'ici. J'en dois la connaissance et les preuves à madame de Montalembert.

lettres regrettables. Il eut tort de traduire et de revêtir de
son style merveilleux les déclamations d'Adam Mickiewicz,
dans les *Pèlerins polonais,* disparues aujourd'hui des
œuvres complètes. Il parut résister longtemps aux instances
maternelles de madame Swetchine et aux adjurations de
l'amitié, l'exhortant avec une touchante éloquence à s'éloi-
gner du prêtre rebelle. J'ai raconté déjà tout cela dans mon
livre sur Lacordaire.

Mais il aimait Lamennais d'un amour incomparable,
comme ni Lacordaire ni Gerbet lui-même ne l'aimèrent
jamais. Orphelin, il l'aimait comme son père. Disciple, il
le vénérait comme son maître. A son tour, il se sentait
préféré entre tous : c'était le fils de la prédilection, le disciple bien-aimé.

Et ici, qu'on me permette de révéler un détail touchant,
que nul n'a connu jusqu'à présent. Lamennais était pauvre.
Au lendemain de sa condamnation surtout, quand toutes
les ressources furent épuisées, prêtre interdit, il n'avait
plus de quoi subvenir aux besoins de sa modeste subsis-
tance. De son côté, Montalembert n'était pas riche, à ce
moment surtout de sa vie. Pair de France, obligé de satisfaire aux exigences matérielles de son rang, il s'imposa,
avec la touchante abnégation d'un fils qui nourrit son père,
une sorte de dîme filiale sur son humble revenu. Chaque
mois, il prélevait le dixième de ce revenu et le remet-
tait, avec les précautions d'une délicatesse infinie, à celui
qu'il regardait comme « la conscience la plus désintéressée
qui fût au monde [1] ».

Et maintenant, que le monde juge comme il voudra son

[1] FORGUES, *loc. cit.,* p. C.

silence, que Lacordaire et madame Swetchine s'imaginent avoir à le convertir, bien plus, que l'Église elle-même blâme ses trop longs délais, pour lui, il n'a qu'une pensée, qu'un but, qu'une ambition : rester près de Lamennais pour l'empêcher de se perdre et le sauver à force de tendresse. Tel, au sein de la tourmente, quand le navire, qui fait eau de toutes parts, va sombrer dans les abîmes béants, un jeune marin, de qui cette barque fut comme la terre natale, s'attache désespérément aux dernières planches qui semblent tenir encore, et ne se jette dans le canot sauveur qu'après avoir senti tout disparaître sous ses pieds.

Puis, tandis que ses anciens compagnons l'appellent avec des cris répétés, Charles, obstiné à sauver le génie en révolte, le conjure, avec des accents déchirants dont il laisse ignorer la généreuse éloquence aux anciens amis, de ne point renoncer à son sacerdoce, de garder le glorieux drapeau de l'ultramontanisme [1] qu'il a su relever fièrement

[1] C'est M. l'abbé Jules Morel — un témoin qu'on peut en croire — qui, dans l'*Univers* du 19 mars 1870, au lendemain de la mort de Montalembert, écrivait : « Ce sera la gloire incomparable de l'abbé de Lamennais et des disciples qui se groupèrent autour de lui, d'avoir ressuscité parmi nous l'ultramontanisme sous une forme théologique que Joseph de Maistre n'avait pu lui donner, et d'en avoir trouvé du premier coup une expression si complète et si nette, nous dirions volontiers, tellement adéquate, que, quarante ans après, la formule en est encore assez jeune, assez vivante, pour répondre à tout l'embarras des circonstances actuelles. Quand on pense qu'en 1826 la théologie de Bailly était la maîtresse incontestée de l'instruction lévitique en France; que Saint-Sulpice, qui avait beaucoup appris à l'école de l'adversité révolutionnaire, n'avait pu cependant se défaire de ses préjugés gallicans, il faut admirer comment la Providence de l'Église romaine suggéra au plus candide des amis de Lamennais, à la pure intelligence, au cœur brûlant de Gerbet, la pensée de rédiger

devant l'Église gallicane [1] ; il l'exhorte au silence, quand
il le voit prêt à laisser tomber sur l'Église une parole de
rébellion [2] ; il le supplie de se soumettre [3], l'adjure de ne
pas publier les *Paroles d'un croyant* [4], et quand l'ouvrage
a paru, le dénonce à l'auteur lui-même avec la sincérité la
plus généreuse [5]. Puis, quand le Pape a parlé, coup sur
coup, le 15 et le 19 juillet, il le presse, avec des accents
pénétrants, de se soumettre.

De son côté, Lamennais, semblable à cette lionne du
désert à qui l'on veut ravir son lionceau, enlaçait le jeune
disciple dans un réseau de tendresses passionnées et
d'étreintes ardentes. Quand on publiera — si on la publie
jamais — toute cette correspondance, encore inédite, que
des mains jalouses détiennent de part et d'autre avec un
soin pieux, on verra comment le maître essayait de peser
de toute la puissance de son génie sur son jeune disciple.
Lorsqu'on lit les lettres inédites du chef de l'École Menaisienne au plus aimé des disciples de cette École, il s'en exhale,
même de celles qui furent écrites après la chute définitive, une tendresse suave, pénétrante, qui devait exercer,
ce semble, une irrésistible fascination sur le cœur aimant

cette petite page qui portait en tête : *Aphorismata ad juniores
theologos*, et de la glisser dans les séminaires où l'*Antidote* de
M. l'abbé Boyer ne fit que l'enraciner davantage. Ce fut à partir de
ce moment que la vérité ultramontaine germa dans l'Église de
France, que la discussion la développa, et que ses ramifications s'éten-
dirent partout. »

[1] Lettre du 5 février 1833.
[2] Lettre du 22 juillet 1833.
[3] Lettre du 22 novembre 1833.
[4] Lettre du 9 avril 1834.
[5] Lettre du 2 juin 1834.

et sur l'admiration sans bornes de Charles à l'égard de celui qu'il ne se lassait pas de nommer « son bien-aimé père ».

Mais, un jour, au moment même où il croyait avoir fait quelque progrès dans cette âme altière, Charles découvrit avec épouvante le vide qui s'y était opéré.

— Mes réflexions, lui écrit froidement l'abbé de Lamennais, m'ont amené à de très-grands doutes sur plusieurs points du catholicisme, et, par suite, j'ai renoncé à toute fonction sacerdotale.

Le 4 septembre 1834, il répond à cette navrante communication, dans des termes suppliants, qui se heurtèrent à un refus glacial.

C'est à Pise, durant ce séjour auprès d'Albert et d'Alexandrine que le *Récit d'une sœur* a immortalisé, que les dernières illusions de Charles tombèrent.

Un ancien rédacteur de l'*Avenir,* entraîné dans les conséquences de certaines prémisses posées par le journal, avait écrit à Lamennais :

— Le christianisme ne me semble qu'une forme morte ou mourante.

Et M. Féli avait répondu froidement :

— Je suis entièrement de votre avis !

Alors, épouvanté, perdant toute espérance, après s'être agenouillé et avoir longtemps prié avec des larmes, Charles de Montalembert se rendit à l'évidence. Entre le maître et lui, s'était creusé un abîme sans fond. Il ne lui restait plus qu'à se jeter dans les bras de l'Église, « comme un enfant effrayé dans les bras de sa mère [1] ». Le 8 décembre 1834,

---

[1] Foisset, *loc. cit.,* p. 103.

il envoyait au cardinal Pacca un acte public d'adhésion aux deux Évangiles.

A deux ans de là, deux jeunes voyageurs, mariés de la veille, s'arrêtaient dans une auberge de Suisse, sur le chemin qui mène à Rome.

— Ma chère amie, dit l'heureux époux, souffrez que je vous laisse seule en face de ces merveilles de la nature; pour moi, j'ai un grave devoir à accomplir.

Il s'enferma dans l'auberge, et passa de longues heures à écrire longuement, fiévreusement, ne s'interrompant que pour essuyer les larmes qui obscurcissaient sa vue. Quand il eut fini, la nuit était close, et ce fut avec des frémissements dans la voix qu'il lut à sa compagne ce qu'il venait d'écrire.

— Je vais à Rome, y disait-il en substance, je verrai le Père commun des fidèles. Autorisez-moi à lui parler de vous, comme je lui parlerai de moi-même.

La lettre, on l'a compris, était signée *Charles de Montalembert,* et la suscription portait : *A M. Féli de Lamennais.* Elle marquait toutes les étapes de son itinéraire à travers l'Italie.

Les jeunes époux continuèrent leur voyage. Dès qu'ils arrivaient à une des étapes fixées, lui courait à la poste, anxieux, et en revenait, à chaque fois, triste, mais sans consentir à perdre espoir.

— Nous arrivâmes ainsi jusqu'à Rome, m'a raconté la noble survivante de ce voyage, et là, tous les jours, à l'arrivée du courrier de France, mon mari courait à la recherche de la lettre qui n'arrivait pas.

Maintenant tout est fini!... C'est Lamennais qui a rompu le premier! Montalembert n'entendra plus parler de lui que par des tiers, jusqu'au jour où, apprenant la mort désolée de son ancien chef, il cacha son beau visage entre ses mains et pleura amèrement sur cette mort sans croix et sans Dieu !...

IV

RENAISSANCE CHRÉTIENNE.

I

Le 19 novembre 1833, un voyageur arriva à Marbourg, ville de la Hesse-Électorale, située sur les bords charmants de la Lahn; il s'y arrêta pour étudier l'église gothique qu'elle renferme, célèbre à la fois par sa pure et parfaite beauté, et parce qu'elle fut la première de l'Allemagne où l'ogive triompha du plein cintre dans la grande rénovation de l'art au treizième siècle. Cette basilique porte le nom de Sainte-Élisabeth, et il se trouva que ce jour-là était le jour même de sa fête. Dans l'église, aujourd'hui luthérienne comme toute cette contrée, on ne voyait aucune marque de solennité : seulement, en l'honneur de ce jour, et contre l'habitude protestante, l'église était ouverte, et des petits enfants y jouaient en sautant sur des tombes. L'étranger parcourut ces vastes nefs désertes et dévastées, mais encore jeunes d'élégance et de légèreté. Il vit, adossée à un pilier, la statue d'une jeune femme en habits de veuve, au visage doux et résigné, tenant d'une main le modèle d'une église, et de l'autre faisant l'aumône à un malheureux estropié. Plus loin, sur des autels nus, et dont nulle main sacerdotale ne vient jamais essuyer la poussière, il examina curieusement d'anciennes peintures sur bois à demi effacées, des sculptures en relief mutilées, mais, les unes comme les autres, profondément empreintes du charme naïf et tendre de l'art chrétien. Il y distingua une jeune femme effrayée, qui faisait voir à un guerrier couronné son manteau rempli de roses; plus loin, ce même guerrier, découvrant avec violence son lit, y trouvait le Christ couché sur la croix; plus loin encore, tous deux s'arrachaient, avec une grande douleur, des bras l'un de l'autre; puis on voyait la jeune femme plus belle que dans tous les autres sujets, étendue sur son lit de mort au milieu de prêtres et de religieuses qui pleuraient; en dernier lieu, des évêques déterraient un cercueil sur lequel un empereur déposait une couronne.

On dit au voyageur que c'étaient là des traits de la vie de sainte Élisabeth, souveraine de ce pays, morte, il y avait six siècles à pareil jour, dans cette même ville de Marbourg, et enterrée dans cette même église.

Au fond d'une obscure sacristie, on lui montra la châsse d'argent couverte de sculptures, qui avait renfermé les reliques de la Bienheureuse jusqu'au moment où l'un de ses descendants, devenu protestant, les en avait arrachées et jetées au vent. Sous le baldaquin de pierre qui couvrait autrefois cette châsse, il vit que chaque marche était profondément creusée, et on lui dit que c'était la trace des pèlerins innombrables qui étaient venus s'y agenouiller autrefois, mais qui, depuis trois siècles, n'y venaient plus.

Il sut qu'il y avait bien dans cette ville quelques fidèles et un prêtre catholique, mais ni messe ni souvenir quelconque pour la sainte dont c'était ce jour-là même l'anniversaire. La foi qui avait laissé son empreinte profonde sur la froide pierre n'en avait laissé aucune dans les cœurs [1].

Or, il se trouva que, outre l'attrait, venu de l'art et de la foi, qui l'inclinait à faire, à travers les vastes forêts de cette antique histoire, une de ces excursions savantes et poétiques qui passionnaient dès lors son âme croyante, le jeune voyageur avait, pour aimer cette exploration, une raison intime et toute personnelle, le souvenir, tendre entre tous, qu'il gardait de sa sœur Élise, morte à quinze ans. Il associa tout de suite à cette douce mémoire celle de la patronne d'Élise, ornée comme celle-ci de toutes les grâces, mais comme elle aussi frappée avant le temps, veuve à vingt ans, morte à vingt-quatre !

Il baisa donc avec un double amour cette pierre creusée par les générations fidèles, et reprit sa course solitaire ; mais dès lors un doux et triste souvenir de cette sainte délaissée, dont il était venu, pèlerin involontaire, célébrer la fête oubliée, ne le quitta plus.

En sortant de la cathédrale protestantisée, il entre chez un libraire et lui demande s'il n'a pas quelque livre sur cette sainte Élisabeth, dont le culte était disparu.

---

[1] MONTALEMBERT, *Histoire de sainte Élisabeth*, Introduction.

Le libraire monte dans un grenier, et il rapporte une brochure couverte de poussière.

— Si cela peut vous intéresser, voici une vieille notice; personne ne la demande. J'en avais encore un exemplaire; lisez-le.

Le jeune homme monte en voiture de poste, et il lit, avec cette même ardeur, avec cette passion pour la lecture que tous ses amis ont connue. Tout à coup, il frappe à la vitre, il l'ouvre brusquement et dit au postillon :

— Retournons de suite à Marbourg.

Le postillon refuse.

— Je ne puis pas, dit-il, mes chevaux sont inondés de sueur.

— C'est égal, je payerai ce qu'il faut, retournons.

Alors, plein de cette lecture qui l'avait saisi d'une ardeur enthousiaste, il court chez le libraire :

— L'auteur vit-il encore? s'écrie-t-il.

C'était un vieux juge, retiré dans un village des environs. Il s'y rend.

L'auteur est tout étonné d'avoir un lecteur, et il se met en fête pour recevoir ce lecteur, qui parlait d'ailleurs parfaitement sa langue. Ils causent ensemble de la sainte, et s'enthousiasment à l'envi.

Désormais, le jeune voyageur ne pense plus qu'à elle.

— Je me mis, a-t-il raconté à M. Cochin à qui nous empruntons ce récit, je me mis sous sa protection, je l'invoquai pour ma sœur et aussi pour moi-même, et 'arrivai ainsi à Francfort, tout éperdu d'amour pour sainte Élisabeth.

Il fouillait tour à tour dans ces riches dépôts d'antique science que la docte Allemagne offre en si grand nombre.

Séduit et charmé chaque jour davantage par ce qu'il apprenait sur elle, cette pensée devint peu à peu l'étoile directrice de sa marche.

Après avoir épuisé les livres et les chroniques, et consulté les manuscrits les plus négligés, il voulut, comme l'avait fait le premier des anciens historiens de la sainte, interroger les lieux et les traditions populaires. Il alla donc de ville en ville, de château en château, d'église en église, chercher partout les traces de celle qui a été de tout temps nommée, dans l'Allemagne catholique, *la chère sainte Élisabeth* [1].

Il reçoit des lettres de ses amis de Paris, de Lamennais, de Lacordaire, qui l'appellent, qui le sollicitent : les siens le gourmandent, mais il ne pense qu'à sainte Élisabeth et reste à Francfort, poursuivi et protégé par cette profonde émotion qui devait donner naissance à un des chefs-d'œuvre de la langue française et de la littérature chrétienne [2].

Ce chef-d'œuvre, dont la composition devait être un réconfort pour l'âme découragée de son auteur, avant de faire la joie de la France chrétienne, c'est l'*Histoire de sainte Élisabeth de Hongrie, duchesse de Thuringe.*

Sur la première page, on lit, non sans attendrissement, une dédicace, facile à comprendre, maintenant que nous connaissons le tendre souvenir que Charles gardait de la chère défunte :

A LA MÉMOIRE DE MA SOEUR ÉLISABETH DE MONTALEMBERT,

MORTE A QUINZE ANS.

---

[1] MONTALEMBERT, *Histoire de sainte Élisabeth*, Introduction.
[2] COCHIN, *loc. cit.*

II

A la cour plénière, tenue à Saumur par le roi Louis IX de France, on vit paraître un jeune prince allemand, âgé de dix-huit ans. Il servait, en même temps que les comtes de Saint-Pol et de Bologne, à la table de la reine, de la reine de France, qui fut de tout temps, pour les chevaliers du moyen âge, le type de la beauté et de la noblesse féminines ; et cette reine était alors Blanche de Castille. Or, les assistants se répétaient à l'envi, en s'émerveillant, que c'était le fils de sainte Élisabeth de Thuringe, et que la reine Blanche l'embrassait souvent avec grande dévotion, en cherchant sur son jeune front les traces des baisers qu'y avait autrefois déposés sa mère. C'est ainsi que la mère d'un saint rendait hommage au fils d'une sainte ; c'est dans ce baiser si touchant et si pieux que se rencontrent dans l'histoire, dans la mémoire des hommes, comme elles s'étaient sans cesse rencontrées devant Dieu, les deux âmes si tendres, si ferventes et si pures, de saint Louis de France et de sainte Élisabeth de Hongrie [1].

Ces deux âmes, si semblables par tant de points, s'unissent surtout, pour nous donner une leçon, qu'aujourd'hui encore, après cinquante ans de réaction inaugurée par Montalembert, on a peine à admettre, et qui, au moment où il publia son livre, fut un véritable scandale dans le camp des dévotes à la Port-Royal.

[1] MONTALEMBERT, *Histoire de sainte Élisabeth,* chap. XXVII.

Le jansénisme, bien plus maître encore des esprits en France qu'on ne se l'imagine, a fait d'effroyables ravages dans la notion de l'amour naturel, et l'on en était venu — plaise à Dieu qu'il n'en soit plus nulle part ainsi ! — à condamner étroitement la chaste tendresse des fiancés et des époux chrétiens. Mes lectrices un peu avancées dans la vie se souviennent des principes rigoureusement appliqués par leurs grand'mères du jour des fiançailles au jour des noces. Pour moi, dans ma jeunesse sacerdotale, j'ai connu une maison d'éducation pour les jeunes filles, fort renommée d'ailleurs par sa bonne tenue et son esprit chrétien, où les traditions des vieux fondateurs jansénistes défendaient d'apprendre aux élèves, dans le catéchisme, le chapitre du sacrement de Mariage !

Or, c'est saint Bernard, un de nos docteurs les plus complets, qui le fait remarquer, « saint Paul a regardé comme un des plus grands crimes des Gentils, qu'ils fussent sans affection [1] ».

Dans les âges catholiques, les sentiments les plus tendres et les plus passionnés du cœur humain ont toujours été sanctifiés et redoublés par la foi. En s'inclinant devant la croix du Sauveur, l'amour, même purement humain, puise une exaltation et une énergie singulières dans la victoire permanente de l'humilité chrétienne sur l'orgueil et l'égoïsme.

Ce qui caractérise surtout la vie morale et intérieure de ces âges, si barbarement condamnés par les pharisiens de Port-Royal, c'est d'y trouver le devoir, l'obligation religieuse, devenu comme un élément essentiel des épanchements du cœur.

---

[1] *Sermo de* 12 *stellis.*

A cet égard, Élisabeth de Thuringe et Louis de France sont des types immortels.

« Le grand saint Louis, disait l'aimable évêque de Genève, François de Sales, également rigoureux à sa chair et tendre en l'amour de sa femme, fut presque blâmé d'être abondant en telles caresses, bien qu'en vérité il méritât plutôt louanges de savoir démettre son esprit martial et courageux à ces menus offices requis à la conservation de l'amour conjugal [1]. »

A travers toute sa vie, Louis IX conserva, pour sa femme Marguerite, l'ingénieuse et passionnée tendresse de ses premières années. Montrant l'anneau qu'il portait toujours, et sur lequel il avait fait graver ces trois mots : DIEU, FRANCE ET MARGUERITE, ce grand roi et ce grand saint disait, avec une délicieuse simplicité : *Hors cet anel n'ai point d'amour!*

De même pour cette suave figure de sainte, qui fut Élisabeth de Hongrie. Fiancée dès l'âge de quatre ans à un enfant de onze, Louis de Thuringe, du fond de la Hongrie, de cette terre à moitié inconnue, à moitié orientale, où on l'apporte à son fiancé dans un berceau d'argent, elle est élevée avec lui comme une sœur ; mais, la sainteté d'Élisabeth, éclatant dès ses plus tendres années au sein de cette brillante cour, la rend odieuse aux âmes profanes ; on veut la renvoyer ignominieusement à son père. Seul, le jeune landgrave lui reste fidèle. A lui, comme à tant de jeunes hommes des temps modernes depuis que nous avons rompu avec les traditions chrétiennes des fiançailles antiques, on essayera de fermer cet asile du cœur qui

____

[1] *Introduction à la vie dévote*, 3ᵉ partie, chap. XXXVIII.

s'appelle l'amour d'une fiancée, et il sera tenté, comme tant de jeunes gens que nous coudoyons chaque jour dans notre société contemporaine déchristianisée, de recourir à des liaisons coupables et à des amours vénales, pour satisfaire honteusement les nécessités d'un cœur que l'on a cruellement torturé.

— Vois-tu cette montagne qui est devant nous? dit-il un jour qu'on le pressait de renvoyer sa fiancée ; eh bien ! si elle était d'or pur depuis la base jusqu'au sommet, et que tout cela dût m'appartenir, à condition de renvoyer mon Élisabeth, jamais je ne le ferai. Je l'aime, et je n'aime rien de plus ici-bas. Je veux avoir mon Élisabeth ; elle m'est plus chère que toutes les terres et toutes les richesses du monde.

Dès qu'il est maître de ses États, il s'empresse de l'épouser, bien qu'il n'eût que vingt ans, et dès lors, dit le chroniqueur, « ils s'aimèrent en Dieu d'un incroyable amour ; c'est pourquoi les saints anges étaient avec eux [1] ».

L'histoire de cette union est une idylle, la plus suave et la plus chrétienne des idylles, jusqu'au jour où l'irrésistible appel de la croisade sépare les deux jeunes époux.

— Que le Seigneur te bénisse, chère petite Élisabeth, sœur bien-aimée, mon doux trésor ! dit Louis, en embrassant une dernière fois sur le chemin sa bien-aimée ; que le Seigneur très-fidèle garde ton âme et ton courage ! Qu'il bénisse aussi l'enfant que tu portes sous ton cœur ! Adieu, souviens-toi toujours de notre vie commune, de notre tendre et saint amour ; ne m'oublie jamais dans aucune de tes prières ; adieu...

---

[1] *Introduction à la vie dévote,* 3ᵉ partie, chap. IV.

Elle le suivit longtemps de ses regards ; puis, revenue dans ses tristes foyers, elle se dépouille sur-le-champ de son costume royal, pour prendre, avec un trop juste désespoir, les habits de veuve qu'elle ne devait plus quitter.

Le jour qu'on lui remit la bague que Louis, sur son lit de mort, avait chargé un messager fidèle de lui rapporter, elle tomba sur ses genoux, et, joignant ses mains avec violence, elle dit, d'une voix étouffée :

— Ah ! Seigneur mon Dieu! Seigneur mon Dieu! voilà que le monde entier est mort pour moi, le monde et tout ce qu'il renferme de doux.

Puis, se levant éperdue, elle se mit à courir de toutes ses forces à travers les salles et les corridors du château, en criant : « Il est mort, mort, mort! » Elle ne s'arrêta que dans le réfectoire, où elle trouva devant elle un mur, contre lequel elle resta collée et baignée de larmes. Elle était comme folle. La duchesse Sophie et les autres dames la suivirent, la détachèrent de la muraille qu'elle tenait embrassée, la firent asseoir et essayèrent de la consoler. Mais aussitôt, elle commença à pleurer et à sangloter avec violence, en prononçant des paroles entrecoupées :

— Maintenant, répétait-elle sans cesse, maintenant j'ai tout perdu : ô mon bien-aimé frère, ô l'ami de mon cœur, ô mon bon et pieux mari, tu es donc mort, et tu m'as laissée! Comment vivrai-je sans toi?

Veuve à vingt ans, Dieu infligeait à cet idéal de l'amour dans le mariage, à ce type accompli de l'épouse chrétienne, à cette jeune femme aimante et tant aimée, l'épreuve souveraine de la solitude du cœur, d'où elle ne veut d'ailleurs plus sortir, dédaignant, dans tout l'éclat de la beauté, la main des empereurs, pour rester fidèle à l'amour de son époux.

Ainsi le livre de M. de Montalembert mit en lumière ce spectacle, que jadis on eût trouvé presque scandaleux, de deux fiancés, de deux époux qui s'aiment purement et ne craignent pas de se le dire.

Ce fut presque une délivrance, et de belles âmes furent affranchies de cet antique rigorisme, qui n'était pas de la pudeur. De très-innocentes et très-pures amours dérivèrent de l'amour de sainte Élisabeth pour le duc Louis. Cette renaissance dure encore. Il avait été donné à M. de Montalembert d'assister, depuis plusieurs années, au spectacle touchant d'une de ces chastes affections, et tous les lecteurs du *Récit d'une sœur* se rappellent sans doute les fiançailles d'Albert de la Ferronnays et de mademoiselle d'Alopeus [1].

Ce ne fut pas le seul service rendu par ce livre, qui, je ne crains pas de le dire, est tout un événement dans l'histoire de l'Église et des lettres chrétiennes au dix-neuvième siècle.

Depuis qu'il a paru, les catholiques ont pu réagir contre une autre fatale déviation, opérée dans les esprits par le jansénisme.

Vous est-il arrivé, cher lecteur, comme à moi, dans votre jeunesse, de tomber, durant les années de votre éducation, sur un de ces livres à poussière vénérable, marqués de signets jaunes, avec de vieilles gravures sèches et compassées, qui faisaient, — dirai-je les délices? — la

---

[1] Léon GAUTIER, introduction à l'édition illustrée de l'*Histoire de sainte Élisabeth.*

lecture de nos grands parents. C'était intitulé *Vie des saints,* par Godescard. Ce bon Godescard! par respect pour le saint dont on lisait la vie, on essayait de comprimer l'ennui; mais que de fois ces tentatives finissaient par de formidables bâillements, à moins qu'un sommeil libérateur ne vînt incliner la tête sur l'ennuyeuse page de l'hagiographe à la mode janséniste.

A cette sécheresse désolante, l'auteur de *Sainte Élisabeth* a fait succéder la fraîcheur, la verdure, la vie. Il a fait école, et aujourd'hui, à la suite de Montalembert et de Lacordaire, les vies des saints, loin de distiller l'ennui, ont réconcilié avec le surnaturel les lecteurs, émerveillés de cet air pur qui court à travers des pages lumineuses, semblables à une séve puissante et à un sang généreux qui rendent la vie et la communiquent.

En vérité, on ne savait plus guère, en 1836, lorsque parut le livre de Montalembert, ce que c'était qu'un saint, tant le jansénisme nous avait inclinés à nous représenter la sainteté comme quelque chose de tendu, de roide, de triste et de rébarbatif.

Il y avait encore bien d'autres choses qu'on ne savait plus et que le jeune historien réapprit à son siècle : le moyen âge, l'art chrétien, ces deux grandes et belles révélations que son livre apporta à la France janséniste et voltairienne de 1830.

III

Au 8e jour de novembre, le légendaire de ce vieux livre
que Godescard a détrôné, raconte, en un naïf langage, une
touchante histoire :

« L'Église célèbre, ce même jour, la fête de cinq glo-
« rieux martyrs, qui étaient excellents sculpteurs et chré-
« tiens, hormis Simplicien qui était païen, lequel, voyant
« que les ouvrages de marbre et d'autres riches étoffes de
« ses quatre compagnons se trouvaient si parfaits et
« accomplis, qu'en les élaborant tout leur réussissait
« comme ils l'eussent pu désirer, là où au contraire il
« gâtait beaucoup d'outils de son art, il demanda à
« Symphorien, qui était le premier, d'où venait cela. Il
« lui répondit que toujours, en prenant quelque instrument
« pour le travail, ils invoquaient le nom de Jésus-Christ,
« leur Dieu, et lui remontra si bien, que, par la faveur
« de Notre-Seigneur, il fut converti, et baptisé par un
« saint évêque, nommé Cyrille, et mourut constamment,
« avec ses quatre compagnons, pour la foi chrétienne.
« D'autant que l'empereur leur ayant commandé de faire
« un ouvrage de certaine idole, entre plusieurs animaux,
« ils représentèrent bien au vif les animaux, mais ils
« ne voulurent jamais ébaucher l'idole... L'empereur,
« sachant cela, pensa crever de dépit, et fit faire des cer-
« cueils de plomb, dans lesquels il fit enfermer les cinq
« martyrs, et puis jeter au fond de la rivière, par lequel

« martyre ils achevèrent glorieusement le cours de leur
« pèlerinage, et gagnèrent la couronne d'immortalité [1]. »

Après avoir relaté cette histoire, Montalembert s'écriait :

— Disons-le franchement : de même que Simplicien
alla de l'atelier au baptême, et du baptême au martyre,
ainsi faut-il que nos jeunes artistes, qui aspirent à régénérer l'art religieux, sachent aller avec simplicité au
baptême de la foi, et braver ce martyre du ridicule et de
l'invective que leur promet une impitoyable critique [2].

On le voit, l'entreprise était hardiment chrétienne et
résolûment chevaleresque. Elle mérite que nous l'expo-
sions avec quelques détails.

Le 1er mai 1836, qui était le jour anniversaire de la
Translation de sainte Élisabeth, M. de Montalembert mettait
la dernière main à cette admirable *Introduction* de l'histoire de sa « chère sainte », qui restera peut-être le chef-
d'œuvre de cette belle intelligence et de ce noble cœur.
La date mérite d'être retenue, et nous n'y pouvons songer
sans quelque émotion. L'auteur avait alors vingt-six ans :
il est bon de se le rappeler, quand on lit ces fortes pages,
où l'on serait aisément tenté de voir l'œuvre d'un philosophe éprouvé et d'un penseur plein de jours. Vingt-six
ans! C'est tout le printemps en sa fleur, et cette date du
1er mai nous fait penser, tout naturellement, à la saison
qui nous rapporte toujours de si radieuses et de si charmantes promesses. Sans nous laisser aller à un excès de
symbolisme, il nous sera peut-être permis de reconnaître
qu'il n'y a jamais eu rien de plus printanier que la *Sainte*

[1] *Fleurs de la vie des Saints,* in-f°, p. 1037.
[2] MONTALEMBERT, *De l'état actuel de l'art religieux en France*
(Œuvres complètes, t. VI, p. 269).

Élisabeth de M. de Montalembert. Tout y est frais, tout y
sent le lilas. Ces idées sur l'art chrétien, le moyen âge et
le surnaturel, personne encore ne les avait exprimées
avec cette verdeur, avec cette clarté, avec ce charme
vainqueur. O délicieuses nouveautés ! Et quelle ne dut pas
être la joie de ces catholiques de 1836, si timides encore
et parfois si ignorants des choses divines, quand ils lurent
ce tableau si coloré et si vivant du siècle de saint Louis !
A cette lecture, les plus vieux crurent avoir vingt ans, et
ce rajeunissement n'était pas une chimère : car il y a un
printemps des âmes dont les vieillards peuvent connaître
la joie [1].

Treize ans auparavant, faisant écho à la voix un peu
timide de Chateaubriand, qui avait essayé, dans un chapitre
du *Génie du christianisme,* de réclamer un peu d'admiration au profit des œuvres de l'art chrétien, un poëte
jeune alors ouvrait le premier recueil de ses *Odes* par
une protestation généreuse contre la *bande noire* des
démolisseurs, couvrant par les coups répétés de leurs
marteaux barbares et de leurs pioches vandales le sol
français de ruines lamentables, les pires de toutes les
ruines, celles qui sont faites de main d'homme.

A quelques années de 1823, Victor Hugo, toujours
dévoué à la cause qu'il avait si vaillamment chantée, jetait,
au cœur du pays, ces admirables chapitres de son premier
roman intitulés *Notre-Dame* et *Paris vu à vol d'oiseau,*
véritables manifestes d'une renaissance hardie s'il en fut.

Ceux qui ont lu *Notre-Dame de Paris* se rappellent ces
deux passages, l'un, où l'infortuné Quasimodo, renié de la

---

[1] Léon GAUTIER, *loc. cit.*

société qu'il déteste, trouve, dans la vieille cathédrale, non-seulement un asile, mais une patrie, mais une famille, mais des ombrages, et tous les charmes de la nature; des amis, dans les saints et les monstres de pierre qui le regardent tranquilles du haut de leurs niches ou de leurs chapiteaux, et dans la grosse cloche du portail, à laquelle il se cramponne avec une passion effrénée, tandis qu'elle bondit haletante dans les airs. — L'autre passage est celui où cette même cathédrale, toujours bienfaisante, toujours protectrice, répand, par son silence, par sa paix profonde, ou par ses célestes harmonies, un calme inconnu, une fraîcheur vivifiante sur la pauvre Esméralda, persécutée, trahie, abandonnée, et n'ayant de refuge au monde que la colossale basilique.

Ces idées et ces entreprises généreuses de l'école, qui reconnaissait le jeune poëte des *Odes et Ballades* pour son chef, rencontraient bien de ci de là une approbation timide dans le jeune clergé, dans le petit groupe intelligent et, disons-le, tapageur, qui entourait Hugo. Mais le grand public, le public lettré, le public classique et officiel, passait, dédaigneux, sans même honorer d'un regard ces attardés gothiques, aussi mal coiffés que mal inspirés dans leur bizarre et baroque folie de vouloir ressusciter le moyen âge.

Pendant que les romantiques chantaient, le vandalisme officiel continuait de triompher, et les vieux édifices romains et gothiques subissaient toujours les derniers outrages. On avait la rage de les mutiler, de les gréciser malgré eux, de plaquer d'affreux autels, prétendus ioniques, contre ces murs réputés barbares, et de les recouvrir de l'horrible épaisseur d'un badigeon stupide. Les meilleurs .

esprits en étaient encore au beau dédain de Fénelon, qui haussait les épaules quand il passait devant un monument des siècles chrétiens. C'est en vain que M. de Caumont essayait de fonder sa petite école : le grand public demeurait indifférent ou hostile. Il était trop manifeste que les archéologues, avec toute leur science, ne se sentaient pas de taille à faire une révolution artistique. Il y fallait un grand écrivain, un orateur, un artiste, et, avant le 1ᵉʳ mai 1836, on l'espérait encore [1].

Gothique ou barbare était alors synonyme. Qu'on juge dès lors de la surprise qui éclata dans le camp des vainqueurs, lorsque, du camp opposé, partit une voix jeune, vibrante, déjà victorieuse par son accentuation et son énergie triomphante, qui disait :

— Au moyen âge, au siècle de Dominique et de François, il fallait une combinaison nouvelle qui se prêtât et s'adaptât à toutes les richesses de l'esprit catholique. Les pontifes et les architectes la trouvent, en suivant ces colonnes qui s'élèvent, vis-à-vis l'une de l'autre, dans la basilique chrétienne, comme des prières qui, en se rencontrant devant Dieu, s'inclinent et s'embrassent comme des sœurs : dans cet embrassement, ils trouvent l'ogive.

— Eh quoi ! firent les classiques, l'ogive !... Mais il est fou !

— Non, répondait la voix, je ne suis point fou, ou, si vous voulez que je sois fou, ma folie, c'est la folie qu'on reprochait aux chrétiens des premiers âges. Architectes classiques, artistes païens, sachez-le, il faut désormais, comme au siècle dont je parle, que tout jaillisse et s'élance

---

[1] Léon GAUTIER, *loc. cit.*

vers le Très-Haut! La ligne horizontale disparaîtra, et vous aurez à faire dominer l'idée d'élévation, la tendance au ciel...

Et, de fait, la révolution s'accomplit. Depuis 1836, l'art chrétien est compris, respecté, animé. Cinq ans après la *Sainte Élisabeth,* M. Rio publiait le premier volume de ce beau livre trop peu connu, même des catholiques, et qui porte fièrement sur sa première page ces simples paroles, *De l'art chrétien,* presque impossibles avant M. de Montalembert. Huit ans après, M. Didron fondait les *Annales archéologiques,* où il est facile à de petits esprits de relever aujourd'hui quelques exagérations et quelques erreurs, mais qui ont fait tant de lumière et produit tant de bien. En 1837, paraissait l'excellent *Abécédaire* de M. de Caumont, qui, grâce à la jeune école catholique, trouva si aisément tant de lecteurs assidus et de propagateurs enthousiastes. La France, tout à coup, se sentit prise d'un grand désir de renouer sa tradition artistique. Nulle nation ne brise plus étourdiment le fil de ses traditions; mais nulle, en un moment donné, ne met plus d'ardeur à les renouer. Elle voulut bien alors se rappeler qu'elle n'avait pas été au moyen âge sans jouir de quelque grandeur et sans connaître quelque gloire. Elle consentit même à admettre qu'elle avait été jadis en possession d'un art religieux, lequel était en même temps un art national. Avec la rapidité ordinaire de ses engouements, elle se passionna soudain pour cet art qu'elle avait si prodigieusement dédaigné et oublié. Vite, vite, elle convoqua cent architectes et les invita, d'une voix pressante, à restaurer tant d'églises et tant de châteaux abandonnés : « Dégagez cette cathédrale; enlevez ces bicoques qui l'obstruent;

lavez ce badigeon ignoble, et que j'aie la joie de contempler enfin l'austère nudité de ces pierres ; abattez ces autels pseudo-grecs ; achevez ces tours ; reconstruisez ces flèches ; réparez ces statues où j'ai la douleur de voir encore la trace du maillet révolutionnaire ; ravivez ces fresques ; allez chercher ces antiques verrières dans ces greniers poudreux où des mains profanes les ont jetées, et que le soleil, en les traversant à nouveau, fasse luire à mes yeux les radieuses couleurs qui ont tant réjoui les yeux de mes fils d'il y a sept ou huit cents ans. Allez, et faites promptement. » Ils le firent, et l'on assista à une merveilleuse réhabilitation. Lecteurs de cinquante ans, rappelez-vous ce qu'étaient la Sainte-Chapelle et Notre-Dame en 1840, et donnez-vous la joie de les visiter en 1878. La différence que vous constaterez est tout à l'honneur de M. de Montalembert, et c'est lui qui est l'auteur de cet heureux changement [1].

IV

Avant d'en arriver à cette heure du triomphe sur les vieux préjugés, souverains en 1830, que d'efforts ! que de luttes ! que d'éloquence dépensée ! que de batailles livrées à son de trompe, avec une incomparable vaillance !

Surtout, M. de Montalembert écrivit un livre qui, aujourd'hui encore, frissonne, après un demi-siècle, et palpite

[1] Léon GAUTIER, *loc. cit.*

sous l'effort d'une séve généreuse et bouillonnante à laquelle on ne peut refuser son admiration, même au seul point de vue de l'art, à ne l'examiner qu'en *dilettante* littéraire.

C'est une lettre à Victor Hugo, intitulée : *Du vandalisme en France,* invective éloquente contre la brutalité sacrilége des démolisseurs et des badigeonneurs.

« Le vandalisme, s'y écrie-t-il, règne seul et sans frein.
« Après avoir passé deux siècles et puis trente ans à
« déshonorer par d'impures et grotesques additions nos
« vieux monuments, le voilà qui reprend ses allures ter-
« roristes et qui se vautre dans la destruction. On dirait
« qu'il prévoit sa déchéance prochaine, tant il se hâte de
« renverser tout ce qui tombe sous son ignoble main. On
« tremble à la seule pensée de ce que chaque jour il ruine,
« balaye ou défigure. Le vieux sol de la patrie, surchargé
« comme il l'était des créations les plus merveilleuses de
« l'imagination et de la foi, devient chaque jour plus nu,
« plus uniforme, plus gelé. On n'épargne rien : la hache
« dévastatrice atteint également les forêts et les églises,
« les châteaux et les hôtels de ville : on dirait une terre
« conquise, d'où les envahisseurs barbares veulent effacer
« jusqu'aux dernières traces des générations qui l'ont
« habitée. On dirait qu'ils veulent se persuader que le
« monde est né d'hier, et qu'il doit finir demain, tant ils
« ont hâte d'anéantir tout ce qui semble dépasser une vie
« d'homme... »

Après cette entrée en matière, le jeune archéologue parcourt la France et s'arrête avec tristesse devant chaque stigmate imprimé par le vandalisme triomphant sur nos vieilles gloires monumentales. Il en arrive à Avignon, la ville papale, la ville aux mille cloches, la ville sonnante, comme l'appelait Rabelais.

« Le voyageur, dit-il, qui, arrivant du Rhône, aperçoit
« de loin, sur son rocher, ce groupe de tours, liées entre
« elles par de colossales arcades, à côté de l'illustre
« cathédrale, est saisi de respect. Je n'ai vu nulle part
« l'ogive jetée avec plus de hardiesse. On dirait les gerbes
« d'un feu d'artifice lancées en l'air et retenues, avant de
« tomber, par une main toute-puissante. On ne saurait
« concevoir un ensemble plus beau dans sa simplicité,
« plus grandiose dans sa conception : c'est bien la papauté
« tout entière, debout, sublime, immortelle, étendant son
« ombre majestueuse sur le fleuve des nations qui roule à
« ses pieds... Eh bien! conclut avec amertume l'éloquent
« écrivain, ce palais n'a pas trouvé grâce devant les
« royaux protecteurs de l'art en France ! »

Il continue sa route, il aperçoit partout ces constructions officielles dont la France se couvrait, ces temples, « véritables granges blanchâtres, où l'on abdiquait soigneusement toutes les traditions de l'art, au profit d'un paganisme bâtard ».

« C'est la vieille cathédrale que nous voulons, pro-
« teste-t-il, afin qu'elle nous soit sainte et sacrée comme
« toi, ô sainte religion de nos pères, dont elle est l'image
« fidèle et la vivante histoire! Comme toi, elle a dû subir
« les injures du temps, et les injures bien plus cruelles
« des hommes; mais, comme toi, elle lève encore son front
« cicatrisé, toujours ouvrant un long asile à la souffrante
« humanité, toujours prête à porter le frêle drapeau que
« des mains mortelles lui imposent, prête à le porter et à
« lui survivre. Comme à toi, des ennemis furieux et

« aveugles sont venus lui prodiguer l'outrage et la des-
« truction; comme toi, de maladroits amis, des protec-
« teurs incrédules et perfides, l'ont souillée de leurs chétifs
« enjolivements, de leurs dégradantes restaurations; mais,
« comme toi aussi, elle leur survit, et le vent, qui a emporté
« leur cendre, n'a fait que noircir tes piliers. Comme toi,
« délaissée, oubliée, méconnue, elle n'en est pas moins
« comme toi toujours grande et toujours belle, toujours
« chérie et adorée de nos cœurs. Oh! mieux vaut une
« heure sous ces voûtes nues et lugubres qu'un siècle dans
« les modestes tabernacles des hommes; mieux vaut une
« larme, une prière, à l'ombre de ces vieilles colonnes,
« que toutes les joies et tous les triomphes des mortels... »

Je ne sais si je m'abuse, mais il me semble que cette
langue colorée, émue, vibrante, résonne dans l'âme de
mes lecteurs, et que je ne les fatigue point, en me com-
plaisant à la leur faire entendre.

Voici donc encore une page merveilleuse, tableau complet du symbolisme architectural dans le temple catholique,
ce temple dont Montalembert disait à Victor Hugo :

— Je l'aime autant et plus encore que vous, maître, car,
là où vous n'allez que pour rêver, Rio et moi, nous allons
pour prier !

« C'est là, dit-il, que se dresse encore devant nous la
« vie tout entière de nos aïeux, cette vie si dominée par
« la religion, si absorbée par elle. C'est là que rêvait leur
« imagination, si riche et si intarissable, mais en même
« temps si réglée et si épurée par leur foi, leur patience,
« leur activité, leur résignation, leur désintéressement;
« tout cela est devant nous, leurs tièdes descendants,
« comme une pétrification si exclusivement chrétienne.

« C'est là que pas une de ces formes si gracieuses, pas une
« de ces pierres si fantastiquement brodées, pas un de ces
« ornements qu'on appelle capricieux, n'est pour nous sans
« un sens profond, une poésie intime, une religion voilée.
« C'est qu'il nous est permis et presque commandé de voir,
« dans cette croix allongée que reproduit le plan de toutes
« les églises anciennes, la croix sur laquelle mourut le Sau-
« veur; dans cette triplicité perpétuelle de portails, de nefs
« et d'autels, un symbole de trinité divine; dans la mysté-
« rieuse obscurité des bas côtés, un asile offert à la con-
« fusion du repentir, à la souffrance solitaire; dans ces
« vitraux qui interceptent en les tempérant les rayons du
« jour, une image des saintes pensées qui peuvent seules
« intercepter et adoucir les ennuis trop perçants de la
« vie; dans l'éclatante lumière concentrée sur le sanc-
« tuaire, une lueur de gloire céleste; dans le jubé, un voile
« abaissé entre notre faiblesse et la majesté d'un sacrifice
« où la victime est un Dieu. L'orgue, n'est-ce pas la double
« voix de l'humanité, le cri glorieux de son enthousiasme
« mêlé au cri plaintif de sa misère? Ces roses éclatantes
« de mille couleurs, cette vie végétale, ces feuilles de
« vigne, de chou, de lierre, moulées avec tant de finesse,
« n'indiquent-elles pas une sanctification de la nature, de
« la nature humble et populaire, par la foi? Dans cette
« exclusion générale des lignes horizontales et parallèles à
« la terre, dans le mouvement unanime et altier de toutes
« ces pierres vers le ciel, n'y a-t-il pas une sorte d'abdi-
« cation de la servitude matérielle et un élancement de
« l'âme affranchie vers son créateur? Enfin, la vieille église
« tout entière, qu'est-elle si ce n'est un lien sacré par ce
« qu'il y a de plus pur et de plus profond dans le cœur de

« vingt générations, sacré par des émotions, des larmes,
« des prières sans nombre, toutes concentrées comme un
« parfum sous ces voûtes séculaires, toutes montant vers
« Dieu avec la colonne, s'inclinant devant lui avec l'ogive,
« dans un commun amour et une commune espérance? »

Puis, en terminant, le chevaleresque et éloquent défenseur de nos vieilles cathédrales s'adresse à celui qui s'en était constitué le champion et s'écrie :

« Fils du vieux catholicisme, nous sommes là au milieu
« de nos titres de noblesse; en être amoureux et fiers,
« c'est notre droit; les défendre à outrance, c'est notre
« devoir. Voilà pourquoi nous demandons à répéter, au
« nom du culte antique, comme au nom de l'art et de la
« patrie, ce cri d'indignation et de honte qu'arrachait aux
« Papes des grands siècles la dévastation de l'Italie :
« *Expulsons les barbares !* »

Les barbares furent expulsés, les Vandales cessèrent leurs déprédations, et l'art chrétien, l'art des beaux siècles de foi et d'amour, a revu de beaux jours!

Pendant que ces choses s'accomplissaient, la chère sainte Élisabeth préparait, dans l'ombre d'un château de Touraine, une douce et splendide récompense à son historien. Il est temps de raconter cette touchante histoire.

V

CHOSES DU CŒUR.

I

— Sois persuadé que j'ai, dans mon cœur comme dans
mon imagination, de quoi comprendre toutes tes douleurs
et sympathiser profondément avec elles. Tu sais bien
combien je te comprends, toi spécialement; personne, à ce
qu'il me semble, ne peut mieux juger que moi la nature
de ta passion [1].

L'ami à qui Montalembert tenait ce langage lui avait
écrit :

— Ah! si elle pouvait voir ce qui se passe dans mon
cœur, quand elle me parle, quand elle chante! Elle est si

[1] Lettre du 5 juin 1832.

délicieuse : cette timidité, cette faiblesse, ces manières d'enfant, et en même temps cette âme passionnée pour le bien, et tant de penchant pour notre religion!... Enfin, je n'ai que ce que j'ai demandé au ciel : la grâce d'aimer autant qu'il est possible d'aimer, quand même, en retour, je ne devrais rencontrer que la plus grande indifférence [1].

Celui qui écrivait ainsi à Charles — le lecteur l'a sans doute bien vite reconnu — c'était Albert de la Ferronnays. Montalembert, confident de ce généreux et chaste amour, en suivit et en guida toutes les phases, jusqu'à ce que, l'union entre Albert et Alexandrine s'étant accomplie sous le regard et la protection du ciel, Montal [2] vint demeurer quelque temps auprès d'eux, sous le beau ciel d'Italie.

— Ne fallait-il pas qu'Albert m'aimât d'un bien grand amour, pour qu'une pareille amitié, dont il ne me cachait rien, ne me rendît pas jaloux?

Ce naïf aveu d'Alexandrine, consigné dans son *Journal* [3], est à lui seul le plus éloquent témoignage de cette fraternelle fusion qui unissait l'âme de Charles à celle de son ami. Lorsque Montal fut venu rejoindre, à Pise, les heureux époux, Alexandrine ne tarda pas à partager l'admiration affectueuse de son mari pour leur hôte.

Durant ce séjour, un soir de décembre, le jeune historien commença à ses amis la lecture de son manuscrit de *Sainte Élisabeth*. Albert fut très-touché de ce nom de frère et de sœur qu'Élisabeth et son mari se donnaient, « et, depuis ce temps-là, raconte madame de la Ferronnays,

[1] Lettre du 26 mai 1832.

[2] C'est ainsi que les jeunes époux avaient pris l'habitude de la désigner familièrement dans l'intimité.

[3] Cité par madame CRAVEN, *Récits d'une sœur*, t. I, p. 160.

quand nous étions seuls, il me nommait souvent : « ma
« sœur », et je me souviens de l'expression de tendresse
angélique que sa figure prenait alors [1] ».

Montalembert, en tiers dans le ménage si tendrement
uni, l'embellissait par ses causeries, ses souvenirs de
voyages, ses récits de légendes d'outre-Rhin, le chant d'airs
charmants recueillis durant son séjour en Allemagne. Un
jour, il leur conte l'histoire d'un chevalier, qui avait porté
les couleurs d'une sainte qui lui était apparue dans une
vision [2]. Une autre fois, il leur lut de délicieuses légendes
sur saint François d'Assise, « un bien bon saint, écrit
Alexandrine, qui nommait toutes les créatures ses frères
et sœurs [3] ».

Mais rien n'égale l'émotion qu'il causa, ce soir où, à la
veille de quitter Pise, il lut à ses deux auditeurs cette scène
incomparable des adieux de sainte Élisabeth au duc Louis,
son époux, partant pour la Croisade.

En entendant ce récit, Alexandrine pleurait. Quant à
Albert, il était rayonnant d'une sainte exaltation : son
âme avait déjà le pressentiment que Dieu avait agréé,
comme pour le duc Louis, le sacrifice de sa vie, offert
pour le retour d'Alexandrine à la foi catholique.

J'ai raconté cette triste et sublime histoire dans mon
volume consacré à Gerbet. En ce moment, je ne puis que
le rappeler, pour expliquer la suite de mon récit.

---

[1] Cité par madame CRAVEN, *Récit d'une sœur*, t. I, p, 160.
[2] *Ibid*, p. 227.
[3] *Ibid.*, p. 228.

II

— Que je voudrais répandre sur toi une partie de mon bonheur [1] !

Cette exclamation, partie du cœur d'Albert, avait profondément remué le cœur de Charles.

Le spectacle dont il venait d'être le témoin à Pise lui inspira un ardent désir de fonder, lui aussi, un foyer chrétien.

On était en 1836. L'*Histoire de sainte Élisabeth* venait de paraître, au milieu du monde littéraire de Paris, à peu près comme son auteur avait paru lui-même naguère au milieu des vénérables incrédules, ses collègues à la Chambre des pairs, et les avait obligés à écouter, avec surprise, mais avec respect, sa jeune parole. Cette fleur de pureté, de piété, de foi tendre et héroïque, cette vision du moyen âge, évoquée au milieu de notre siècle par son âme croyante, fut placée par sa main d'historien dans un cadre tellement brillant d'érudition et d'éloquence, qu'il fallut renoncer à taxer d'ignorance celui qui présentait ainsi hardiment au public le fruit de ses recherches et de son travail.

J'ai déjà dit combien le succès fut grand. Mais le moment est venu de raconter comment une récompense plus chère que celle des applaudissements du public fut accordée à

____

[1] Lettre du 10 décembre 1833.

celui qui avait bien souvent peut-être, comme fra Angelico, peint à genoux la céleste image qu'il voulait reproduire. La *chère sainte*, tant de fois invoquée, avait veillé sur les destinées de son fidèle et pieux historien. Elle lui obtint ce bonheur, dont le plus parfait exemple et l'idéal le plus doux avaient été réalisés ici-bas dans sa propre vie [1].

Le 16 août 1836, dans la chapelle du château de Trélon, le comte Charles de Montalembert s'agenouillait à côté de mademoiselle Marie-Anne-Henriette, comtesse de Mérode et du Saint-Empire.

Le prêtre, qui allait bénir leur union après l'avoir préparée lui-même, connaissait bien Charles, pour avoir combattu avec lui au journal *l'Avenir*. Une série de circonstances, où il était facile à une âme croyante de suivre l'action de Dieu, l'avait mis depuis en relation avec la famille du comte Félix de Mérode, l'un des chefs des catholiques belges et sans contredit l'un des plus nobles caractères de son temps. Ce prêtre, c'était l'abbé Gerbet.

— Époux chrétiens, dit-il, la Providence de Dieu, qui se mêle à toute chose, n'intervient dans aucune circonstance de la vie humaine avec plus d'empressement et de sollicitude que dans le grand acte qui vous réunit en ce moment au pied des autels. Celui qui a disposé avec une si admirable sagesse les petits détails du monde matériel, pour qu'ils fussent en harmonie avec les besoins de l'homme, a pourvu avec un soin plus merveilleux encore à l'ordre du monde spirituel. Les saints qui ont été le plus avant dans les desseins de Dieu ont pensé qu'il a établi entre les âmes qu'il place sur cette terre de secrètes

---

[1] Aug. CRAVEN, *le Comte de Montalembert*, p. 65.

harmonies, qui font qu'elles se cherchent, s'attirent, s'appellent réciproquement, lorsqu'elles doivent marcher ensemble dans le chemin de la vie et s'appuyer les unes sur les autres. Celles qui sont destinées à vivre dans la retraite, loin des regards du monde, n'y sont pas pourtant isolées; elles y trouvent des compagnes de prière et de sacrifice, que Dieu leur a préparées. Il n'est pas moins certain que, parmi celles qui sont appelées à un saint mariage, parmi ces innombrables âmes, il n'en est pas une seule à qui Dieu, de toute éternité, n'ait prédestiné une autre âme, qui doit être sa compagne, son guide, son ange terrestre.

Puis, avec une délicatesse charmante, Gerbet ajouta :

— Tout semblait s'opposer au mariage de votre Élisabeth de Hongrie; mais tout fut impuissant et vain, parce qu'elle avait trouvé l'âme qui lui était prédestinée.

S'adressant alors à M. de Montalembert :

— Vous, monsieur, vous n'avez pas, comme l'époux de l'héroïne de Hongrie, à vous séparer de tout ce qui vous est cher pour aller combattre, dans les contrées lointaines, les profanateurs du tombeau du Christ. Mais votre place est marquée dans une autre croisade de travaux et de lumière, la défense de la foi; et si, durant le cours de cette glorieuse lutte, qui ne devra finir pour vous qu'avec votre vie, quelques pensées de découragement venaient parfois vous tenter, vous trouveriez, dans l'âme que Dieu vous donne pour compagne, vous trouveriez en elle, je vous le promets, un supplément et comme une réserve d'inspirations généreuses.

III

J'ai dit que ce mariage fut une récompense obtenue par la chère sainte Élisabeth à son pieux historien. Charles en était convaincu. Mais sa foi seule le lui persuadait. Qu'on juge de sa surprise, de son bonheur, de son enthousiasme, quand, un jour, en continuant ses recherches dans les vieux parchemins et les chartes poudreuses, il en eut tout à coup la preuve matérielle !

Ce jour-là, appelant celle dont il avait fait la compagne de sa vie, il la pressa sur son cœur, avec une sainte exaltation, et il mêla ses témoignages accoutumés d'affection d'une expression inexplicable de respect et comme de vénération.

Madame de Montalembert eut enfin l'explication désirée, quand son mari déploya sous ses yeux l'arbre généalogique qu'il venait de dresser, après des recherches infinies, guidées par la main de la Providence.

Or, cette série de noms se terminait par celui d'Anne de Mérode, la propre épouse de l'historien de la *Chère Sainte,* qui, sans qu'on le sût dans la noble famille belge, pouvait revendiquer Élisabeth de Hongrie pour son aïeule. Le sang de la Sainte coulait donc dans les veines de l'épouse aimée : ce fut pour l'âme croyante de Charles une joie telle que, même dans les affreuses douleurs qui torturèrent la fin de ses jours, cette seule pensée ramenait toujours un sourire sur ses lèvres, quand on lui rappelait le doux souvenir de cette découverte [1].

Le 22 décembre 1836, quatre mois après la célébration de leur mariage, M. et madame de Montalembert arrivaient à Rome.

La dernière fois qu'il y avait paru, Charles était l'un des trois pèlerins de l'*Avenir*. Un voile de tristesse obscurcit ses yeux, quand, reconnaissant de loin le dôme de Saint-Pierre, il se ressouvint de cette entrée de 1831 dans la Ville éternelle avec Lamennais et Lacordaire.

Lamennais, hélas! ne tarda pas à lui donner une foudroyante preuve que, pour lui, l'abîme était creusé à des profondeurs effroyables, et que le pont était irrémédiablement rompu [2].

Et Lacordaire!... Ah!... celui-là est toujours fidèle. Précisément, il est en ce moment à Rome, et, la veille du jour où nous sommes arrivés, il avait écrit à madame Swetchine :

— Montalembert arrive demain ; il logera dans la même maison que moi.

Lacordaire, on s'en souvient, n'aimait pas que les hommes de lettres s'accordassent ce qu'il appelait « une félicité si ennemie des muses », et l'on sait comment, amené, dans sa belle notice sur Ozanam, à raconter le mariage de son héros, il commit cette phrase : « Il y eut un piége qu'Ozanam n'évita point. Dès qu'il fut heureux, il voulut donner son bonheur et augmenta le sien en le parta-

---

[1] L'arbre généalogique, dressé par M. de Montalembert pour établir cette descendance, si providentiellement voulue de Dieu, se trouve aux pièces justificatives des dernières éditions de l'*Histoire de sainte Élisabeth*. Il existe en grand in-folio dans les galeries du château de la Roche-en-Brenil.

[2] Voir à la fin du chapitre III, dans le présent volume.

geant. » Sur quoi, Pie IX observa finement : « Je ne savais pas, avant d'avoir lu ce livre, que Notre-Seigneur eût institué six sacrements et un piége. »

Mais, quand il eut vécu dans l'intimité du jeune ménage, charmé par la distinction, la bonne grâce, la bonté de la jeune femme, il pardonna à Charles[1] de s'être laissé prendre au piége. Il leur lut sa *Lettre sur le Saint-Siége,* qu'il venait d'achever, et leur annonça que Grégoire XVI avait été ravi de la lettre que M. de Montalembert venait de lui écrire.

Ils eurent d'ailleurs bientôt le témoignage de cette satisfaction du Père commun des fidèles. Dès le 28 décembre, Charles était à l'audience pontificale. Grégoire XVI lui prend la main, la tient serrée contre son cœur, « avec une bonté si paternelle et si touchante, écrit Montalembert, que j'en suis ému jusqu'aux larmes[2] ».

En le congédiant, le Souverain Pontife engagea celui qu'il avait appelé « son fils dévoué et fidèle » à lui amener sa compagne, et, le 13 janvier, les deux jeunes époux s'agenouillaient aux pieds du Pape, qui les retint longtemps et les bénit avec une tendre effusion.

Une troisième fois, le 12 février, ils étaient admis au

[1] Déjà, d'ailleurs, le 22 octobre 1836, Lacordaire avait écrit à son ami, en réponse à l'annonce de son mariage : « Je suis heureux de te savoir heureux... » lui disait-il. C'est dans cette même lettre, inédite jusqu'à ce jour, que nous avons relevé cette mélancolique pensée, à propos du dernier ouvrage de Montalembert, que Lacordaire venait de lire à Rome : « Tu as fait un bon et beau livre, « mais destiné à cette terre où la gloire est sans bruit comme celle « du ciel, et où l'*Imitation* elle-même n'a pas reçu d'applaudisse- « ments. Il fera couler des larmes et naître des vertus, deux choses « obscures et silencieuses jusqu'au jour marqué par Dieu. »

[2] Foisset, *le Comte de Montalembert*, p. 179.

Vatican, en audience de congé. C'est ce jour-là que Grégoire XVI fit entendre, sur M. de Quélen, ces paroles sévères, qui ont été si vivement discutées depuis :

— Je déplore extrêmement l'intervention de l'archevêque dans la politique (dit le Pape dont je cite les paroles textuelles, sans vouloir les commenter en aucune façon : je reste purement historien, et je dois l'être, parce que cette déclaration du Souverain Pontife décida de la carrière de Montalembert). Je déplore extrêmement l'intervention de l'archevêque dans la politique ; le clergé ne doit pas se mêler de politique. Ce n'est pas ma faute, si l'archevêque se conduit ainsi. Le Roi sait, l'ambassadeur sait, et vous saurez aussi que j'ai fait tout ce qui dépendait de moi pour le rapprocher du gouvernement. L'Église est amie de tous les gouvernements, quelle qu'en soit la forme, pourvu qu'ils n'oppriment pas la liberté de l'Église [1].

IV

Au moment où ils étaient partis pour l'Italie, Albert de la Ferronnays venait de mourir, et la jeune veuve de l'ami de Charles se voilait d'un deuil qu'elle ne devait plus quitter.

Un mois auparavant, Montalembert avait été l'un des témoins émus de cette nuit solennelle où s'était consom-

[1] *Le Comte de Montalembert*, p. 182. Le Pape ajouta : « Je suis très-content de Louis-Philippe : je voudrais que tous les rois de l'Europe lui ressemblassent. »

mée, en présence de la mort, l'union de deux âmes dans la foi, dans l'espérance, dans l'amour éternels. Lui-même, au seuil de toutes les joies de la terre, il avait été arraché un instant aux promesses de sa propre vie, pour recevoir l'une de ces impressions qui font comprendre qu'il n'est point ici-bas d'autres joies véritables que celles qui emportent l'âme au delà de la terre !

Cette impression devait promptement se réveiller et promptement se communiquer à celle à laquelle il apportait sa vie tout entière : le passé autant que l'avenir. L'ami qu'elle n'avait point connu devint son ami. Les souvenirs qu'elle n'avait point partagés se gravèrent dans sa mémoire, comme s'ils eussent été les siens, et rien avant la mort ne vint plus tard briser l'amitié qui prit naissance sur une tombe, entre la jeune femme de Charles de Montalembert et la jeune veuve d'Albert de la Ferronnays.

Ce premier voyage de l'heureux couple devint dès lors, en même temps, un pèlerinage de l'amitié, aux lieux où la joie et la douleur avaient visité cet autre couple heureux, dont l'union venait d'être brisée. Ils revirent tour à tour la Casa Margherita, où Albert avait vu Alexandrine, à Rome, pour la première fois ; la maison de Pise, où leur bonheur avait été si complet ; celle de Venise, où avait commencé l'agonie de la séparation. Là, agenouillé près de son époux, la belle jeune mariée inclina sa tête, pendant qu'il disait à voix basse le *De profundis* dans cette chambre où, l'année d'auparavant, Alexandrine avait trempé pour la première fois ses lèvres dans l'amer calice qu'il lui fallait épuiser jusqu'au fond, afin d'y trouver la bienheureuse paix de sa vie transfigurée.

En sortant de cette visite à Venise, Charles écrivait :

« Oui, j'ai parfois eu peur d'avoir été ingrat envers la sainte mémoire d'Albert. J'ai craint d'avoir oublié, au milieu de mon nouveau bonheur, les ardentes prières et la tendre sollicitude de celui à qui je le dois sans doute. Et cependant, Dieu sait si mon cœur et mes pensées retournent vers lui, lorsque je puis les détacher du présent. J'aime à me sentir sous la protection de celui qui a été le compagnon le plus intime de ma vie, le confident de toutes mes émotions, celui qui, j'en suis certain, eût sacrifié une partie de son bonheur pour assurer le mien. »

Quand ils revinrent à Paris, on était en plein mois de mai. Le journal de Charles est rempli à ce sujet de pages délicieuses. C'est pur comme un chant du ciel, et tendre comme une idylle. On y peut suivre les jeunes époux, s'en allant ensemble, vers le soir, à l'une ou l'autre des églises de Paris, en savourant à la fois la douceur de leurs sentiments religieux et celle de la plénitude de leur nouveau bonheur. Ils cheminaient à pied sous les paisibles rayons de la lune de mai, entourés d'une atmosphère de bénédiction et de paix. Tout leur semblait beau, harmonieux, embaumé ! Paris lui-même, Paris, ce théâtre étrange de tant de scènes folles, coupables ou terribles, est apaisé et silencieux sous leurs pas. La rivière coule sans bruit. Les tours de Notre-Dame se détachent devant eux sur le ciel pur et, tandis qu'ils passent, les couvrent d'une ombre protectrice. Ou bien, ils se prosternent, sous les voûtes de Saint-Eustache, au pied de l'autel resplendissant de lumières et de fleurs, pendant que de belles voix font retentir la vaste nef, et que le chant du *Salve, Regina,* enlève leurs cœurs jusqu'au ciel et fait descendre le ciel dans leurs cœurs [1]!

V

Le 29 juillet 1834, au moment où son cœur se débattait dans ses derniers engagements avec son malheureux maître révolté contre la sainte Église de Dieu, Montalembert recevait, de l'abbé Gerbet, une lettre datée du château de Trélon, et écrite au sein de cette famille de Mérode, où le disciple désillusionné de Lamennais allait bientôt trouver une si large et si chrétienne compensation à ses douleurs.

— Mon cher ami, écrivait Gerbet, une pensée vient de me venir : c'est la pensée de vous envoyer quelques notes sur le pèlerinage à la fontaine de sainte Hiltrude, vierge du huitième siècle, dont je vous dirai tout à l'heure l'histoire. Je bénis cette pensée, qui fera diversion, pendant quelques instants, pour vous comme pour moi, à des méditations tristes. Je l'accueille avec empressement, je la salue avec cet air de respect tendre, pieux et émerveillé, qui passe sur votre front, quand vous voyez tout à coup, à travers les brouillards du dix-neuvième siècle, une vision des anciens jours... (suivaient quelques paroles charmantes à l'adresse du jeune restaurateur des gloires poétiques du moyen âge, et Gerbet continuait :) — Et

___
[1] Aug. CRAVEN, *loc. cit.*, p. 66 et suiv.

puis, mon cher ami, il y a, dans la fontaine de sainte Hiltrude quelque chose de meilleur que toute la poésie que vous saurez y trouver. Le bon peuple des environs croit seulement que son eau guérit les souffrances du corps. Pour moi, je crois beaucoup plus : je crois, et pourquoi pas? qu'elle a aussi quelque secrète vertu pour apaiser les troubles de l'âme... Si quelque jour vous en faites l'expérience, vous souscrirez à mon acte de foi, je vous le prédis.

Cette invite de l'abbé Gerbet était-elle le premier acte d'une négociation qui devait aboutir à l'heureuse union qu'il bénissait, à deux ans de là, dans la chapelle de ce même château de Trélon, d'où il écrivait à son jeune ami :

— Je pourrais vous donner, sur l'intérieur où je viens de passer un mois, des détails qui vous intéresseraient, même au fond de l'Allemagne... Je crois, en effet, que, malgré l'enthousiasme patient qui vous retient captif de la société allemande, vous regrettez de temps en temps une autre société et d'autres conversations. — Malheureusement, concluait avec une malignité douce l'hôte des Mérode, malheureusement, après avoir piqué votre curiosité, je ne vous dirai rien ici de cet intérieur, parce que ma lettre doit passer sous des yeux que des compliments, même indirects, offusqueraient, et qui sont charmés de voir ce chapitre en blanc.

Lorsque Montalembert fut devenu l'heureux fiancé de la jeune fille dont Gerbet redoutait ainsi la modestie, il s'en alla d'abord, « en féal tributaire de toutes les légendes chrétiennes », tremper dans l'onde pure des sources dues à la puissance de sainte Hiltrude, l'anneau des fiançailles qu'il passa tout humide de l'eau miraculeuse au doigt de sa virginale épousée. Puis, quand le ciel eut béni leur union, à la première enfant qui naquit d'eux, il imposa les doux noms d'Élisabeth et d'Hiltrude, en souvenir des deux célestes amies sous les auspices desquelles ce mariage fut conclu.

Daigne, à cet égard, le lecteur pardonner à celui qui écrit ces lignes le récit d'impressions personnelles. En 1883, la noble survivante de cette heureuse union lui donnait, au château qui pleure le départ du grand mort, une hospitalité magnifique et simple, comme savent la donner les grands cœurs. Il ne saurait ici redire tous les charmants et intimes récits où il lui semblait entendre Élisabeth de Thuringe raconter les souvenirs du duc Louis. Mais il en voudrait du moins rappeler un épisode.

Un soir d'automne, pur et doux comme les âmes qui vivent dans cette solitude de la Roche-en-Brenil, toute pleine de souvenirs envolés, madame de Montalembert m'invita à refaire avec elle le pèlerinage où sa viduité trouve sa meilleure consolation dans le deuil immortel de son cœur. Nous allâmes, à travers des sentiers tout brillants de ce sable de granit dont les paillettes ont des reflets de pourpre, sous le dôme de ces beaux arbres que Montalembert a plantés là où les landes sauvages, grâce à lui, ont retrouvé cette fertilité que les défricheurs du moyen âge ont semée sous leurs pas. Tout à coup, au carrefour de trois chemins dans la forêt, une croix de pierre se dressa devant nous, et je vis une larme briller aux yeux de la noble veuve, quand elle m'invita à réciter avec elle le psaume des morts au pied de la croix de Pier-plan.

— Ici, me dit-elle quand elle eut longtemps prié, le

5 octobre 1862, — c'était le jour anniversaire de notre mariage, — l'évêque d'Orléans est venu prier à cette même place où nous sommes. Tout le pays d'alentour était accouru pour l'entendre, et, quand le cortége venu processionnellement de l'église du village l'eut conduit ici, Mgr Dupanloup bénit cette croix que mon mari avait relevée pour éterniser, en ces bois qu'il a créés, le vingt-cinquième anniversaire de notre union.

Tandis qu'elle évoquait, la pieuse femme, ces souvenirs émus, je gravis le tertre rocheux qui sert de piédestal à la croix monumentale, voulant baiser ce pieux mémorial d'un amour chrétien. Au pied de la croix, je lus la parole d'Isaïe, que Montalembert y a gravée : *Gloria Libani ad te veniet, abies et buxus, et pinus simul, ad ornandum locum sanctificationis meæ*[1].

Et le discours de Gerbet aux jeunes époux me revint en mémoire, quand il disait, avant de bénir leurs serments :

— La religion vous assigne à tous deux : à l'un les grands combats de la foi, à l'autre les grandes œuvres de la charité : voilà les bénédictions que je vous souhaite, ou plutôt, je n'hésite pas à le dire, voilà les biens que je vous promets.

Je savais par cœur la prédiction de Gerbet. Je la répétai devant la croix de Pier-plan, devant celle qui l'avait entendue, il y a bientôt un demi-siècle, et je pris le ciel à témoin de la réalisation de cette prophétie, dont nous allons suivre, au moins en ce qui concerne l'époux disparu dont j'écris l'histoire, la magnifique réalisation.

---

[1] « Tu verras surgir le cèdre qui est la gloire du Liban, et le sapin, et le buis, et le pin, réunis pour orner le lieu où je me suis sanctifié. » (ISAÏE, LX, 13.)

Je me suis peut-être bien attardé à ces choses du cœur. Mais, outre que, le faisant, je crois avoir mieux fait connaître ce qu'était, à ce point de vue, la physionomie morale de mon héros, j'avais à confirmer par son exemple cette thèse de l'amour chez les catholiques, par laquelle l'école, dont il fut l'un des chefs, a réagi contre les affreuses déviations du jansénisme, qui nous opprime encore plus qu'on ne le croit.

Il est temps cependant de rentrer dans la vie publique. La lutte des vaillants d'Israël a commencé sur le champ de bataille des libertés chères à l'Église, celle de l'enseignement surtout.

Nous allons assister à l'héroïque bataille, nous compterons les coups et nous pourrons bientôt entrevoir le moment où, frappé de balles, le drapeau va flotter sur la plus belle conquête des catholiques au dix-neuvième siècle, grâce à la vaillance de Montalembert.

VI

DÉBUTS PARLEMENTAIRES.

Sur le déclin du règne de Louis XIV, à côté du vieux roi, tout avait vieilli, et, en bons courtisans, ceux qui l'entouraient se grimaient et se vieillissaient à plaisir.

La reine morganatique, madame de Maintenon, avait pris l'air ambiant et semblait renoncer à amuser » l'inamusable vieillard ». La Cour était plongée dans le morne : quand on y acceptait une invitation, on savait d'avance la somme d'ennui qui vous y attendait.

Tout à coup, au milieu de ces courtisans moroses, surgit un jeune homme, à peine âgé de seize ans, « la plus jolie créature de corps et d'esprit qu'on pût voir », dit Saint-Simon. Madame de Maintenon le remarqua, et bientôt, ajoute le chroniqueur, « elle en fit comme de son fils ».

C'était le fils du duc de Richelieu, le jeune de Fronsac, dont l'apparition, en sa verte adolescence, produisit à Versailles un effet de contraste inouï.

Fronsac sut répondre à cette impression avec tant de grâce, et, raconte toujours Saint-Simon, « il se démêla avec tant d'esprit, de finesse, de liberté, de politesse, qu'il devint bientôt la coqueluche de la Cour... Tout le monde lui fit merveille, jusqu'au Roi. »

Quelque chose d'analogue se produisit, en 1835, à la Chambre haute, sous le gouvernement de Juillet, lorsqu'y apparut, pour la première fois, celui dont nous allons maintenant suivre la carrière politique.

I

Ce fut, dit un contemporain[1], un spectacle plein d'intérêt, lorsqu'on vit se lever, au milieu de la Chambre des pairs, composée presque exclusivement des débris de tous les régimes, d'hommes blanchis dans les affaires, rompus à la politique, et chez qui l'expérience avait éteint l'enthousiasme, ce jeune homme ardent, enthousiaste, impétueux, qui venait troubler, par l'accent d'une voix

---

[1] NETTEMENT, *Histoire de la littérature française sous le règne de Louis-Philippe*, t. I, p. 411.

passionnée, le calme décent, la réserve élégante, et la convenance expérimentée et pleine de savoir comme de savoir-vivre, mais un peu froide, des discussions habituelles... Malgré les dissemblances d'âge, de tempérament intellectuel, ou peut-être à cause de ces dissemblances, la Chambre des pairs vit, avec une curiosité bienveillante, naître dans son sein cette jeune éloquence dont la primeur rajeunissait sa maturité et donnait à ses séances un intérêt inaccoutumé.

Montalembert venait d'atteindre sa vingt-cinquième année. C'était l'âge requis par la Constitution. Il n'attendit plus.

Le 14 mai 1835, il prêtait serment et prenait séance.

La Charte ne lui accordait voix délibérative qu'à trente ans : elle ne lui interdisait pas de prendre la parole avant cet âge. Nul, il est vrai, n'avait osé le faire avant lui. Mais il n'était pas de la race des timides.

A peine a-t-il prêté serment qu'il s'élance, comme un jeune lion, à la tribune parlementaire. Il s'en empare comme du futur théâtre de ses brillants exploits, et, dès qu'il eut appuyé sa main nerveuse, fine, aristocratique, sur cette tribune, les vieux pairs, devinant un maître, levèrent la tête et comprirent qu'ils allaient assister à des passes d'armes comme le Parlement de France n'en avait plus vu depuis Mirabeau.

La position prise dès l'abord n'était pas sans périls.

M. Guizot représentait, devant les Chambres, les idées et les intérêts de conservation intérieure et extérieure; M. Thiers, les idées et les intérêts démocratiques compatibles avec l'établissement de 1830; M. Berryer, les principes traditionnels de la France et sa politique permanente [1]. Montalembert dédaigna de s'inféoder à aucun de ces trois chefs, il se présenta seul, absolument seul, ne relevant d'aucun parti, n'appartenant à aucune catégorie. Ses premières paroles le dégagent à cet égard de toute alliance.

Dans un tableau saisissant, il passe en revue la première République, l'Empire, la Restauration, et les juge tous trois avec une sévérité, une indépendance, une hardiesse qui l'isolent au sein de la Chambre.

Les jacobins frémissent, quand ils l'entendent affirmer que 93 « est descendu dans le néant, chargé de l'exécration du monde ». Les fidèles de Napoléon baissent la tête, quand il leur rappelle comment « l'Empereur ayant voulu que tout se tût autour de son trône, la France lui obéit si bien que, lorsqu'au jour de l'infortune, il l'appela à son secours, pas une voix ne répondit à la sienne ». Les légitimistes bondirent, quand ils le virent porter une main hardie sur une plaie récente et l'entendirent laisser tomber sur leur deuil récent cette parole hautaine : « La Restauration, comme chacun l'a vu, est tombée tristement, convaincue d'une ignorance et d'une incapacité sans excuse [2]. »

Le chancelier Pasquier, qui présidait, vit le péril. Il essaya de tendre la main au jeune pair, qui, se retournant avec une simple et fière candeur, montra au président la noble assemblée, qui souriait à cette audace, et l'en récompensait, en lui permettant dès lors de prendre avec elle des privautés vraiment étranges, si l'on se reporte à l'état des esprits à cette heure de crise sociale, où la parole allait avoir tant d'empire sur l'opinion et pré-

[1] NETTEMENT, *loc. cit.*, p. 407.
[2] Discours du 8 septembre 1835.

parer une révolution, en un sens bien autrement profonde
que celle de 89.

Et ce n'était point là l'indulgence un peu méprisante de
l'âge mûr pour la jeunesse. Ce jeune homme est digne de
s'asseoir parmi les vieillards, sa sagesse précoce ne
détonne point à côté de ces Nestors. Écoutez-le. Il y a du
calcul, sans fourberie il est vrai, mais il y a du calcul dans
le choix des sujets qu'il traite dès l'abord. Moins l'astuce,
c'est Ulysse au camp d'Agamemnon.

Il lui importait, comprit-il dès le premier jour, de
bien faire constater, avant tout, qu'il n'était pas exclusivement et étroitement l'homme d'une seule question,
mais que tous les intérêts du pays, celui de la liberté,
celui de l'honneur de la France particulièrement, lui
étaient aussi chers, aussi sacrés qu'à personne. La liberté
de la presse fut la première cause qu'il défendit devant la
Chambre haute. Mais toutes les questions du temps, la
question polonaise d'abord, la question espagnole, la question belge, la question grecque, la question d'Orient sur
laquelle il prononça un discours si politique et si neuf qui
n'a pas vieilli, l'émancipation des noirs, la loi sur les
aliénés, le travail des enfants dans les manufactures, le
ramenèrent tour à tour à la tribune, et il se fit constamment écouter, non-seulement avec attention, mais avec
faveur [1].

Toutes ces causes d'ailleurs, il les défendait avec une
étonnante sûreté d'informations servie par une mémoire
prodigieuse, et ses interrupteurs n'avaient pas beau jeu.
D'un mot, d'un texte, d'une citation, d'un fait historique,

---

[1] FOISSET, *le Comte de Montalembert*, p. 186.

il les clouait à leur banc et les réduisait au silence.

Tout cela était hardi autant qu'habile, nous l'allons voir tantôt; mais les nobles pairs, et avec eux l'opinion publique, n'y voyaient que le côté chevaleresque. Pour tous, M. de Montalembert fut d'abord un guerroyeur, et l'on avait raison.

Parlant un jour de l'armée et de la marine, il avait dit : « Je suis malheureusement le premier de mon nom qui n'appartienne ni à l'un ni à l'autre de ces services[1]. » S'il leur avait appartenu, nous savons du moins quel il aurait été. Il se sert de la parole comme d'une épée, il a l'impétuosité, la témérité, l'ivresse de nos soldats, le courage brillant et entraînant, toute la furie française; il a aussi la passion des grandes choses et de la France, qu'il croit appelée à faire de ces choses-là.

L'éloquence de M. de Montalembert a un mouvement extraordinaire, le mouvement de la passion en liberté. Quand il touchait une question, il l'enflammait, et ce feu se propageait, poussé par un souffle violent, qui partait tour à tour de tous les points de l'horizon, d'où souffle l'autorité et d'où souffle l'indépendance. Ce fut un grand étonnement, dans la grave enceinte de la Chambre des pairs, d'entendre une parole de si vive allure, mais cette vivacité réveillait les auditeurs; on écoutait l'orateur en lui souriant, comme on sourit à la jeunesse, et quelquefois, quand on n'était pas sur ses gardes, on se laissait emporter par lui; on éclatait en applaudissements lorsque, plaidant pour la Pologne écrasée sous un énorme poids, et qui, chaque fois qu'elle s'agite, remue le monde, il s'écriait :

---

[1] MONTALEMBERT, *OEuvres complètes*, t. II, p. 281.

« On a cru anéantir un peuple, et l'on a créé un volcan »;
par ses ardentes invectives contre les massacres de Cra-
covie et de Galicie, il montait les esprits à un ton inaccoutumé et les préparait à entendre ces fortes paroles de
M. Villemain : « Ce qui sera acquis pour la conscience du
genre humain, c'est qu'au milieu de notre siècle, au milieu
de cette immense publicité, en présence de ces tribunes
qui disent tout, l'horreur des temps les plus affreux a été
égalée et peut-être surpassée, qu'il y a eu un 2 septembre
monarchique et une jacquerie officielle[1]. »

Tandis que ces choses se passaient à la tribune, un
autre triomphe de l'éloquence française faisait retentir
d'autres voûtes d'accents inconnus, qui réveillaient les
âmes autour de la chaire chrétienne, comme la parole du
jeune pair soulevait les esprits désaccoutumés d'enthousiasme.

Je veux parler, on l'a compris, de l'ami de Montalembert, de son émule en éloquence, et, en rapprochant ces
deux noms si grands et si chers, il me semble que j'évoque
deux morts, dont la chaire et la tribune pleurent amèrement la disparition à cette heure sombre, où nous aurions
tant besoin de saluer leur résurrection, pour nous consoler, nous affermir et nous défendre. A côté de celui de
Montalembert, il est bon de saluer le grand nom de Lacordaire.

Comme ils nous manquent tous deux! Heureuse jeunesse
de 1835, heureux chrétiens, heureux Français, quand, au
sortir du Luxembourg, où ils avaient frémi d'enthousiasme à la parole vibrante du pair de France, ils cou-

---

[1] *Journal des Débats,* art. du 31 octobre 1861.

aient à Notre-Dame s'enivrer de la plus enivrante des voluptés, celle qui fond les âmes attentives dans l'âme de l'orateur, celle qui, trouvant le chemin de ce qu'il y a de plus intime dans l'être humain, a tout à coup ouvert la porte du sanctuaire et jeté hors de lui cet homme qui se croyait à l'abri dans son cœur fermé avec soin, et qu'un autre homme a violemment ouvert pour s'y introduire avec l'impétuosité d'un torrent irrésistible qui a brisé la porte et rempli la maison, avant que ses habitants aient pu reconnaître le nouveau venu.

Il était impossible de les comparer. L'éloquence de Lacordaire, avec moins d'étude, avait quelque chose de plus inspiré; elle rappelait, je ne crains pas d'exagérer, l'éloquence de ces anciens prophètes dont la voix nous arrive de quatre mille ans, à travers l'éloquence de Rome et d'Athènes, de Démosthène et de Cicéron, de Londres et de Paris, après Burke et Mirabeau, et, franchissant tous les torrents d'éloquence, vient nous inonder tout à coup, nous éblouir et nous arracher des pleurs. L'auditeur, placé au pied de la chaire de Lacordaire, se sentait soudainement frappé au cœur comme par un coup qui venait toucher une fibre secrète et sensible. Puis le grand orateur vous saisissait, et, selon son expression, il vous enlevait en quelque sorte par les cheveux, vous portant dans des régions supérieures, haletant et ébloui. L'éloquence de M. de Montalembert n'était pas la même. Ceux qui l'ont vu au travail savent de quel prodigieux labeur était précédé le moindre de ses efforts. Sa manière de travailler, si cette expression familière m'est permise, ressemblait à une vendange. Quand il avait cherché, remarqué, détaché, accumulé une quantité énorme de faits, d'idées et de renseignements, comme un vendangeur charge ses corbeilles de grappes sans nombre, alors, muni de ce butin et de ces dépouilles, il groupait tous ses matériaux, et il les soumettait à une réflexion laborieuse comme à la roue d'un pressoir; et puis, ce n'est qu'après avoir fait subir à cette récolte si abondante cette élaboration nouvelle, qu'il laissait couler à flots pressés le vin généreux de son éloquence [1].

II

Les discours par lesquels M. de Montalembert inaugura ses succès de tribune n'étaient que des préludes. Il avait reçu de Dieu une mission, et, en se montrant apte à traiter de tous les sujets qui intéressaient ces vieux politiques, il s'était mis en état d'aborder l'accomplissement de sa mission providentielle. Ainsi, Jeanne d'Arc, avant de conduire les bataillons de France désaccoutumés de la victoire, consentit à voiler son héroïsme surnaturel sous une cuirasse en tout semblable à celle que portaient les capitaines vaincus. Ainsi, O'Connell, avant de libérer l'Irlande à la suite de ses marches hardies, au comité de Clare, commença par s'essayer à mener un carrosse à quatre chevaux, sans accrocher, à travers les lois de l'oppresseur.

Un grand esprit, qui avait deviné quelle puissance c'était que l'avenir de ce jeune homme, dont les débuts, pour des yeux clairvoyants, promettaient un des politiques

---

[1] COCHIN, *Conférence sur M. de Montalembert.*

les plus éminents de ce siècle, un homme d'État comme la nation en aurait rarement produit, crut devoir lui faire entendre les conseils de la prudence.

— Mon ami, lui dit-il, ayez de la religion pour vous et chez vous : fort bien; mais, dans le temps où nous sommes, ne vous avisez pas d'en prendre la défense dans vos écrits ou dans vos discours, vous gâteriez tout et vous compromettriez votre carrière.

La prudence du siècle, observe Mgr Perraud[1], avait parlé par la bouche de l'homme d'État; la sainte folie de notre foi répondit par la plume et par les lèvres du jeune comte de Montalembert.

Ici d'ailleurs se vérifiait l'oracle sacré de nos Écritures : « Je perdrai, avait dit l'Esprit-Saint, la prudence des prudents, et je réprouverai la sagesse des sages[2]. »

Cette cause que le vieux politique estimait perdue, c'est toujours celle qui passionne le plus vivement l'humanité, c'est celle qui se trouve au fond des préoccupations les plus douloureuses de l'heure présente; et l'audace du jeune comte a été plus sage dans son apparente témérité que les conseils timides d'une sagesse tout humaine.

Quelle lacune dans la vie de M. de Montalembert, s'il n'avait pas été publiquement le défenseur du christianisme et de l'Église! Homme d'État, il eût pu, comme tant d'autres, laisser son nom dans l'histoire; mais il ne se fût pas fait dans les cœurs cette place sacrée, dont rien ne saurait le chasser.

Un jour vint donc, où Montalembert crut le moment

---

[1] *Leçon à la Sorbonne,* à l'occasion de la mort du comte de Montalembert.

[2] ISAÏE, XXIX, 14. — *Ire aux Cor.,* I, 19.

venu d'entrer dans la mêlée. Il y entra résolûment, avec le calme d'une conviction profonde, avec la foi d'un chrétien éclairé, avec le pieux enthousiasme des martyrs du Colisée.

Ce jour-là, il réclama tout haut, pour la liberté religieuse, et spécialement pour celle de l'enseignement chrétien, le droit de s'asseoir au banquet des libertés nationales.

Mais ceci demande que nous jetions un coup d'œil en arrière [1].

III

L'homme de génie qui releva au commencement de ce siècle les ruines amoncelées par la révolution, voulut réorganiser l'enseignement comme le reste, et il créa l'Université. Mais, dominé par ses instincts césariens, il essaya d'en faire un instrument de règne, et lui donna pour base le monopole, qui subsista sous la Restauration, quoique en contradiction flagrante avec la loi constitutionnelle. Aussi, après la révolution de Juillet, la liberté de l'enseignement, déjà réclamée par une fraction de libéraux et de catholiques, dès avant 1830, fut-elle promise formellement par la Charte. Mais les esprits étaient trop excités contre le clergé, pour que cette promesse

---

[1] Le paragraphe qui va suivre n'est que le résumé du remarquable ouvrage de M. Paul Thureau-Dangin, d'après l'analyse qu'en a faite M. l'abbé Lagrange au tome I, chapitre xviii, de la *Vie de Mgr Dupanloup.*

reçût alors son exécution. Vainement l'*Avenir,* dès son apparition, avait-il ardemment revendiqué cette liberté; vainement l'abbé Lacordaire et M. de Montalembert, ouvrant une école malgré les lois en vertu de la Charte, avaient-ils réussi à saisir un moment l'opinion de cette question, par le célèbre *procès de l'École libre;* l'attention du public était ailleurs, absorbée tout entière par la terrible lutte du nouveau pouvoir contre l'anarchie. Mais la question était trop grave pour ne pas reparaître. Si les colléges de l'Université n'étaient pas précisément, comme l'avait dit Lamennais, « des séminaires d'athéisme », il est incontestable que, par le malheur des temps, par la constitution même de l'Université, et quoiqu'elle renfermât dans son sein d'excellents chrétiens, le résultat trop général de l'enseignement universitaire était la ruine des croyances. Il y allait donc de l'avenir religieux des jeunes générations; c'était pour le clergé et les catholiques une question suprême : et toutefois une face seulement d'une question plus vaste encore, la liberté de l'Église. Mais, écrasés après 1830 sous le poids d'une injuste impopularité, ils ne pouvaient qu'attendre en silence des temps meilleurs. Ces temps ne devaient pas tarder à venir.

Bientôt, sous l'influence de causes diverses, il se fit, dans la jeunesse et dans le pays tout entier, un réveil religieux dont les conférences de Saint-Vincent de Paul, les conférences de Notre-Dame, l'affluence inaccoutumée des populations dans les églises, étaient autant d'heureux symptômes. Aussi, dès 1833, une loi célèbre, proposée par M. Guizot, organisait-elle la liberté de l'enseignement primaire, malheureusement, il faut le dire, sans faire à l'Église dans cette importante loi la part suffisante.

Les catholiques attendirent plus longtemps la liberté de l'enseignement secondaire. Quatre fois sous la monarchie de juillet, en 1836, 1841, 1844 et 1847, elle fut soumise à la discussion des pouvoirs législatifs, et toujours en vain. Chose étrange! une liberté, conséquence si évidente de notre droit nouveau, et inscrite formellement dans la constitution même du pays, il fallut de longues années de lutte, et une révolution, pour la faire entrer dans nos lois!

Le projet de loi de 1836, tout incomplet qu'il était, posait du moins le principe de la liberté, et la discussion à laquelle il donna lieu fut mémorable.

Quatre années s'écoulèrent, et ce ne fut qu'en 1841 que de nouveau la question se posa et s'imposa; mais le projet de loi, présenté alors par M. Guizot et sous l'influence universitaire de M. Villemain, fut une déception amère pour les évêques qui attendaient toujours avec une patiente longanimité l'initiative du pouvoir. La liberté d'enseignement était absente du projet; bien plus, les Petits-Séminaires eux-mêmes étaient placés sous la tutelle de l'Université. Cinquante-six évêques firent entendre de publiques réclamations. Le projet ne fut même pas discuté; mais il était devenu dès lors évident que la liberté ne serait emportée que de haute lutte.

Déjà cependant avait pris séance à la Chambre des pairs et grandissait chaque jour dans l'opinion l'homme qui devait le plus faire pour mener les catholiques à ce grand combat. Depuis 1835, de la tribune, malgré son isolement à la haute Chambre, malgré la formidable impopularité qu'il lui fallait braver, il s'était posé en champion intrépide et éloquent de la cause catholique. Le projet de 1841 lui fut un signal pour saisir de nouveau,

d'une main vaillante, le drapeau de la liberté d'enseignement : dans ses discours du 4 mars et du 6 juin 1842,
il poussait à la tribune le cri de guerre et animait les
catholiques. Depuis longtemps, ils avaient l'habitude de
compter sur tout, excepté sur eux-mêmes. Or, leur disait
M. de Montalembert, « la liberté ne se reçoit pas, elle se
conquiert ».

Le vaillant et habile capitaine s'efforça d'amener les
siens sur le seul terrain politique où, selon lui, ils étaient
sûrs de gagner des alliés malgré les passions voltairiennes
du temps, et enfin de vaincre : le terrain des libertés
publiques. Tous ses efforts tendirent à organiser les catholiques pour l'action publique, et à leur faire réclamer la
liberté au nom même de la liberté, puisqu'en fait la
liberté était l'esprit du temps et le droit constitutionnel
du pays.

Cela aujourd'hui paraît simple, c'était hardi alors, eu
égard aux habitudes de l'ancien clergé, et après l'abus
qu'avaient fait Lamennais, Lacordaire et lui-même, de
cette tactique libérale : mais il pouvait invoquer à l'appui
de ses bonnes raisons de grands exemples : O'Connell et
l'Irlande, et les catholiques belges. Converti à ces idées
après un voyage en Belgique, l'éloquent évêque de
Langres, Mgr Parisis, se plaça résolûment au même point
de vue, « au point de vue constitutionnel et social », selon
le titre d'une des nombreuses brochures qu'on le vit
alors publier coup sur coup, avec une activité et un
talent remarquables. Peu à peu, les évêques et les catholiques les suivirent sur ce terrain. Ainsi parlaient leurs
organes, et le *Correspondant,* qui venait alors de reparaître, après dix ans d'interruption ; et l'*Univers,* feuille

de création récente [1], seul journal quotidien qu'eût alors le clergé; et le vieil et pacifique *Ami de la Religion* lui-même. Prudent par nature, quoique ferme, en très-bons termes avec le Roi, mais non pas jusqu'à lui sacrifier sa conscience, le nouvel archevêque de Paris, Mgr Affre, qui avait cru d'abord et longtemps à l'efficacité des observations secrètes, fut lui-même entraîné.

Le mouvement fut général et magnifique.

A côté de Montalembert et de Lacordaire, au premier rang, faisant face à l'ennemi commun, apparurent alors deux hommes, jeunes à cette époque et dont le nom est devenu grand, deux prêtres, tous deux de mœurs graves et austères, tous deux ardents et partisans de l'action.

L'un d'eux, à la tête d'un modeste établissement d'éducation cléricale, commençait à jeter un vif éclat sur le nom jusqu'alors assez obscur de Dupanloup. Il s'efforçait de donner à la nature belliqueuse du jeune pair de France ce qui lui manquait encore pour devenir un parfait généralissime.

Montalembert regimbait :

— Laissez-moi donc à l'état de sanglier, écrivait-il à l'abbé Dupanloup, avec mon coup de boutoir et le reste.

A quoi le prêtre expérimenté répondait :

— Conservons chacun notre nature, mais corrigeons nos défauts, si nous en avons, et notre nature n'en sera que plus forte... Vous transformer serait un crime.

---

[1] L'*Univers*, comme nous l'avons raconté dans le volume consacré à Gerbet, avait été fondé le 3 novembre 1833. A l'occasion du cinquantième anniversaire de cette fondation, le 3 novembre 1883, M. Eugène Veuillot a éloquemment rappelé les origines d'un journal qui, après l'*Avenir*, exerça une action si considérable sur la direction du parti catholique à notre époque.

L'autre prêtre dont je veux parler avait déposé la
toge du magistrat pour revêtir l'humble livrée des religieux les plus exposés aux coups de l'armée ennemie. Il
s'appelait le Père de Ravignan, et venait de jeter hardiment, dans le camp adverse, cet écrit, qui avait éclaté
comme un obus, « cet écrit d'airain », comme on l'a
nommé, où, plaidant la cause de son Institut, l'humble
combattant avait poussé ce cri hardi et fier : « Je suis
Jésuite ! » tout comme Paul, devant l'Aréopage, aurait dit :
« Je suis citoyen romain ! »

IV

Or, Dieu voulut choisir ce moment pour rappeler à son
serviteur que le bonheur n'est pas de ce monde, et qu'à
lui seul appartient le droit de gouverner comme il l'entend
les hommes de sa droite.

En 1842, au moment même où la lutte atteignait son
maximum d'acuité, à l'heure où il semblait que le sort de
la bataille allait se décider, madame de Montalembert
tomba gravement malade. Le danger parut imminent à
tous. Il fallut une résolution énergique pour le conjurer,
partir, s'exiler, délaisser le champ d'honneur, laisser à
d'autres le soin de conduire les bataillons à la victoire. Ce
fut un grand sacrifice, « le plus grand à coup sûr que
l'orgueil humain et l'ambition terrestre puissent faire à la
tendresse conjugale ! » Montalembert n'hésita pas à acheter par un exil de deux ans à Madère le bien le plus

cher de sa vie, la conservation des jours de la petite-fille de sainte Élisabeth, devenue la moitié de son existence !

L'exil ne fut point infécond. Sa plume s'essaya à remplacer sa parole. Un cri de guerre incomparable, prélude de la sublime campagne de 1844, vint ranimer le courage, en exposant le danger et en montrant les ressources. C'était intitulé : *Du devoir des catholiques dans la question de la liberté d'enseignement.*

« De ce que l'État n'a point de religion, disait-il, il n'en
« résulte point pour lui la faculté d'empêcher les citoyens
« d'en avoir... Qu'il ouvre des écoles sans religion à cette
« portion si considérable du peuple français pour qui la
« religion n'est qu'une fiction, cela est dans son droit
« jusqu'à un certain point ; mais qu'il s'arroge l'odieux
« pouvoir d'y parquer les enfants de ceux qui regardent
« la foi catholique comme le but unique et souverain de
« toute vérité, voilà l'usurpation, voilà l'attentat, voilà la
« persécution qu'on a si justement comparée au système
« qu'avait essayé contre l'Église naissante l'apostat
« Julien [1]. »

Puis, faisant le tableau de ce que seraient un jour les générations élevées par les oppresseurs, il adjurait les pères de famille, en leur criant :

« Dormez maintenant, si vous le pouvez, ilotes volon-
« taires, mais cessez de vous plaindre en dormant, et
« subissez en silence le sort que vous avez voulu ! »

Le retentissement de ce cri d'alarme fut immense. L'épiscopat s'émut, la presse fit écho, les comités s'orga-

---

[1] *Œuvres complètes,* t. I, p. 319.

nisèrent, les catholiques sentirent que l'heure du combat avait vraiment sonné.

On était aux premiers jours de 1844, l'année héroïque.

« Il s'est levé parmi vous », disait alors Montalembert, en s'adressant à l'ennemi, pour lui montrer bravement ses troupes fraîchement recrutées, « il s'est levé une généra-
« tion d'hommes que vous ne connaissez pas, qu'on les
« appelle néo-catholiques, sacristains, ultramontains,
« comme on voudra, le nom n'y fait rien, la chose existe... »
Et il ajoutait : « Nous ne sommes ni des conspirateurs, ni
« des complaisants ; on ne nous trouve ni dans les émeutes,
« ni'dans les antichambres ; nous sommes étrangers à toutes
« vos coalitions, à toutes vos luttes de cabinet, de partis ;
« nous n'avons été ni à Gand, ni à Belgrave-Square ; nous
« n'avons été en pèlerinage qu'au tombeau des apôtres,
« des pontifes et des martyrs : nous y avons appris, avec
« le respect chrétien et légitime des pouvoirs établis,
« comment on leur résiste, quand ils manquent à leurs
« devoirs, et comment on leur survit [1]. »

Ces fières paroles faisaient tressaillir l'âme de la France chrétienne. Combalot, Dupanloup, Louis Veuillot, Riancey, Laurentie sonnaient la charge. Le jour fut pris pour engager le grand combat. L'abbé Dupanloup, anxieux, comprenant l'importance de cette journée mémorable, écrivait au jeune pair :

— Nos adversaires s'attendent à de l'irritation et veulent en profiter : vous aurez une grande force, si vous étonnez par une gravité, une modération, des avertissements sérieux, des menaces contenues.

---

[1] *Œuvres complètes*, t. I, p. 393.

Enfin, le jour se leva. C'était le 16 avril 1844. M. de Montalembert, calme, fier, tout saisi de la présence réelle de son Dieu qu'il était allé recevoir humblement, à côté de sa pieuse compagne, avant de monter à l'assaut, gravit les degrés de la tribune.

L'orateur constate d'abord cette chose étrange, que, dans un pays où les plaintes et l'opposition sont, en quelque sorte, le pain quotidien de la publicité et de la presse, où la vie publique n'est qu'une espèce de murmure continuel, chaque fois qu'il arrive au moindre citoyen d'élever une plainte, aussitôt une meute acharnée se déchaîne contre lui, comme si l'épiscopat, le sacerdoce, constituaient en France une obligation de mutisme et de servilité...

« Il est temps cependant de s'entendre, fit-il hardiment. « Quand nous ne disions rien, on disait de nous : Ils con- « spirent dans l'ombre ; ils se livrent à des intrigues sou- « terraines. Sous la Restauration, on chantait : *Hommes noirs,* « *sortez de dessous terre.* Et quand nous sommes sortis, quand « nous avons dit ce que nous étions et ce que nous voulions, « on s'écrie : Quelle audace! Quelle insolence! Sous les monar- « chies absolues, quand les catholiques se taisent, on dit : « Ils sont les complices de l'absolutisme. Dans les pays de « libertés, quand les catholiques cherchent à adopter les « institutions et les allures du peuple et du siècle où ils « vivent, on les injurie de plus belle : Regardez, dit-on, « ces catholiques, ils font des livres ; ils écrivent des « lettres ; il y en a un qui a dit qu'il était Dominicain ; un « autre a écrit qu'il est Jésuite ; des évêques ont même « eu l'audace de s'écrire par la poste!... »

Après avoir ironiquement démontré par l'absurde l'illogisme de ces plaintes, le noble pair répondait à M. Dupin, qui prétendait mettre les évêques en dehors du droit commun, sous prétexte que la coalition entre fonctionnaires est défendue :

« Non, s'écriait-il, mille fois non, l'évêque n'est pas
« fonctionnaire, le prêtre n'est pas fonctionnaire. Elle est
« fausse, elle est erronée, l'opinion de ceux qui ne voient
« dans un évêque qu'une espèce de préfet en soutane, un
« commissaire de haute police morale... Les évêques, aux
« yeux des catholiques, et ils sont faits, après tout, pour
« les catholiques, ils ne sont pas faits pour ceux qui,
« d'après une expression fameuse, n'en usent pas ; les
« évêques sont commis par Dieu au gouvernement de
« l'Église ; ils ont reçu mission d'en haut pour diriger nos
« consciences et pour les troubler au besoin... Le Roi les
« désigne, il les choisit ; mais ce n'est pas de lui qu'ils
« tiennent leur pouvoir, la loi reconnaît leur autorité,
« mais ce n'est pas elle qui la crée ! Ils tiennent cette auto-
« rité de Dieu, ou ils ne la tiennent de personne. »

Voyant son auditoire attentif à cette discussion vive, alerte, passionnée, et cependant logique et serrée, Monta-lembert conta une histoire :

« Il y a eu un évêque nommé Basile ; ce n'était point un
« Jésuite ni un ultramontain, car il vivait au quatrième
« siècle. Ce Basile avait eu des contestations avec l'État
« de son temps, c'est-à-dire avec l'empereur Valens, sur une
« question qui n'importait certes pas plus au salut des âmes
« que ne lui importe l'éducation des générations futures,
« dont il s'agit aujourd'hui. L'Empereur le fit menacer par
« un de ses ministres, qui s'appelait Modeste, comme qui
« dirait le ministre des cultes de ce temps-là. (*On rit.*) Ce
« ministre, voyant Basile lui répondre avec fermeté et

« publiquement, s'écria : « On ne m'a jamais parlé avec
« cette arrogance. » Basile lui répondit : « C'est que sans
« doute vous n'avez jamais rencontré un évêque. » Et il
ajouta : « Nous sommes les gens du monde les plus
« humbles, non-seulement envers l'Empereur, mais envers
« le dernier des hommes; mais quand il s'agit de Dieu,
« nous ne regardons que lui seul. »

« Que ce Modeste ait été étonné du langage que lui tenait
« un évêque, trois ou quatre cents ans après Jésus-Christ,
« cela était naturel; mais ce qui ne l'est pas, c'est cette
« surprise perpétuellement renouvelée de tous les préfets
« du prétoire, de tous les ministres, de tous les procureurs
« généraux et autres politiques de ce genre, qui depuis
« quinze siècles se trouvent en présence des résistances
« épiscopales. Il faut répéter toujours la même chose :
« *Nunquam in episcopum incidisti.* Vous n'avez donc jamais
« rencontré d'évêque, c'est-à-dire, vous avez eu affaire à
« des intrigants, à des ambitieux, quelquefois à des honnê-
« tes gens, mais jamais à des hommes qui croient tenir
« leur mission d'en haut, et qui ont une responsabilité
« envers Dieu. Et maintenant que vous les rencontrez,
« vous ne comprenez pas leur langage... »

Il passe ensuite en réserve l'arsenal de ses adversaires :
les libertés gallicanes, les articles de 1682, une certaine
interprétation léonine du Concordat, les articles organi-
ques, remettant chaque chose à sa place et ces vieilles
armes au râtelier des antiques. Cela l'amène à ridiculiser
une sentence comme d'abus que le Conseil d'État avait
prononcée contre un évêque coupable, disait l'arrêt, d'avoir
troublé les consciences, en réclamant la liberté de l'enseignement.

« Je le demande à tout homme de bon sens, y a-t-il une
« idée plus risible que celle d'une conscience assez déli-
« cate pour être troublée par les dires d'un évêque, et en
« même temps assez facile pour être rassurée par un rap-
« port de M. le vicomte d'Haubersart et une ordonnance
« de M. Martin (du Nord)? (*On rit.*)

« Oui, je défie qu'on me trouve en France un seul homme
« qui se dise : Hier, j'étais troublé, mon évêque avait dit
« des choses qui m'inquiétaient; mais aujourd'hui, M. d'Hau-
« bersart et M. Martin ont parlé : me voilà tranquille. (*Nou-
« velle hilarité.*)

« On sent si bien, continue-t-il, l'impuissance de ces re-
« mèdes, qu'on vous pousse à faire des lois nouvelles, des
« lois implacables pour réprimer notre audace. Eh bien!
« faites-les : nous ne les redoutons pas. Vous ne pourrez
« rien faire qui soit nouveau pour nous. Nous avons passé
« par toutes les tyrannies du monde, et nous leur avons
« survécu.

« Après tout, nous ne sommes pas des parvenus nés
« d'hier; nous sommes d'une vieille race dont l'histoire
« est bien connue. Elle est là pour nous encourager et
« pour éclairer nos persécuteurs. Nulle Assemblée n'aura
« jamais en France la popularité de la Constituante, la
« toute-puissance de la Convention, le prestige de gloire
« de l'Empire. Or, il y a parmi nous des hommes qui ont
« vu passer les constituants, les terroristes et Napoléon.
« On a essayé du schisme en 1791, de l'échafaud en 1793,
« des déportations en 1797, des prisons d'État en 1811, et
« rien n'a prévalu contre eux. Faites donc des lois, si bon
« vous semble; elles seront exécutées peut-être, mais elles
« seront à coup sûr impuissantes. La conscience est hors

« de l'atteinte des légistes; et vous n'êtes pas de taille à
« vaincre dans une lutte qui n'a porté bonheur ni à Mira-
« beau, ni à Robespierre, ni à Napoléon. »

Puis, concluant son discours au milieu du silence et des
frémissements de la Chambre, comme nimbé d'une auréole
qui le grandissait à la façon des docteurs de l'Église, Montalembert laissait tomber sur ses auditeurs stupéfaits cette
noble déclaration :

« Dans cette France accoutumée à n'enfanter que des
« gens de cœur et d'esprit, nous seuls, nous catholiques,
« nous consentirions à n'être que des imbéciles et des
« lâches! Nous nous reconnaîtrions à tel point abâtardis,
« dégénérés de nos pères, qu'il nous faille abdiquer notre
« raison entre les mains du rationalisme, livrer notre con-
« science à l'Université, notre dignité et notre liberté aux
« mains de ces légistes, dont la haine pour la liberté de
« l'Église n'est égalée que par leur ignorance profonde de
« ses dogmes! Quoi! parce que nous sommes de ceux que
« l'on confesse, croit-on que nous nous relevions des
« pieds de nos prêtres tout disposés à tendre les mains
« aux menottes d'une légalité anticonstitutionnelle? Quoi!
« parce que le sentiment de la foi domine dans nos cœurs,
« croit-on que l'honneur et le courage y aient péri? Ah!
« qu'on se détrompe. On vous dit : *Soyez implacables.* Eh
« bien! soyez-le, faites tout ce que vous voudrez et tout
« ce que vous pourrez; l'Église vous répond par la bou-
« che de Tertullien et du doux Fénelon : *Nous ne sommes*
« *pas à craindre pour vous, mais nous ne vous craignons*
« *pas.* Et moi, j'ajoute au nom des catholiques laïques,
« comme moi catholiques du dix-neuvième siècle : Au
« milieu d'un peuple libre, nous ne voulons pas être des

« ilotes; nous sommes les successeurs des martyrs, et
« nous ne tremblons pas devant les successeurs de Julien
« l'Apostat; NOUS SOMMES LES FILS DES CROISÉS, ET NOUS
« NE RECULERONS PAS DEVANT LES FILS DE VOLTAIRE. »

L'Église avait trouvé un défenseur digne d'elle !

Ce jeune pair de France, qui venait de saisir, d'une main
si vaillante, le drapeau catholique, cet orateur qui, à trente-
deux ans, venait de se faire reconnaître général en chef
sur le champ de bataille, va maintenant courir de combat
en combat, d'assaut en assaut, jusqu'à ce que la victoire
couronne sa vaillance et récompense sa tactique.

VII

LE PAIR DE FRANCE.

« Nous sommes les fils des croisés, et nous ne recule-
« rons pas devant les fils de Voltaire. »

Cette impérissable déclaration, que Montalembert lançait au vent de la publicité, du haut de la première tribune du monde, les catholiques la recueillirent comme, trente ans auparavant, les soldats du premier capitaine des temps modernes s'enivraient d'une parole de leur chef, tombée sur eux à la veille d'Austerlitz ou de Marengo, pour courir sus à l'ennemi, résolus à vaincre ou à périr.

Ceux de Lyon firent graver une médaille qui représentait le jeune orateur, avec son profil tout à la fois fier et modeste, le front paré de cette riche chevelure qui lui avait fait comme un nimbe d'or à la tribune parlementaire, et, en exergue, ils avaient inscrit la sublime finale de la harangue, adoptée dès lors comme le mot d'ordre de l'armée catholique.

I

Pauvre petite armée, jusque-là, elle avait surtout manqué de confiance et de courage.

— Il faut bien lui en donner, disait le jeune pair, c'est là mon métier, et je le ferai jusqu'au bout... Je ne suis qu'un soldat, ajoutait-il humblement, tout au plus un chef d'avant-garde. Nous avons une place à emporter : la liberté. Ceux qui y sont entrés avant nous ne veulent pas nous y laisser pénétrer. Mais la brèche est faite, il faut l'escalader. J'y succomberai très-probablement, mais je servirai de marchepied à mes successeurs ; de cette façon, nous arriverons à la crête du rempart. Ce nous ne veut pas dire moi, mais qu'importe [1] ?

Lacordaire, à qui Montalembert écrivait ces choses, lui répondait :

— Je viens de lire ton admirable discours : il était impossible de dire mieux et de faire mieux [2].

[1] Lettre à Lacordaire du 7 juillet 1844.
[2] Lettre du 20 avril 1844.

Puis, faisant un retour en arrière sur leurs souvenirs communs :

— Quelle différence, s'écriait-il, entre 1834 et 1844! Il a suffi de dix ans pour changer toute la scène. Ce que nous avons gagné dans cette dernière campagne en unité, en force, en avenir, est à peine croyable... Avec M. de Lamennais, jamais ce que nous voyons n'eût été possible, et je m'explique pourquoi l'esprit de Dieu s'est retiré de lui. Pour nous, mon ami, plus jeunes et plus simples, nous avons accepté sincèrement la direction de l'Église, et Dieu, qui sonde les reins et les cœurs, a daigné ne pas nous briser et même se servir encore de nous[1].

Les Ravignan, les Veuillot, les Dupanloup, faisaient écho à cet applaudissement du premier et du plus cher des anciens compagnons d'armes du jeune capitaine.

Le clergé éclatait en bravos, et, du fond des plus humbles presbytères, perdus au sein des montagnes du Jura, des Alpes, des Pyrénées, comme sur les grèves de l'Océan et les rivages de la Méditerranée, chaque courrier apportait ce monceau de lettres enthousiastes et reconnaissantes, que les glorieuses archives de la Roche-en-Brenil gardent comme un mémorial encore plein de vie de ces temps héroïques.

Mais, à côté du triomphateur montant au Capitole, la loi de Rome, fidèle interprète d'un secret besoin de l'humanité, toujours envieuse des gloires d'autrui, servant à son insu la Providence de Dieu qui ne veut pas que l'homme se grandisse dans une lumière sans ombres, avait placé un vil esclave, chargé de tempérer l'orgueil du

---

[1] Lettre du 9 juillet 1844.

triomphe. Montalembert connut dès lors cette épreuve, à laquelle son malheureux maître n'avait pas su résister.

Lui aussi, aux débuts glorieux de sa belle carrière, il rencontra ces hommes-obstacles, que tous les progrès trouvent sur leur chemin, non pas pour avancer eux-mêmes, mais pour empêcher les autres d'avancer.

Le ministre des cultes disait aux évêques :

— Si le débat s'était circonscrit entre vous et nous, tout se serait aisément arrangé. Ce qui gâte tout, c'est l'intervention des laïques. Désavouez M. de Montalembert, et la conciliation sera encore possible [1].

Il fallut que Mgr Parisis jetât dans le public la célèbre brochure où l'éloquent évêque restituait aux laïques le droit de venir au secours de l'Église, leur mère, quand ses défenseurs les plus naturels et les plus autorisés étaient réduits à une aussi lamentable impuissance.

D'ailleurs, comme le faisait remarquer Louis Veuillot, si Montalembert ambitionnait de servir l'Église, il repoussait comme une injure adressée à l'Église et à lui l'accusation d'avoir voulu et pu la conduire.

A la fin cependant, agacé des attaques que ses détracteurs dirigeaient contre ce qu'ils appelaient ses prétentions à la dictature, il profita un jour d'une attaque de ce genre formulée en pleine Chambre par le garde des sceaux, et fit à cet égard une déclaration très-nette à la tribune.

« M. le garde des sceaux, dit-il, m'a fait l'honneur de
« faire de moi un personnage de très-haute importance.
« Certes, je ne serais pas de mon siècle, si je n'avais pas

[1] Discours de M. Martin du Nord, 12 juin 1845.

« une trop bonne et trop grande idée de moi-même ; il
« en est ainsi de tout le monde. Je ne prétends pas avoir
« échappé à ce vice de mon temps et de mon âge ; mais,
« en vérité, si grande que puisse être cette idée, elle ne
« l'est pas autant que celle que M. le garde des sceaux
« voudrait me donner et donner de moi aux autres. Il m'a
« dépeint comme le chef du parti catholique, comme le
« guide du clergé, comme le dictateur des mandements de
« l'épiscopat, comme faisant des voyages de propagande,
« adressant des circulaires aux évêques, employant, en
« un mot, tous les moyens possibles pour enseigner aux
« évêques ce qu'ils devraient approuver ou condamner,
« et quelle conduite ils doivent tenir. Et non-seulement
« je tenterais cette grande entreprise, mais, à entendre
« M. le garde des sceaux, elle serait couronnée d'un plein
« succès : et c'est moi, c'est mon humble individu qui
« serais le guide de l'épiscopat, et par conséquent l'au-
« teur de tout le mal, de tout le trouble qui se passe en
« France ! »

II

On raconte d'un philosophe grec que l'un de ses con-
tradicteurs voulut avoir avec lui une lutte publique, dans
laquelle le sophiste, jaloux de la gloire d'un maître, à son
gré trop couru par la foule des écoliers de valeur, se faisait
fort de démontrer que le mouvement n'existait pas, défiant
son adversaire de prouver le contraire. Le philosophe

accepta. Il écouta avec une patience un peu dédaigneuse les longs circuits des syllogismes au moyen desquels le sophiste étayait sa thèse. Puis, quand celui-ci eut fini, tandis qu'il se rasseyait, le front couvert de sueur et l'œil émérillonné de confiance, notre philosophe se lève, et, au lieu d'ouvrir la bouche pour réfuter le négateur du mouvement, il se mit à marcher. On rit, et l'on eut raison. C'était la meilleure façon de répondre et le plus court moyen d'en finir.

Montalembert fit de même.

On l'accusait d'envahir les terrains défendus, de se donner une mission qui ne lui appartenait point, de vouloir s'imposer à ceux qui en définitive étaient ses maîtres et ses docteurs en Israël. Il répondit en fondant le *Comité pour la défense de la liberté de l'enseignement,* qui apprit aux catholiques à se grouper pour combattre, à s'associer pour vaincre ou mourir. Puis, quand, le 26 avril 1844, la discussion se rouvrit à la Chambre haute, il remonta à la tribune pour combattre le projet de loi qui achevait d'ôter aux évêques l'espérance de voir enfin la liberté, promise par la Charte, se lever sur la jeunesse que l'Église revendiquait le droit d'enseigner.

M. Villemain lui avait reproché sa jeunesse.

— Je combattrai, fit-il avec une piquante et ironique modestie qui mit bien vite les rieurs de son côté, je combattrai peut-être avec trop d'ardeur, trop de chaleur, trop de cette vivacité de jeune homme que M. le ministre de l'instruction publique et d'autres me reprochent. La jeunesse est un défaut dont je ne tarderai pas à me guérir. (*On rit.*) Je m'en croyais même déjà guéri, quand l'honorable M. Villemain m'a appris le contraire, et que j'étais toujours un jeune homme à ses yeux. (*Nouvelle hilarité.*) Mais, à côté de cette jeunesse d'âge qui passe, il est une autre jeunesse dont je ne me défends pas : c'est la jeunesse du cœur et du courage qu'on puise dans la foi à des choses qui ne vieillissent jamais, parce qu'elles sont immortelles. Cette jeunesse de ma foi qui fait mon bonheur et ma gloire, j'espère n'avoir jamais à m'en excuser devant vous. Quant à l'autre, celle de l'âge, puisqu'on me l'impute encore, je l'accepte ; daignez au moins m'en accorder le bénéfice aujourd'hui. (*Marques d'assentiment.*)

Puis, avec une abondance merveilleuse d'érudition, il réfuta un à un tous les motifs du projet, démasquant l'hypocrisie de cette nouvelle tentative d'arbitraire, nouvelle loi des suspects, « infidèle, dit-il, à tout ce qu'il y a eu de généreux dans les instincts de 1789 et dans les promesses de 1830 ». Et, descendant de la tribune, il protesta qu'il repoussait cette loi avec « la triple énergie de sa conscience, de sa foi et de son patriotisme ».

Entre la jeune et forte parole de Montalembert et la « rhétorique fatiguée[1] » de Villemain, ni l'opinion publique, ni même, au fond de leur âme, les pairs inféodés au régime, n'hésitèrent un instant. La cause perdue à la Chambre se gagnait au dehors, et nous faisions un pas de plus vers la liberté.

Une troisième fois, d'ailleurs, le noble champion de la liberté religieuse remontait à l'assaut. Cette fois, c'était pour combattre un article dirigé contre les congrégations religieuses.

Tour à tour railleur, sérieux, philosophe, théologien,

---

[1] DOUBLET, *Montalembert*, p. 118.

mais toujours impitoyable de logique et écrasant d'érudition, il détruit un à un les arguments de ses adversaires, et ces adversaires s'appelaient Guizot, Villemain, Cousin. Tout à coup, un souvenir traverse son action oratoire. Il s'arrête. Il semble se recueillir devant une vision qui a passé sous ses yeux. Il lui a semblé voir les nefs de Notre-Dame remplies d'une foule inconnue, s'abreuvant aux sources de cette éloquence qu'il aimait et buvant à longs traits les flots qui tombaient des lèvres frémissantes de Lacordaire et de la bouche d'or de son émule, le pieux Ravignan. Cette image, qui s'imposa à lui, va lui fournir le plus beau mouvement de sa plaidoirie.

« Daignez, fit-il saisissant au vol cette apparition,
« messieurs, daignez remarquer ce qui se passe autour
« de vous. La chaire chrétienne a toujours été une des
« gloires de la France, même sous le point de vue intel-
« lectuel et littéraire. Eh bien, quel est le phénomène
« qu'elle vous présente aujourd'hui? Deux hommes,
« rivaux par l'éloquence, mais profondément unis par leur
« affection réciproque, par le but de leurs travaux, par
« l'analogie des révolutions de leur vie : l'un dont la
« parole bondit comme un torrent impétueux, entraîne et
« terrasse par des élans imprévus et invincibles ; l'autre
« qui, comme un fleuve majestueux, répand les flots de
« son éloquence, toujours harmonieuse et correcte : l'un
« qui domine et ébranle par l'enthousiasme, portant jus-
« qu'au fond des cœurs les plus rebelles des éclairs de
« foi, d'humilité et d'amour; l'autre qui persuade et
« émeut autant par le charme que par l'autorité, et qui
« redresse les intelligences en purifiant les âmes; tous les
« deux, le Dominicain et le Jésuite, enchaînant successi-

« vement d'année en année, au pied de la plus haute des
« tribunes, des milliers d'auditeurs attentifs, charmés,
« surtout étonnés de s'y trouver ; tous les deux rendant
« ainsi à la chaire française un éclat, une popularité et
« une gloire qu'elle n'avait pas connus depuis les jours
« de Massillon. Eh bien, ces deux hommes, l'honneur de
« la France catholique, ces deux hommes dont je cher-
« cherais difficilement les rivaux et surtout les supérieurs
« à aucune autre tribune, soit politique, soit littéraire, ces
« deux hommes, vous les proscrivez, vous les déclarez
« incapables d'être maîtres d'étude, vous leur refusez le
« droit que vous livrez au dernier de vos bacheliers, et
« cela dans une loi qui s'appelle une loi de liberté ! Vous
« les excluez de cet enseignement auquel se livrent impu-
« nément tels hommes que je ne veux pas nommer à
« côté d'eux, et qui ont soulevé tant de scandales ; vous
« les excluez, eux seuls : je me trompe, eux et les cou-
« pables flétris par la justice criminelle du pays, ou flétris
« au jugement de leurs concitoyens par leur immoralité
« notoire ! Et pour quelle cause les excluez-vous ? Leur
« capacité ne saurait être douteuse ; et d'ailleurs, ils ne
« reculeraient pas, eux et leurs frères, devant aucune
« condition de capacité. Est-ce donc leur moralité qui
« vous inquiète ? Ont-ils commis quelque délit ? Sont-ce
« des conspirateurs, des ennemis du repos public ? Non,
« leur vie est aussi irréprochable que leur éloquence est
« éclatante ; ils ont passé partout en faisant le bien. Leur
« crime, le voici ! C'est d'avoir senti qu'il fallait mettre
« leur talent, leur énergie, leur dévouement, leur désin-
« téressement même, sous la sauvegarde d'un lien sacré ;
« d'avoir juré à Dieu de rester chastes, pauvres et obéis-

« sants ; c'est d'avoir renoncé aux trois grandes tentations
« de l'humanité, la chair, l'or et l'indépendance de la
« volonté : leur crime, c'est de s'être engagés, par des
« obligations spéciales et inviolables, et jusqu'à la mort,
« au service de Dieu et du prochain. Voilà leur crime !
« Voilà pourquoi des législateurs d'un pays civilisé, qui
« se disent chrétiens, et qui se révoltent quand on les
« qualifie d'incrédules, déclarent ces hommes dont je
« parle, eux et leurs pareils, incapables de veiller sur
« l'enfance.

« Je ne crains pas de le dire, on n'en ferait pas autant
« en Turquie. Non, si le Père Lacordaire ou le Père de
« Ravignan allaient ouvrir une école en Turquie, on ne la
« fermerait pas, sous le seul prétexte qu'ils se sont voués
« à Dieu par ces trois vœux qui depuis quinze siècles ont
« enfanté tant de merveilles.

« Et qui donc a dit aux auteurs de cette exclusion que
« ces hommes n'ont pas derrière eux d'autres hommes
« qui leur ressemblent? Ils appartiennent tous deux à des
« ordres qui ont rempli le monde de leurs vertus, de leur
« génie et de leurs martyrs. Où a-t-on donc pris le droit
« de tarir le dévouement, l'énergie, le talent, à leur
« source la plus pure et la plus féconde? Où donc a-t-on
« pris le droit de dire, au nom de la France : J'ai assez de
« force, assez de talent, assez de dévouement comme
« cela ; je n'ai plus besoin de rien : on dit que ces hommes
« ont tout cela ; mais peu m'importe, je ne veux pas
« même en essayer : ils sont Français aussi ; peu m'im-
« porte encore, que le sein de la patrie leur demeure
« fermé ! Ils réclament la liberté et l'égalité : que la
« liberté soit pour eux une chimère, l'égalité un men-

« songe ; ou plutôt, qu'ils soient libres comme les forçats
« libérés, égaux aux repris de justice. (*Réclamations.*)
« Oui, messieurs, c'est bien cela : les forçats, les repris
« de justice et les moines, voilà les trois seules catégories
« que vous excluez. »

Puis, sorti de cette argumentation *ad hominem,* le jeune
orateur, s'érigeant en prophète, faisait entendre au gouvernement de Louis-Philippe ces prédictions qu'à moins
de quatre ans de là une révolution, imprévue pour ce
gouvernement, mais bien explicable pour qui avait senti
battre le cœur de la France indignée du manque de parole
qui avait dénié aux catholiques la liberté promise, venait
confirmer, ces prophétiques paroles :

« Oui, sachez-le, au fond de chaque presbytère, au pied
« de chaque autel, devant chaque foyer domestique, où
« se réuniront des catholiques, auprès de chaque berceau
« où veillera une mère chrétienne, vous armerez contre
« vous les sentiments les plus profonds et les plus éner-
« giques que le cœur humain puisse nourrir. »

Il est vrai, les défenseurs de la liberté furent alors
battus, mais, au sortir de cette défaite, Louis Veuillot
pouvait écrire :

« Ils ont été battus par le nombre ; ils ont triomphé par
le caractère, par le talent, par les idées... On peut les
croire vaincus, ils ne le sont pas ; ils ont creusé le sillon,
et déposé la semence ; ils s'éloignent du champ encore
stérile, comme le laboureur qui s'en va quand son œuvre
est accomplie, laissant à la Providence de faire croître ce
germe nécessaire arrosé de sa sueur. Ce que l'homme n'a
pu faire, Dieu le fera ; le germe croîtra, parce que Dieu ne
veut pas que ses créatures meurent. Quand la moisson

sera mûre, ceux qui seront appelés à en jouir n'oublieront pas, dans leurs louanges et dans leurs prières, les premiers artisans de cette moisson si laborieusement préparée et si longtemps attendue [1]. »

III

La noblesse d'attitude chez le jeune champion des libertés proscrites déconcertait les ministériels et les politiques.

— Que veut-il donc? se disaient-ils entre eux, dans les conseils du gouvernement, comme dans les cercles parlementaires. Où cela peut-il le mener? Il ne tiendrait qu'à lui d'être ambassadeur en Belgique, et il se rend impossible, de gaieté de cœur!

Quand on redisait ces surprises au jeune orateur, il se prenait à rire, et, si l'on tentait de le prendre par l'ambition, il haussait les épaules.

— Quel dommage qu'il ait si peu d'ambition! fit un jour M. Molé ; et pourtant, ajoutait le célèbre ministre, c'est beau : si je n'avais que quarante ans, je ne voudrais pas d'autre rôle que celui de M. de Montalembert.

Cette grandeur d'âme et ce désintéressement absolu ne laissaient pas que d'effrayer le gouvernement de Juillet. Se sentant serré de près et, selon la métaphore même employée par Montalembert, se sentant entouré de bien près, l'assiégé tenta une sortie.

La sortie devait réussir, car elle eut pour complices les

[1] *Mélanges*, t. I, p. 306.

politiques, les jacobins, les peureux et, ce qui n'a jamais gâté aucun succès en France, les faiseurs de chansons et les romanciers. A ce moment, le pays lisait, avec une sorte de frénésie, le *Juif errant,* d'Eugène Süe. M. Thiers trouva le moyen bon à employer. Berryer eut beau réclamer. Les Jésuites furent condamnés, sinon à disparaître, du moins à se disperser, et, sur ce point, Montalembert sembla succomber, au moment où s'achevait le premier engagement sérieux de son armée sur la question du monopole.

Un autre eût pu trouver là un motif de découragement. Pour lui, ce fut le contraire.

Regardant en face ses adversaires triomphants, il leur cria :

— La sortie est faite, et elle a réussi. Mais le siége du monopole dure encore, et il durera longtemps.... Sachez-le, rien n'est fini... Nous restons debout, une main sur l'Évangile et l'autre sur la Charte... Nous vous attendons sur ce même terrain l'année prochaine [1].

Néanmoins, la question fut ajournée pour un temps plus long qu'il ne l'avait prévu, et de graves événements devaient s'accomplir avant qu'elle fût reprise. Pendant trois ans, la discussion fut muette sur ce point.

Entre temps, d'autres causes sollicitèrent son ardeur.

En 1846, c'est le partage de l'héroïque Pologne qui lui arracha ces accents émus, où la passion de la justice lui fait découvrir ce patriotique argument, auquel les menaces suspendues aujourd'hui sur notre malheureuse France donnent une saisissante actualité.

[1] Discours du 16 juillet 1845.

On contestait à la Pologne, dépecée en lambeaux sanglants, le droit de réclamer contre le crime qui l'avait, elle, la nation baptisée, la terre des Hedwige et des Sobieski, rayée de l'Europe, et jetée, en la personne de ses martyrs, au fond des déserts de la Sibérie.

— Quoi! s'écrie le généreux avocat de la nation sacrifiée, si la France était partagée en trois, croyez-vous que nos droits seraient anéantis? Est-ce qu'il y aurait par hasard quelqu'un au monde qui douterait du droit que nous aurions de ressaisir notre existence? Est-ce que Dieu n'autoriserait pas nos efforts?

D'aucuns estimaient ce zèle de guerroyeur trop vif. Dans son propre camp, plusieurs élevèrent la voix et firent entendre des paroles de blâme. Il n'y put tenir.

— Que font aujourd'hui les catholiques en France? se demande-t-il dans un écrit célèbre, étincelant de verve éloquente et de piquante ironie [1].

Et il répond :

« Les catholiques de nos jours en France ont un goût
« prédominant et une fonction qui leur est propre : c'est
« le sommeil. Dormir bien, dormir mollement, dormir
« longtemps, et, après s'être un moment réveillés, se ren-
« dormir le plus vite possible, telle a été jusqu'à présent
« leur politique, telle leur philosophie, telle aussi, selon
« quelques-uns, leur habileté. Assurément, il y a des
« exceptions : chacun les connaît ; mais tenons-nous pour
« certains que la généralité, l'immense majorité des catho-
« liques français rentre dans la catégorie des dormeurs.
« Ne nous arrêtons pas, quant à présent, à rechercher les

____

[1] *Du rapport de M. Liadières, etc. OEuvres complètes,* t. IV, p. 440.

« causes de ce phénomène d'histoire naturelle. Bornons-
« nous à constater le fait et la position qui en résulte.
« Quand une voix par trop éloquente, ou un fait par trop
« significatif, a soulevé autour du catholique français assez
« de bruit pour troubler sa paix, il entr'ouvre un moment
« sa paupière et promène un regard terne et étonné sur
« le combat qui se livre à armes inégales au-dessus de sa
« tête : il saisit au vol le nom de Religion, et se dit aus-
« sitôt que son curé ne lui a rien dit au prône ; le nom de
« Liberté, et il sait que cet aliment n'est pas à son usage ;
« le nom de la Charte, et il se souvient qu'elle a déclaré
« que la majorité des Français se compose de ses pareils,
« et que, quand on est de la majorité, on est toujours le
« plus fort. Là-dessus, il se retourne sur le flanc, se
« cache la tête sous n'importe quel voile grossier, pour
« fuir la lumière importune, s'impatiente en bâillant contre
« le bruit qui l'a dérangé, et se rendort en étendant ses
« membres affaissés, jusqu'à ce qu'ils aient atteint la posi-
« tion nécessaire pour que les endormeurs puissent ajouter
« une entrave de plus à toutes celles qui doivent l'empê-
« cher de se redresser, s'il lui prenait fantaisie de se
« réveiller jamais. »

Cette forme ironique déplaisait à plus d'un, nous n'avons
pas besoin de le dire. Alors en effet, comme aujourd'hui,
il y avait des catholiques à domicile, des chrétiens peureux, de ces partisans de la politique de Pilate, qui, dès
qu'on leur a fait entendre le fameux : Si vous faites cela,
vous n'êtes pas l'ami de César, *non es amicus Cæsaris,* se
mettent à trembler et à pactiser avec l'ennemi, car enfin,
il faut vivre, n'est-ce pas ? et si, pour vivre, César com-
mande de mettre le *Credo* dans la poche, de dissimuler le

signe de la croix sous le gilet, d'aller à la messe à la première aube et à confesse en cachette, eh bien, pour plaire à César et pour vivre, à ceux qui leur crient de se montrer, ils répondraient volontiers : Oui, c'est le moment de se montrer, cachons-nous !

Le lecteur en connaît sans doute, de ces courageux amis de l'ordre et de la religion, qui n'ont des croyances et des convictions qu'à domicile, pour qui toute tentative d'indépendance et toute démonstration de foi sont un scandale ; de ces gens qui ne retrouvent de courage que lorsqu'il s'agit de blâmer leurs coreligionnaires, et qui n'ont d'indulgence que pour l'ennemi commun. C'est de ceux-là que le jeune chef du parti catholique écrivait, en 1846 :

« Ah ! s'il fallait à ces Français trop nombreux, qui
« tiennent une si piteuse conduite ; à ce restant de vieille
« noblesse, qui tient à rivaliser de luxe avec nos parvenus
« de banque sans y réussir ; à cette jeunesse étiolée, qui
« n'a de viril que la barbe ; à tous ces tristes catholiques,
« à ces indignes Français, qui voient trahir sans honte la
« Religion et la Patrie ; s'il leur fallait un drapeau pour le
« métier qu'ils font, à coup sûr, il faudrait leur donner
« comme enseigne ce *sudarium* dont parle l'Évangile, cet
« ignoble fourreau dans lequel le serviteur inutile et pares-
« seux ne sut qu'enfouir les trésors que son maître lui
« avait confiés pour les faire valoir. »

Heureusement, tous ne ressemblaient pas à ces trembleurs. La jeune et vaillante armée s'était complée, ses rangs grossissaient chaque jour, et Montalembert pouvait montrer hardiment les résultats acquis, dans ce résumé triomphant, qui ressemble à un bulletin de victoire :

« Je résiste à l'envie bien naturelle de résumer ici tout

« ce que le catholicisme a gagné depuis 1800, quand le
« dix-neuvième siècle s'ouvrait sans pape, et quand les
« geôliers de Pie VI, mort dans l'exil et la captivité, pro-
« clamaient la fin de la superstition pontificale ; depuis
« 1810, quand Pie VII était prisonnier de Napoléon ;
« depuis 1820 et 1830, quand la cause de l'Église parais-
« sait irrévocablement liée à celle des monarchies abso-
« lues. Je me tais sur l'incomparable restauration qui
« s'est opérée au profit de la vérité catholique dans le
« domaine de l'histoire, de l'art, de la poésie et de la
« science. Je me tais sur la renaissance de l'Irlande, sur
« la constitution de la Belgique, sur les leçons de Cologne
« et de Posen, sur la moisson miraculeuse que promet
« l'Angleterre ! Je me renferme strictement dans ce qui
« est de notre temps et de notre pays, dans ce qui s'est
« passé hier, dans ce qu'il nous faut faire demain.

« Mais, je le demande à tout chrétien sincère, à tout
« homme de bon sens, n'eût-il pas cru rêver, si on lui
« avait dit en 1840, ou même en 1843, qu'au bout de
« deux ou trois ans, on verrait la question religieuse
« devenir la plus vitale et la plus flagrante des questions,
« se frayer un chemin à travers tous les dédains, toutes
« les distractions et tous les intérêts, et entrer triompha-
« lement dans le domaine des faits, de la pratique des
« affaires[1] ? »

Il écrivait cela en 1840, au moment où la Chambre des
députés venait d'être dissoute, et, pour la première fois,
en attendant ces élections triomphales qui, dans deux ans,
porteront Lacordaire et Montalembert à l'Assemblée natio-

---

[1] *Du devoir des catholiques dans les élections.*

nale, pour la première fois, les catholiques furent adjurés de se compter autour du scrutin.

Son appel fut entendu. Malgré les quatre-vingt-dix-neuf centièmes des journaux, les tribunaux et les Académies, le conseil d'État et le Collége de France, les intrigues de la diplomatie à Rome et l'orgueil de la fausse science à Paris ; malgré les hommes d'État, les *penseurs,* les sophistes et les légistes [1], Montalembert put le proclamer avec orgueil, « le premier essai dépassa les espérances [2] ».

Plus de cent trente députés nouvellement élus avaient dû, pour obtenir les voix des catholiques, prendre l'engagement de soutenir la liberté religieuse. Un certain nombre de catholiques éminents, entre autres M. de Falloux, arrivaient pour la première fois à la Chambre élective. Il y avait désormais en France un parti catholique, et le gouvernement se vit contraint de compter avec lui comme avec une force.

IV

En ce temps-là, sur des rivages aimés et fidèles, au sein d'une nation sœur de la nôtre, et comme elle martyre de la foi catholique, un homme agonisait. Tout à coup, des rives sacrées du Tibre, arriva jusqu'à lui une voix qui le fit tressaillir. « O'Connell pouvait mourir, Pie IX était au monde ; O'Connell pouvait se taire, Pie IX parlait ; O'Connell

[1] *Du devoir des catholiques dans les élections.*
[2] Circulaire du 14 septembre 1846.

pouvait descendre dans les langes du tombeau, Pie IX était debout sur la chaire de Saint-Pierre. Le vieil et mourant athlète de l'Église et de l'humanité ne s'y trompa point, la force et la faiblesse de sa vie lui furent révélées, il connut qu'il n'avait été que le précurseur d'un plus grand libérateur que lui, et comme Jean-Baptiste alla visiter dans le désert l'envoyé qu'il attendait, et dont il ne se croyait pas digne de délier la chaussure, O'Connell tourna les yeux vers Rome, et, faisant un dernier effort sur l'âge et sur le malheur, il partit dans la simplicité et dans la joie du pèlerin[1]. »

A Paris, tous les deux, l'O'Connell de l'Irlande et l'O'Connell français, tombèrent dans les bras l'un de l'autre avec l'effusion de deux cœurs de même race, celle qui délivre les opprimés et terrasse les oppresseurs. Le vieillard serra sur sa poitrine le jeune héros. Il tressaillit quand cet héritier de sa vaillance lui montra, au-dessous de l'enseigne de son association, qu'il avait fièrement intitulée le *Comité électoral de la liberté religieuse*, ces mots flamboyants d'espérance et d'avenir : Dieu et notre droit! Ils parlèrent de Pie IX, et Montalembert dit cette parole qui prophétisait les destinées du grand Pape que nous pleurons :

— S'il échoue, savez-vous ce que cela prouvera? c'est que l'Italie est indigne de lui!

O'Connell promit à Montalembert de parler de lui au nouveau Pape. Hélas! « il était trop tard! le souffle lui manqua sur les bords de la Méditerranée, lorsqu'il entrevoyait déjà les coupoles et l'horizon de Rome. Tout Rome

[1] Lacordaire, *Oraison funèbre de Daniel O'Connell.*

l'attendait, et lui préparait des arcs de triomphe. Son cœur seul arriva dans la ville, où Pie IX le reçut. Là fut le sépulcre du héros de la chrétienté. Si digne qu'elle fût de le posséder éternellement, l'Irlande ne l'eut point. Le tombeau d'O'Connell resta dans les bras et dans l'âme de Pie IX [1]. »

Mais si les lèvres froides du libérateur de l'Irlande n'avaient pu prononcer son nom devant le Pontife, celui-ci n'eut qu'à mettre la main sur la poitrine du héros endormi, il y retrouva les traces encore chaudes d'un embrassement qui avait créé un héritier, un continuateur, un autre lui-même. Ainsi, quand, sur les champs de bataille de la Palestine, un Macchabée tombait, un autre Macchabée, son frère, relevait aussitôt l'étendard, et Israël n'avait perdu ni son chef, ni son capitaine, ni son libérateur.

— Aux armes! cria plus que jamais le jeune héros, quand O'Connell fut tombé au champ d'honneur, sus à l'ennemi! La brèche est faite... Montons au cœur de la place... Nous nous reposerons lorsque nous aurons renversé les murs de cette geôle, où des sophistes et des bureaucrates voudraient emprisonner à jamais la conscience et la famille, l'Église et la société, la liberté et le génie de la France [2].

L'occasion ne tarda pas à se produire.

Il s'agissait de sanctionner par une loi l'exemption conférée, par une bulle de Pie IX, au chapitre de Saint-Denis.

Le ministre trouva que cette bulle était un acte d'ultramontanisme, et tous ceux qui parlèrent après lui, à qui

---

[1] LACORDAIRE, *Op. cit.*
[2] Circulaire du 14 septembre 1846.

mieux mieux, s'en vinrent à la tribune débiter des réclamations et des récriminations contre la bulle, coupable,
disaient-ils, de violer les libertés de l'Église gallicane, et
chacun d'eux, avant de descendre, avait jeté le cri
d'alarme : Prenez garde, le gallicanisme se meurt!

Jamais Montalembert ne fut plus mordant, plus finement railleur.

— C'est bien comme cela que je l'entends, fit-il avec
cette ironie qu'il maniait à l'occasion avec une incomparable aisance.

« Le gallicanisme, à vrai dire, pour moi, n'est plus
« qu'une momie. (*On rit.*) Cela ne l'empêche pas d'avoir
« encore des adorateurs; car, comme vous le savez, les
« Égyptiens embaumaient les animaux qui leur servaient
« de dieux, et puis les adoraient encore après les avoir
« embaumés. (*Nouvelle hilarité.*) Ces adorateurs, en petit
« nombre, ne sont pas très-dangereux, mais ils sont quel-
« quefois incommodes et hargneux; et il est bon qu'ils
« soient éclairés ou humiliés; je crois qu'ils le sont ou
« qu'ils doivent l'être profondément dans la circonstance.
« Il y a parmi nous un homme éminent par son talent, sa
« science, qui marche à la tête de la magistrature, à la
« tête des procureurs généraux du royaume, et qui a con-
« sacré ce que j'appellerai l'arome de son talent et de sa
« science à embaumer cette momie dont je parlais tout à
« l'heure. (*Hilarité générale.*) Eh bien, cette loi lui inflige
« une terrible humiliation. »

Après l'embaumement, continue le spirituel orateur,
viendra l'enterrement.

« Vous allez vous charger de ce soin; vous lui ferez un
« linceul avec l'exposé des motifs de l'honorable M. Dumon,

« et le rapport de M. le comte Portalis, et puis vous l'en-
« terrerez (*on rit*), et ce sera fort bien fait, suivant moi :
« ce sera surtout un acte d'éclatante et providentielle jus-
« tice. Pourquoi? parce que la doctrine du gallicanisme
« s'étant faite depuis longtemps la servante de l'État, il
« est juste, il est naturel qu'elle soit souffletée et con-
« gédiée, comme une servante (*murmures*); ou, si vous
« aimez mieux, sacrifiée et immolée par son maître. »

Cette verve, au sein du Parlement, excitait la fureur des puissants du jour. Au dehors, c'était de la rage. Je ne résiste pas au plaisir d'en citer un trait. Il fera juger du paroxysme de la colère chez l'ennemi et du parfait dédain auquel cette colère se heurtait chez notre intrépide orateur.

La presse vendue s'escrimait à l'envi pour mordre à chacun de ses discours. On lui déniait tout : le bon sens, la compétence, tout, car, lorsqu'il s'en mêle, il n'est rien que le papier de gazette ne supporte; on lui déniait même l'éloquence.

Un jour, voulant enchérir sur ses collègues, le rédacteur d'une toute petite feuille, qui remplissait l'emploi de roquet à côté des chiens de basse-cour, trouva, pensait-il, mieux que ses gros congénères, et il voulut donner une définition du jeune pair de France.

Il l'appela « un cafard insolent, dont la colère est mêlée de bave et d'eau bénite ».

Montalembert lit le journal, prend tranquillement son chapeau et se dirige vers le guichet où trônait, dans un doux *farniente,* l'employé chargé de percevoir les abon-nements. Il heurte à la vitre, celle-ci s'entr'ouvre, et le buraliste, surpris d'être tiré de son somme accoutumé, demande à l'inconnu ce qui lui vaut l'honneur de sa visite.

— Monsieur, fit le pair de France, j'ai lu tantôt votre journal, vous y pratiquez un style curieux qui m'intéresse, et je viens prendre un abonnement.

— Ah! fit l'employé, de plus en plus surpris. Puis, se remettant, il pensa à part lui : — Quelque original sans doute? Il prend alors dans le casier l'unique cahier qui y dormait, couvert d'une poussière attestant la virginité du registre inutile, et, la plume prête, il se tourna vers l'abonné :

— Votre nom?

— Monsieur, je suis « un cafard insolent, dont la colère est mêlée de bave et d'eau bénite ». Du moins, c'est ainsi qu'on m'appelle dans votre journal. Dans le monde, je m'appelle le comte Charles de Montalembert, et je suis pair de France.

Cela dit, il déposa sur le guichet le montant de son abonnement, et, laissant le commis ahuri, il partit pour regagner son banc à la Chambre.

V

Il y a toujours, dans la carrière des grands orateurs, une journée dans laquelle leur éloquence, surexcitée par une question sympathique et d'un intérêt universel, servie par les circonstances et exaltée par le sentiment d'un grand péril public, trouve son inspiration la plus haute et remporte une de ces victoires décisives qui étendent leur renommée et servent de mesure à leur talent. Cette journée qui, à un an de distance, devait avoir une sœur dans la carrière oratoire de M. de Montalembert, prit place le 14 janvier 1848 [1].

Jusqu'à ce jour, dit son biographe anglais, les discours de Montalembert avaient été reçus avec plus ou moins de faveur par la noble Assemblée à laquelle ils s'adressaient. Ils étaient tous étincelants d'éloquence, de sincérité profonde et de tous les dons que peut posséder la parole. Mais celui-ci fut son premier discours en ce sens que, pour la première fois, sa parole retentit au même degré dans tous les cœurs et lui valut un de ces triomphes réservés aux seuls orateurs : une victoire sur tous les préjugés, et presque sur les convictions elles-mêmes, que l'éloquence a parfois le privilége de remporter, enlevant les auditeurs avec une irrésistible puissance et les entraînant par une même émotion, avec une force qu'aucune autre influence humaine n'exerce au même degré [2].

L'histoire de cette grande journée mérite quelques détails.

Entre la France, l'Allemagne et l'Italie, le voyageur charmé rencontre tout à coup un pays étrange. Entrecoupé de montagnes inaccessibles, de gorges profondes, de lacs bleus et perfides, de cours d'eau tour à tour torrentiels et paisibles, avec des vallées où le soleil ne pénètre point et des cimes toujours neigeuses, ce pays étrange, qui effraye et qui séduit, semblait prédestiné par

---

[1] A. NETTEMENT, *Histoire de la littérature française sous le gouvernement de Juillet,* t. 1, p. 421. Le récit de cette journée du 14 janvier 1848 y est fait avec beaucoup de verve. Nous l'avons suivi, comme le plus exact et le plus animé, en le complétant en quelques endroits.

[2] Mrs OLIFANT, *Memory,* etc., t. II, p. 102.

la Providence à servir, soit d'asile imprenable à la liberté de ses habitants, soit de prison imprenable par les libérateurs.

Ce pays fut en effet le premier berceau de la liberté européenne. Il fut aussi le théâtre des plus horribles entreprises de l'homme sur l'homme. Mais au tyran Gessler la Suisse sut opposer Guillaume Tell.

Or, en plein dix-neuvième siècle, Gessler ressuscita tout à coup, non plus sous la forme d'une individualité de despote, mais sous la forme bien autrement effrayante d'un autre despotisme plus absolu, plus sanguinaire, plus brutal que ne le fut jamais tyran de l'histoire. Il y a en effet quelque chose de pire au monde que l'absolutisme d'un seul, c'est l'absolutisme d'un grand nombre. César a deux noms dans l'histoire : tantôt il s'appelle Tibère, Néron, Caligula ; tantôt il se nomme la populace, celle qui a inauguré le règne de la Terreur, qui a fait la Commune, qui a inventé cette épée de Damoclès, tout à la fois sotte et cruelle, toujours menaçante et toujours suspendue sur la société qu'elle hait.

Cette tyrannie haineuse, bestiale, implacable, menaçait à ce moment l'Europe.

On approchait d'une crise, chacun en avait le pressentiment. Les symptômes avant-coureurs d'une catastrophe sociale avaient saisi tous les esprits. Les clairvoyants la signalaient à l'horizon, les plus aveugles la sentaient venir. Quelque chose de violent se remuait dans l'atmosphère passionnée où s'agitaient les partis. Des livres étranges, réhabilitant des temps néfastes et des mémoires maudites, apparaissaient, de moment en moment, comme les spectres qui viennent avertir don Juan de son heure dernière.

La France était dans l'ivresse des banquets qui marquèrent les premiers jours de 1848.

C'est le moment que la tyrannie dont je parle choisit pour se donner une citadelle, s'y fortifier, et de là, comme d'une aire inaccessible, se jeter à grands coups d'aile sur l'Europe et sur le monde. Pour cela, elle s'empara de la Suisse.

Mais la noble fédération, terre des Guillaume Tell et des Nicolas de Flue, lui tint tête. Au nom de la liberté fédérative et de la liberté religieuse, les catholiques se liguèrent dans une alliance spéciale et séparée, contre les violateurs du pacte national, qui en appelèrent au protestantisme, et la persécution commença.

La populace de Lausanne avait dispersé par la force les représentants du peuple du canton de Vaud. Il eût été aisé de faire immédiatement et efficacement justice de cet acte inouï : il suffisait que l'Europe refusât de reconnaître, et le gouvernement issu de l'émeute, et la diète où seraient admis les députés de ce gouvernement. M de Metternich en fit la proposition à M. Guizot, qui n'osa pas entrer dans cette voie [1]. Enhardis par l'exemple, les ouvriers de la ville de Genève dispersèrent à leur tour le grand conseil de leur pays. Des faits analogues, accomplis en divers cantons, fournirent au parti révolutionnaire le prétexte et le moyen de déclarer la guerre, au nom de la confédération suisse, aux sept cantons conservateurs, coupables, disait-il, d'avoir conclu entre eux une alliance séparée, un *Sonderbund*. C'était la destruction de la souveraineté cantonale. A la tête d'une armée de cinquante mille hommes,

____

[1] Foisset, *Op. cit.,* p. 221.

grâce à la faiblesse du gouvernement français et avec une connivence honteuse de l'Angleterre, Dufour écrasa un à un les sept cantons catholiques. Ils furent vaincus, et le parti de l'ordre avec eux. Les églises et les couvents furent pillés, les vases saints profanés et les hosties jetées au vent servirent de jouet à une populace ivre de sang et de vin. Jamais la Suisse n'avait subi une violence aussi tyrannique ni un despotisme aussi brutal.

Plus que qui ce fût au monde, au milieu de la stupeur de l'Europe épouvantée, Montalembert fut douloureusement frappé. Il se sentait atteint dans les grandes passions de sa jeunesse : le catholicisme et la liberté.

Son génie en éprouva un choc violent, et, d'un seul bond, il s'en va atteindre tout à coup ses plus hautes cimes. On vit alors apparaître et comme défiler successivement la colère, l'indignation, les alarmes prophétiques, les douleurs poignantes, les angoisses d'esprit, les bouillonnements de cœur de cette grande âme. Ah ! c'est qu'une vérité, qui jusque-là lui avait échappé, venait de lui apparaître, cette vérité que nous avons depuis si souvent touchée du doigt, qu'il y a, au fond des révolutions, un ennemi redoutable de la liberté : l'anarchie, ou, pour lui restituer son nom moderne, le radicalisme, hydre monstrueuse, qui, sous l'hypocrite prétexte de maintenir les droits et de veiller aux intérêts des masses, accomplit tous les actes de tyrannie, de violence, d'iniquité, que peut commettre un pouvoir irresponsable et absolu.

Ce jour-là, un grand mouvement se fit dans l'âme de Montalembert, et le trouble y entra. Devinant, pressentant tout au moins la servitude où les révolutions se placent forcément vis-à-vis du principe de violence et de force brutale qu'elles ont été obligées d'invoquer et d'employer à leur avénement, il vit que la cause de tous les gouvernements libres en Europe était menacée. Avec cette lucidité que le génie donne au sein des ténèbres noires, il vit passer devant lui l'ennemi invisible qui accourait à l'horizon, il cria alerte, comme si l'ennemi était déjà sur le seuil de cette Chambre des pairs où, dans six semaines, il inscrira un ukase hautain de fermeture. Prophète inspiré, comme un voyant dans la nuit, il monta à la tribune et s'écria :

« Je ne viens pas parler pour des vaincus, mais à des
« vaincus ; vaincu moi-même à des vaincus, c'est-à-dire
« aux représentants de l'ordre social, de l'ordre régulier,
« de l'ordre libéral, qui vient d'être vaincu en Suisse et
« qui est menacé dans toute l'Europe par une nouvelle
« invasion des barbares. »

Alors, aux applaudissements de la Chambre, devant ces nobles vieillards surexcités, à demi debout, haletants, tomba, sans une interruption, sans une défaillance, la plus belle, la plus saisissante succession de cris de douleur, de colère, d'indignation, d'humiliation, de malédictions vengeresses, d'accents prophétiques.

« Ces fiers vainqueurs, dont on nous fait tant l'éloge,
« s'écrie-t-il, savez-vous ce qu'ils ont fait le lendemain de
« la victoire? Ils ont osé écrire, de leur plume sanglante,
« le nom de saint Vincent de Paul dans un décret d'expul-
« sion, et d'expulsion contre ces Sœurs de charité qui
« sont les filles de saint Vincent de Paul, et qui sont l'objet
« du culte, de l'admiration et du respect du monde entier.
« Et comment les a-t-on expulsées? Comme des bêtes
« fauves, en leur donnant trois fois vingt-quatre heures

« pour évacuer le canton, sans pensions, sans indemnité,
« sans pudeur; elles, ces saintes femmes, ces filles, non
« pas de saint Ignace de Loyola, mais de saint Vincent de
« Paul ! »

Puis, au milieu des marques de l'indignation générale,
il regarde du côté où siégent les vétérans des guerres
impériales, et il poursuit :

« On ne s'est pas arrêté là... Voyez-vous ces hommes
« armés qui montent par ce défilé des Alpes que beaucoup
« d'entre vous ont franchi? Les voilà qui suivent le sentier
« escarpé que, pendant tant de siècles, des milliers de
« chrétiens, d'étrangers, de voyageurs, ont foulé avec
« respect et reconnaissance; ils vont là où la République
« française s'était arrêtée avec respect; là où le premier
« consul Bonaparte avait laissé, avec sa gloire, le souvenir
« de son intelligente tolérance; là où le corps de Desaix,
« de votre camarade Desaix, a trouvé un tombeau digne
« de lui!... Et que vont-ils y faire, ces vainqueurs sans
« combat? Il faut le dire sans détour, car le mot est
« encore moins ignoble que la chose, ils y vont pour voler,
« oui, pour voler le patrimoine des pauvres, des voya-
« geurs, de ces moines du Saint-Bernard que dix siècles
« ont entourés de leur vénération et de leur amour. »

Mes lecteurs savent à quoi l'on reconnaît l'éloquence.
Tous les rhéteurs sont d'accord sur ce point : l'éloquence
anime, vivifie tout ce qu'elle touche; elle ne raconte point,
elle montre les lieux, les événements, les hommes, tout
devient présent à sa voix; les distances disparaissent, les
temps s'effacent : le premier consul Bonaparte, Desaix, la
République, passent sur le mont Saint-Bernard; les vieux
généraux qui siégent sur les bancs du Luxembourg retrou-

vent leur jeunesse pour gravir ces pentes escarpées avec Desaix, leur camarade Desaix; tous cèdent à l'entraînement de cette éloquence qui fait agir tout le monde parce qu'elle agit, et c'est à l'aide de toutes ces voix, après avoir recueilli les suffrages des vivants qui l'écoutent et des morts illustres qu'il vient d'évoquer, que l'orateur va prononcer l'arrêt de cette victoire odieuse, tyrannique, impie.

Celui qui avait parlé avant Montalembert avait osé célébrer l'écrasement du Sonderbund.

« Ah! s'écrie-t-il, puisqu'on a eu le triste courage de
« venir à cette tribune se moquer des vaincus et ajouter
« à l'amertume de leur défaite l'amertume de la dérision,
« qu'on me permette de dire tout ce que je pense. Oui,
« la défaite a été honteuse. La vérité m'arrache ce témoi-
« gnage, au détriment même de mes amis. Mais savez-
« vous quelque chose de bien plus honteux que cette
« défaite? C'est la victoire (*vives acclamations*), cette vic-
« toire remportée, sans combat, par dix contre un, victoire
« qui se présentera à la postérité, flanquée d'un côté par
« une Sœur de charité expulsée, et de l'autre par un
« moine du Saint-Bernard, spolié, chassé et insulté par ces
« lâches vainqueurs. » (*Nouvelles exclamations approba-
tives.*)

C'est ainsi que la parole d'un orateur devient l'écho vivant de l'âme d'une Assemblée. Ce n'est plus alors un homme qui parle; sa voix sort de toutes les poitrines; ses sentiments, ses idées jaillissent de tous les cœurs et de tous les esprits, et l'Assemblée, frémissante de toutes ses émotions, s'écoute elle-même en l'écoutant.

Mais poursuivons. Aussi bien le moment est venu où

cette éloquence, s'animant par ses propres accents, va s'élever jusqu'à cette divination logique, à ce don de seconde vue, qui fait tomber les voiles de l'avenir.

Les apologistes de 93, ceux qui, comme M. Thiers ou comme l'auteur des *Girondins,* voulant flatter les bas instincts de la foule électorale pour s'en faire un marche-pied, avaient osé prendre la défense et célébrer les vertus de Danton, de Robespierre, des pires héros de la Terreur, ces apologistes, plus imprudents encore qu'impudents, avaient dit, voulant tranquilliser ceux qu'effrayait leur audace :

— Tranquillisez-vous! Nous ne voulons pas rouvrir le club des Jacobins!...

« Il est trop tard, leur crie Montalembert, le club des « Jacobins est déjà rouvert, non pas en fait et dans « la rue, mais dans les esprits, égarés par des sophismes « sanguinaires, dépravés par ces exécrables romans « qu'on décore du nom d'histoire, et où l'apothéose « de Voltaire sert d'introduction à l'apologie de Robes- « pierre. »

« Savez-vous, continue-t-il, ce que le radicalisme « menace le plus? Ce n'est pas au fond le pouvoir : le « pouvoir est une nécessité de premier ordre pour toutes « les sociétés : il peut changer de mains, mais tôt ou tard « il se retrouve debout : il ne périt jamais tout entier. Ce « n'est pas même la propriété : la propriété aussi peut « changer de mains, mais je ne crois pas encore à son « anéantissement ou à sa transformation. Mais savez-vous « ce qui peut périr chez tous les peuples? C'est la liberté. « Ah! oui, elle périt, et pendant de longs siècles elle dis- « paraît. Et, pour ma part, je ne redoute rien tant

« dans le triomphe de ce radicalisme que la perte de la
« liberté. »

— C'est vrai!... crièrent les auditeurs. Très-bien!
très-bien !

Alors la voix de l'orateur s'attendrit, et l'on dirait
qu'il va prononcer l'oraison funèbre de cette liberté expi-
rante et mener ce grand deuil.

Un ministre l'avait accusé de n'aimer qu'une seule liberté,
la liberté de la religion. Il le prend à partie et lui jette son
gant :

« Je défie qui que ce soit de plus aimer la liberté que
« moi. La liberté! Ah! je puis le dire sans phrase : elle a
« été l'idole de mon âme. Si j'ai quelque reproche à me
« faire, c'est de l'avoir trop aimée, aimée comme on aime
« quand on est jeune, c'est-à-dire sans mesure, sans
« frein. Mais je ne me le reproche pas, je ne le regrette
« pas; je veux continuer à la servir, à l'aimer toujours, à
« croire en elle toujours! (*Très-bien!*) Et je crois ne
« l'avoir jamais plus aimée, jamais mieux servie qu'en ce
« jour où je m'efforce d'arracher le masque à ses ennemis,
« qui se parent de ses couleurs, qui usurpent son drapeau
« pour la souiller, pour la déshonorer. » (*Marques unanimes
et prolongées d'assentiment.*)

Puis, avant de descendre de la tribune, saisi d'un
souffle héroïque, comme un général qui entraîne ses bataillons :

« N'ayons pas peur, messieurs. Ne souffrons pas que
« les méchants aient seuls le monopole de l'énergie, de
« l'audace! Veillons sur la liberté; apprenons par ce qui
« se passe au delà du Jura combien il est dangereux de
« ne pas savoir la tolérer, la comprendre, la supporter,

« même chez ceux dont nous ne partageons pas les
« idées, les croyances, les affections. N'oublions pas que
« cette liberté vient d'être immolée en Suisse, qu'elle
« a été trahie par l'Angleterre, mais que la France a pour
« destinée d'en être à jamais le drapeau et la sauve-
« garde ! »

Cela dit, il quitta la tribune et se retira modestement
dans un angle obscur, espérant y trouver, devant le témoignage de sa conscience satisfaite, le repos que réclamaient
ses forces brisées. Il avait compté sans les courants d'élec-
tricité que cette parole vigoureuse avait fait courir sur
tous les bancs, sur tous les siéges.

La séance fut suspendue. Le président, M. Pasquier,
quitta son bureau pour venir serrer ses deux mains sans
pouvoir proférer une parole. Tous les ministres vinrent
aussi, et avec eux la Chambre des pairs tout entière.
Même le fils du Roi, le duc de Nemours, quittant son
fauteuil, gagna l'hémicycle où le jeune orateur restait
confondu de ce triomphe inouï dans les fastes parlementaires, puisque tous, amis et ennemis, partisans et adversaires, acclamaient ainsi unanimement sa noble protestation.

Quand on reprit la séance, M. Guizot, chargé de réfuter les arguments produits par son antagoniste, s'honora
d'une de ces déclarations que la noblesse bien connue
de son caractère lui dicta, aux applaudissements de la
Chambre :

— Je n'ai, fit-il loyalement, rien à répondre à M. de
Montalembert.

Au dehors, les bravos lui firent cortége, et tous, sans
nuances, sans divisions, sans exception de partis, firent

écho à l'exclamation du publiciste chargé de peindre la physionomie de cette mémorable séance :

— L'aiglon s'est fait aigle aujourd'hui et s'est élevé à une hauteur où l'amitié la plus complaisante ne le supposait point capable d'arriver [1].

[1] *Presse,* 14 janvier 1848.

VIII

LE REPRÉSENTANT DU PEUPLE.

péril commun. — Constitution et débuts de la commission de 1840.
— Lutte à la tribune. — Les trois discours de Montalembert. — Ce
qu'a produit la loi de 1850.

I

Nous sommes aux derniers jours de février 1848. Des
bruits d'orage passent dans l'air, la rue est pleine de
tumulte, elle se remplit de figures sinistres : tous les antres
de Paris et les bouges immondes ont vomi sur la place
publique les êtres honteux et malfaisants qui y grouillent
dans l'ombre noire.

Les députés accoururent à leur Chambre : elle était
gardée par les émeutiers. Les pairs vinrent au Luxembourg : une pancarte, signée de noms redoutés, flamboyait
en lettres rouges : *Il est défendu aux ex-pairs de France
de se rassembler ici!*

Quelques-uns tentèrent de pénétrer dans la salle des
délibérations : elle était remplie de gens en blouse et de
mendiants en haillons, qui avaient pris place sur les bancs,
là même où la Chambre des pairs applaudissait naguère ce
discours du Sonderbund, sans se douter qu'elle entendait
l'oraison funèbre du régime et le chant du cygne de la
pairie française.

A la tribune, un orateur, d'apparence grêle, petit de
taille, mais les yeux flamboyants, jetait sur les ouvriers et
les prolétaires attentifs, haletants, enfiévrés, des paroles
incendiaires. C'était Louis Blanc.

— Vous vous le rappelez, criait-il aux insurgés qui soulignaient chaque phrase, chaque mot, chaque syllabe, d'applaudissements frénétiques, vous vous le rappelez, du haut de la tribune où je parle, une tribune des aristocraties évoquait contre l'idée républicaine les plus sinistres puissances du passé, et, à sa voix, les pairs de France se levèrent dans un indicible transport; des législateurs à tête blanche déployèrent des passions qu'on croyait endormies et glacées. Ici même, glapissait l'orateur socialiste, en frappant, comme impatient de se grandir, sur le marbre de la tribune d'où, six semaines auparavant, Montalembert avait déversé tant de chaleur éloquente sur ses auditeurs transportés, ici même, la République de nos pères fut maudite; on osa défendre la République à nos enfants, et toutes les mains se levèrent pour jurer haine à l'avenir.

Que s'était-il donc passé?

En février 1848, la famille d'Orléans était parvenue au comble de la prospérité. Louis-Philippe admis au rang des premiers souverains de l'Europe, tous ses enfants convenablement établis, la guerre d'Afrique terminée par la soumission du chef des Arabes, des armées nombreuses et fidèles, la majorité des deux Chambres sincèrement dévouée, une année abondante succédant à une année de cherté, on ne craignait qu'une chose, la mort du Roi, suivie d'une régence. Le Roi ne meurt point; mais, à propos d'un banquet, il y a, sans que personne l'ait préméditée, une révolution complète, et la dynastie d'Orléans est congédiée tellement à l'improviste qu'elle n'a pas même le temps de prendre des habits et des provisions de voyage. Le seul écho de cette révolution ébranle tous les rois et tous les peuples de l'Europe ; ils s'aperçoivent avec effroi que les bases de tous les empires, de tous les royaumes, de toutes les républiques, de toutes les familles, de toutes les propriétés, sont minées, vermoulues, calcinées, réduites en poudre et remplacées par un volcan, qui menace d'un moment à l'autre d'engouffrer toutes les sociétés humaines dans un commun incendie. Peuples et rois se troublent, s'assemblent, se heurtent et s'efforcent de soutenir le monde croulant avec des constitutions et des lois de papier [1].

Que va faire Montalembert ?

On le cherchait des yeux dans la foule qui se heurtait aux abords des clubs. Louis Blanc lui jetait un défi du haut de la tribune où le socialiste radical avait remplacé le conservateur catholique.

— Il a disparu, criait le tribun aux émeutiers triomphants, il a disparu, notre provocateur ! Où sont-ils tous maintenant ? Tout le monde l'ignore : c'est vous qui siégez, élus du travail. Voilà comme l'avenir, à qui ils ont juré haine, leur a répondu !...

Encore une fois, que va faire Montalembert ? Quelle réponse tentera-t-il d'opposer à l'ennemi vainqueur, qui a pour lui le nombre, la force, le succès, les passions déchaînées, tout ce qui est puissant en ce monde ?...

C'était en 1836, durant la guerre d'Algérie. Après des efforts infructueux pour prendre Constantine, l'un des commandants de l'armée française, Changarnier, prit son bataillon, y joignit quelques fuyards ralliés par sa valeur, fit contenance sous le feu de l'ennemi, couvrit la retraite avec une habileté intrépide, se servant des plis du terrain.

---

[1] ROHRBACHER, *Hist. de l'Église*, t. XIV, p. 716.

Mais voilà que, tout d'un coup, entouré d'ennemis et de
la cavalerie impétueuse des Arabes, ce chef valeureux
rangea son bataillon en carré et lui tint ce simple lan-
gages : « Ils sont six mille, vous êtes trois cents; vous
voyez bien que la partie est égale! »

Comme Changarnier, le chef de la petite armée catholique compta les siens, il rallia quelques fuyards, et devant
la bête rugissante et déchaînée, dans l'intervalle d'une
fusillade, on le vit, calme et fier, disposer son petit bataillon, et pour le conduire à l'assaut, il le harangua comme
Changarnier, tout rempli d'une confiance contagieuse : ils
étaient trois cents contre six mille, donc la partie était égale.

C'est d'ailleurs ici le lieu de faire une remarque, que je
ferai d'autant plus volontiers que, à ce moment-là même,
la bouche la plus auguste du monde la proclama à la face
de l'Église et de la France, dans cette lettre du 16 mars
1848, où Pie IX attribuait à l'éloquence de Montalembert
la spectacle inattendu qu'offrit tout à coup la révolution
nouvelle.

Pendant le règne de Louis-Philippe, grâce à la direction
de Montalembert, le parti catholique s'était montré constamment favorable à la liberté; il l'avait revendiquée avec
énergie et persévérance, comme étant le droit de tous, et
son noble chef put, au milieu du trouble de chacun, ressaisir hardiment le drapeau qui tremblait, en disant aux siens :

« Dans ce changement si grand et si imprévu, nous,
« catholiques avant tout, nous n'avons rien à changer. Nos
« droits, nos devoirs, nos intérêts, restent les mêmes. Le
« drapeau que nous avons planté en dehors et au-dessus
« de toutes les opinions politiques est intact. Nous n'avons
« pas attendu jusqu'à ce jour pour professer le culte de

« la sainte liberté, pour déclarer la guerre à tous les
« genres d'oppression et de mensonge, pour proclamer
« que la cause catholique, telle que nous l'avons toujours
« défendue, n'était identifiée avec aucun pouvoir, avec
« aucune cause humaine. Nul d'entre les catholiques n'a le
« droit d'abdiquer. Ils descendront donc dans l'arène, avec
« tous leurs concitoyens, pour y revendiquer toutes les
« libertés politiques et sociales qui seront désormais le
« patrimoine imprescriptible de la France. Ils y descendront
« pour remplir un devoir sacré, un devoir national, un
« devoir chrétien [1]. »

Ainsi répondait à l'orateur socialiste le valeureux champion des vraies libertés religieuses et sociales. Ce courage
toucha bien des cœurs. On raconte que M. Persil, celui-là
même qui l'avait poursuivi en 1831 comme procureur
général dans le procès de l'école libre, l'ayant rencontré,
l'aborda et lui dit :

— Je vous ai bien reconnu, monsieur de Montalembert,
vous êtes toujours le même [2].

En effet, l'ex-pair de France restait toujours le même.
Il n'avait rien à désavouer de son passé. Vainement les
timides, les politiques, s'effrayaient, lui conseillant de
disparaître.

— Pour les révolutionnaires, lui disaient-ils, vous êtes
un conservateur, et votre nom est le symbole de la réaction la plus violente; pour les impies, il est une vive et
sanglante insulte à la Suisse protestante et radicale. Votre
temps n'est pas venu, on songera à vous l'année prochaine.

[1] *Aux catholiques le lendemain de la République.* (Art. de l'*Univers* du 28 février 1848.)

[2] FOISSET, *le Comte de Montalembert,* p. 234.

Ils l'accusaient encore d'être légitimiste, bien qu'il eût passé dix-huit ans à s'en défendre ; d'avoir été pair de France, de soutenir les Jésuites [1], que sais-je ?

Montalembert répondit :

— Je ne suis pas plus le courtisan du lendemain que celui de la veille. J'ai vécu pendant dix-huit ans sous la monarchie, en disant ce que je croyais être la vérité sur tout et à tous. Je compte faire de même sous la République. Si cette République, en améliorant le sort des travailleurs, garantit, comme celle des États-Unis, à la religion, à la propriété et à la famille, le bienfait suprême de la liberté, elle n'aura pas de partisan plus sincère, pas de fils plus dévoué que moi. Si, au contraire, elle suit la trace de sa devancière, si elle prohibe, par voie d'exclusion, de suspicion, de persécution ; si elle ne recule pas devant la confiscation et la violence, elle pourra bien m'avoir pour adversaire ou pour victime, mais elle ne m'aura jamais pour instrument ou pour complice [2].

Il l'écrivait encore, sous cette forme pittoresque et énergique, en parlant de ceux qui, comme c'était la mode d'alors, essayaient de se donner pour des républicains de la veille :

— Je ne suis pas de force à arrêter le char de la démocratie triomphante, mais surtout je ne suis pas d'humeur à monter derrière en guise de laquais.

Tant de loyauté et de courage trouva sa récompense. Le département du Doubs s'honora en le chargeant de représenter ses intérêts et de défendre ceux de la France. L'élection avait eu lieu le jour de Pâques, 23 avril 1848. Il

---

[1] Mgr Besson, *M. de Montalembert en Franche-Comté*, p. 35.
[2] *Profession de foi aux électeurs.*

parut à l'Assemblée constituante avec modestie et comme étranger aux ambitions nouvelles.

A deux semaines de là, les clubistes envahirent l'Assemblée. Comme Lacordaire, son collègue et son ami [1], il demeura, trois heures durant, en butte aux insultes des factieux, intrépide, calme, mais profondément attristé de ce déchaînement qu'il avait prédit. Un des émeutiers courut à lui. Il portait la médaille des décorés de Juillet.

— Je suis du club Blanqui, fit-il, mais il y a du bon grain dans cette ivraie.

Et, en témoignage, il tira de sa poche un chapelet [2].

Le noble représentant du peuple ne se montra pas moins courageux dans son discours sur la reprise de possession des chemins de fer par l'État, prononcé le 22 juin, c'est-à-dire la veille de la formidable insurrection qui coûta à la France plus de généraux que la défaite de la Bérézina ou celle de Waterloo, et à l'Église le sang de l'archevêque martyr. Il combattit ce jour-là ce même communisme auquel on venait de donner une armée en instituant les ateliers nationaux. « Ceux qui étaient là, a-t-il raconté plus tard [3], ceux qui ont respiré l'atmosphère enflammée de nos jours solennels et terribles, visité ces rues étroites, encombrées par des barricades de cadavres empilés et où coulait littéralement le sang, parcouru ces quais déserts et ces quartiers bloqués dont le silence lugubre n'était interrompu que par ce que notre collègue

---

[1] Nous avons raconté, dans notre volume sur *Lacordaire,* les divergences de vues et d'attitude dans le journalisme catholique, qui séparaient à ce moment Montalembert rentré à l'*Univers* et Lacordaire entré à l'*Ère nouvelle.*

[2] Lord NORMANBY, *Une année de révolution.*

[3] *Le Général de Lamoricière,* p. 9.

Proudhon appelait *la sublime horreur de la canonnade;*
ceux qui ont dû délibérer durant trois jours et deux nuits
au bruit de cette canonnade, pendant que les messages de
mort venaient alterner avec les bulletins de la plus triste,
mais de la plus nécessaire des victoires, ceux-là seuls
peuvent savoir à quel prix et par quels moyens on
devient réellement le sauveur de son pays, sans violer
aucune des lois de la justice, de l'honneur et de l'humanité. »

D'un seul bond, par ce discours, il venait de reconquérir au sein de la Constituante la place perdue au
Luxembourg.

Le 5 juillet, il plaida pour le maintien de deux Chambres :

— Voulez-vous que la République disparaisse au premier
jour dans une tempête, condamnez-la à n'avoir qu'une
Chambre. Voulez-vous, au contraire, qu'elle dure, donnez-
lui deux Chambres, c'est-à-dire imposez un frein au pouvoir politique qui tendrait à devenir illimité et à abuser
de sa force.

Il fut moins heureux sur le point qui lui tenait le plus
au cœur, la liberté de l'enseignement. En vain conjura-
t-il la République d'entrer hardiment et franchement dans
la voie de la liberté intellectuelle et morale, lui prédisant
qu'elle ne ferait pas plus de républicains par l'enseignement public que les trois monarchies n'ont fait par ce
moyen des royalistes [1]. L'Assemblée lui refusa d'inscrire
cette liberté dans la Constitution, et Montalembert refusa
à l'Assemblée de voter cette constitution.

[1] Discours des 19 et 21 décembre 1848.

Dès lors, il comprit que la Constituante avait fini son temps. Mais la Constituante ne voulait pas s'en aller. Or, le pays réclamait sa dissolution, et Montalembert se trouva d'accord avec le pays.

Le 12 juillet 1849, il montait à la tribune, et, avec cette ironie spirituelle qui lui était familière, il peignait ainsi la situation :

— Je suis en présence de trois partis dans l'Assemblée : le premier est une minorité qui veut à tout prix s'en aller, et, entre autres bonnes raisons, parce qu'elle se croit sûre de revenir ; une seconde fraction, qui est également en minorité, selon moi, ne veut à aucun prix s'en aller, par de très-bonnes raisons aussi, et parmi elles, par une raison personnelle, c'est qu'elle est à peu près sûre de ne pas revenir. Entre ces deux fractions, j'en distingue une troisième qui n'a pas de parti pris sur la question, qui n'est pas la majorité, mais qui la fera, qui ne demande pas mieux que d'être éclairée... C'est à son patriotisme, à son désintéressement, à son impartialité, que je m'adresse.

Quatre cents voix lui donnèrent gain de cause.

Mais, avant de se retirer devant le mécontentement du pays, la Constituante fournit encore à Montalembert l'occasion de deux discours triomphaux.

Par le premier, il réclama et obtint le droit de vote pour l'ouvrier des campagnes, à qui le vote au canton imposait le triple impôt de l'argent, du temps et de la fatigue. La gauche, qui redoutait alors le vote des campagnes, l'accabla d'insultes. A un moment, elles montèrent à un tel diapason que le noble champion de la liberté électorale dut s'interrompre, mais ce fut pour jeter aux aboyeurs une de ces répliques dont il était coutumier.

11.

— Vos interruptions et vos clameurs m'honorent aux yeux des Français dont je défends les droits. Je vous invite à les continuer, vous me ferez grand plaisir et grand honneur [1].

Puis il ajouta cette observation, si finement railleuse, qui n'a pas vieilli :

— Messieurs, dès qu'un parti se trouve le maître de gouverner la France, il ne traite pas la France comme une victime et comme une conquête, ainsi qu'on l'a dit, non ; mais il la traite volontiers comme une écolière. Il se constitue le pédagogue du pays... Messieurs, ça été la faute de tous les gouvernements, leur faute et leur faiblesse ; ils sont tous tombés pour n'avoir pas compris que la France, tôt ou tard, se révolte contre la férule du pédagogue.

A quelques jours de là, ce fut le principe de l'inamovibilité de la magistrature qui le ramena à la tribune :

« Trois grandes révolutions politiques ont passé sur la
« France depuis le commencement de ce siècle : la Res-
« tauration, la Révolution de 1830 et celle de 1848. Eh
« bien, aucune d'elles n'a touché à l'Église ; pas un évêque
« dans son palais, pas un curé dans son presbytère n'a
« été ébranlé. Je n'hésite pas à dire que notre population,
« en voyant survivre et dominer cette majesté inébran-
« lable de l'Église au milieu des agitations et des révolu-
« tions, a dû sentir grandir dans son cœur le sentiment
« du respect pour cette grande majesté ; et de là a dû
« naître, partiellement du moins, ce prestige, cette force,
« cette autorité imprévus pour plusieurs, dont elle s'est

[1] Discours du 12 février 1849.

« trouvée investie au milieu des circonstances si orageu-
« ses qui nous entourent.

« Eh bien, qu'est-ce que je vous demande, moi, l'en-
« fant le plus docile, le plus jaloux de l'Église?. Je vous
« demande d'associer à cette majesté et à cette stabilité
« de l'Église, de lui associer l'État, dans ce que l'État a
« de plus auguste, dans l'administration de la justice.
« Voilà ce que je vous demande, et je plaindrais ceux
« qui ne sentiraient pas dans cette demande l'acte d'un
« bon citoyen et d'un véritable ami de l'État, quelle que
« soit la forme du gouvernement qui domine.

« Oui, messieurs, les révolutions ont passé sur la tête
« du prêtre sans l'incliner. Je vous demande de faire en
« sorte qu'elles passent sur la tête du juge sans la frapper.
« Que le fleuve du progrès, si progrès il y a... que la
« destinée de la nation, ce qu'il y a de variable, si vous
« l'aimez mieux, dans les destinées de la nation, roule
« son cours entre deux rives inébranlables, entre le temple
« de la loi et le temple de Dieu, entre le sanctuaire de
« la justice et le sanctuaire de la vérité, entre le sacerdoce
« du prêtre et le sacerdoce du juge. »

C'est durant ce beau discours que se passa un des faits
les plus typiques, au point de vue de l'étude de cette merveilleuse organisation oratoire, une des plus remarquables
à coup sûr qu'ait jamais notées l'histoire de la rhétorique
humaine.

Il était à la tribune depuis un moment, quand la mémoire
vint tout à coup à lui manquer. Un autre fût resté court,
ou bien, préparant sa retraite, par une excuse tirée de sa
santé, eût réclamé du repos. Montalembert songea à un
autre expédient. Il lança tout à coup à la Montagne une

apostrophe qui souleva celle-ci, et lui, pendant la tempête,
le tumulte causé par cette attaque, sans écouter, sans se
préparer à répondre, sans se préoccuper le moins du
monde de ce qui se disait, pendant que les dogues aboyaient
et lui montraient les crocs, il se mit à consulter tranquillement, philosophiquement, ses notes, et à rechercher le
fil de ses idées qu'il retrouva [1].

II

Avant ses discours de 1848, on estimait M. de Montalembert comme un orateur animé, spirituel, élevé, énergique, incisif. Après qu'il eut parlé à la Constituante, on le
regarda comme un grand orateur.

Pour lui, il n'acceptait point ce verdict de l'opinion.

— Je ne suis pas, à vrai dire, un orateur, répondait-il,
je n'en ai ni les goûts ni les qualités; je ne suis qu'un
soldat qui monte à la tribune, comme à la brèche, pour
planter un principe ou une vérité, en présence de
l'ennemi [2].

Pie IX, qui le connaissait bien et qui l'aimait, a dit le
mot caractéristique.

Un jour qu'il s'entretenait de lui avec l'abbé Dupanloup,
au portrait et aux récits que son visiteur faisait de l'éloquence du jeune orateur catholique, le Pape, qui a si souvent trouvé le mot juste sur les hommes comme sur les

[1] ULBACH, *Indépendance belge*, 8 juillet 1868.
[2] Discours prononcé à Besançon le 2 septembre 1849.

choses, souligna ainsi les dires de son interlocuteur :

— *È un vero campione* [1] !

— C'est un véritable combattant !

Et madame Swetchine, cette Russe francisée qui a si finement noté toutes choses dans la société de son temps, après avoir expliqué comment tout le secret de l'éloquence de son jeune ami consiste en ce qu'il n'exprime jamais que ce qu'il pense et ce qu'il croit, ajoutait :

— Il y a de la *furia francese* dans ses paroles [2].

Avant d'aller plus loin dans ce récit, il n'est peut-être pas hors de propos de chercher à surprendre, dans ses méthodes, dans son action, dans l'intime et le dehors, ce chevalier de la parole qui a exercé sur son temps une influence trop considérable pour que nous ne nous demandions pas à quoi il le devait.

Pour cela, interrogeons ses contemporains.

« Je le vois encore, dit l'un d'eux [3], tel qu'il m'apparut pour la première fois, dans son salon et à la tribune, à l'époque de ses plus beaux triomphes. Sa taille moyenne était élancée et svelte ; sa tête haute, mobile, admirablement posée, tantôt redressée, tantôt légèrement inclinée du côté droit ; son front d'un dessin correct et d'une rare pureté était garni de cheveux noirs qui tombaient autour du cou en boucles soyeuses. Dans l'ensemble de la physionomie et de l'attitude, quelque chose de doux, de simple, de sympathique à tous, mais surtout aux jeunes, de fier, d'ironique, de dédaigneux parfois. La fine cambrure de la taille et du pied, la délicatesse de la main, la limpidité de

[1] Lettre de l'abbé Dupanloup, 5 novembre 1846.
[2] Lettre à la princesse Wittgenstein.
[3] Georges DE CADOUDAL, *Union*, juillet 1863.

l'œil, le dégagement des épaules, l'expression un peu hautaine d'un sourire qui laissait entrevoir l'acuité et la blancheur des dents, tout était charme en lui, tout révélait l'aristocratie de naissance et de race.

« Appuyé négligemment sur le marbre de la tribune, il débutait d'une voix un peu sourde, avec un léger accent étranger. Puis la voix grandissait sous le coup de l'émotion, elle devenait ferme, claire, vibrante ; elle trouvait des intonations exquises, qui pénétraient l'auditoire jusqu'au fond de l'âme et mettaient en jeu toutes les cordes de l'éloquence : le pathétique, l'indignation, la colère, l'ironie, le dédain[1]. Ces effets oratoires étaient le produit d'une élaboration patiente. Il ne livrait bataille qu'à coup sûr et tenait, avant l'action, à mettre de son côté toutes les chances. Ce n'est pas qu'il fût rebelle à l'improvisation : la spontanéité de ses répliques, ses vives et terribles ripostes aux interrupteurs prouvent que l'inspiration du moment était chez lui aussi heureuse que facile. Il était même si parfaitement doué sous ce rapport, l'habitude d'écrire lui avait donné, des secrets et des difficultés de la

---

[1] Dans ses *Causeries du lundi*, Sainte-Beuve insiste sur cette voix : « Sobre de gestes, il arrive aux effets sans grands efforts, comme par suite d'un développement continu. Outre sa parfaite aisance à la tribune, il a la voix, une voix d'un courant pur et d'une longue haleine, d'un timbre net et clair, d'un accent distinct et vibrant, très-propre à marquer les intentions généreuses ou ironiques du discours. On croirait sentir dans sa voix, à travers la douceur apparente, une certaine accentuation montante qui ne messied pas, qui fait tomber certaines paroles de plus haut et les fait porter plus loin. Jamais, sous prétexte d'avoir mis son humilité une fois pour toutes aux pieds du Saint-Siége, un jeune talent d'orateur ne s'est passé plus en sûreté de conscience ses facultés altières, piquantes et ironiques. »

langue, une science si complète et si profonde, que les parties improvisées de ses discours ont la correction, l'éclat et l'harmonie de leurs parties les plus travaillées. »

Mais nul peut-être n'a mieux tracé ce portrait que M. de Pontmartin. C'est une page exquise [1], comme le spirituel critique en a tant écrit :

« Je l'aperçois dans mes souvenirs déjà lointains, tel qu'il m'apparut presque au sortir du collége, avec une indicible auréole d'enthousiasme, de ferveur et de jeunesse. Tout était jeune, en effet, l'âme, le cœur, l'esprit, le visage, chez ce défenseur des antiques croyances et des traditions insultées. Rattaché par sa naissance au parti du passé, il s'élançait vers l'avenir, plein de cette généreuse confiance que les hommes ont souvent trompée, mais que Dieu ne trahira pas. Sa taille svelte était relevée et comme grandie par une démarche leste et fière, l'allure d'un pèlerin infatigable qui n'a rien à taire et rien à cacher. Ses cheveux, retombant sur ses épaules, lui donnaient l'air, non pas, comme on l'a dit, d'un séminariste, mais d'un jeune ministre presbytérien en quête de la vérité catholique. Un front haut, large et pur, le regard très-vif et très-franc malgré sa vue basse, un sourire charmant où les dents blanches et aiguës achèvent la fine expression des lèvres, une voix nette, accentuée, mordante, qui se prête admirablement à toutes les nuances de l'ironie, à toutes les variantes du dédain, à toutes les gammes de l'éloquence, voilà l'esquisse, et si elle donnait l'idée d'un portrait *parlant,* elle n'en serait que meilleure. »

Avec ces moyens extérieurs et sa nature belliqueuse, le

---

[1] *Nouveaux Samedis,* 5e série, p. 147.

jeune champion des libertés publiques, avant tout homme
du premier mouvement, incapable de dissimulation et de
calcul, tout à la fois soldat et orateur, plus soldat encore
qu'orateur, comme il le disait lui-même, en passant de la
Chambre des pairs dans l'Assemblée nationale, il se trouvait dans une atmosphère plus vivante et plus favorable à
son génie belliqueux. La gravité des événements, la fièvre
des clubs, les barricades, les cris de l'émeute, les haines
brutales, surexcitaient son talent et lui donnaient une
force nouvelle.

Ces surexcitations lui venaient du sein de l'Assemblée,
elles lui venaient aussi du dehors ; quand, au dehors, en
effet, des radicaux, ou, comme on disait alors, les *rouges,*
lisaient le *Moniteur,* c'étaient des accès de rage, une épi-
lepsie morale, témoin ce jour où, réunis dans une taverne
quelconque, à Cherbourg, dix citoyens, parmi lesquels
deux médecins et un huissier, rédigèrent séance tenante
une pétition qui fut envoyée et déposée sur le bureau de
l'Assemblée. On y lisait :

« Considérant...

« Que l'orateur dont la conscience est vendue à l'ennemi
« de la France et du genre humain a obliquement pro-
« clamé le rétablissement de l'inquisition, le viol et la véna-
« lité de la conscience, l'abrutissement et l'exploitation
« de l'espèce humaine par l'ignorance et le rétablissement
« de quelques bourreaux dont la mission serait de torturer
« des millions de victimes ;

« Qu'il a pour but de reconstituer en France les Jésuites
« qui ont causé tant de maux à l'humanité ;

« Enfin, qu'il est persuadé ou fanatique,

« Nous venons vous demander, au nom de l'humanité,

« au nom du Christ et au nom de la France, une enquête
« minutieuse à son sujet, afin de pouvoir, sans trop d'éclat,
« séquestrer le citoyen Montalembert. »

Sans doute, la pétition était ridicule. Mais, hélas ! il y a
longtemps que le ridicule ne tue plus personne dans notre
pays dégénéré. Bien plus, cette pétition et ses grotesques
considérants m'amènent à confesser, avec M. de Pontmartin, au risque de diminuer aux yeux de quelques-uns la
gloire de mon héros, cette incontestable vérité que, malgré
tout son talent, son génie et son éloquence, Montalembert
ne fut jamais ce qu'on appelle un orateur populaire.
O'Connell français, dans le sens catholique du parallèle,
il n'aurait pu, comme l'O'Connell d'Irlande, promener les
foules à travers les montagnes et les prairies, attachées à
ses lèvres et se nourrissant de sa parole. Pourquoi ? Le
voici :

Gentilhomme, aristocrate, artiste, catholique, libéral,
autant de titres pour être impopulaire. Je m'explique.

Notre siècle n'est pas artiste, il est bourgeois ; notre
pays n'est pas libéral, il est égalitaire ; notre société n'est
pas catholique : elle l'est, hélas ! si peu que toutes les fractions, toutes les variétés des anciens partis révolutionnaires ne sont plus d'accord que sur un seul point, leur
haine commune contre l'Église [1].

On le vit bien, à l'Assemblée nationale. M. de Cormenin
en a fait un amusant croquis.

« Derrière lui, le président agite sa sonnette. A ses
côtés, l'huissier crie : Silence, messieurs ! Devant lui, ses
adversaires des centres de droite ou de gauche frappent

[1] A. DE PONTMARTIN, *loc. cit.*, p. 149.

sur leurs pupitres avec les couteaux de buis, trépignent sous les tables, causent, sifflent, grognent, murmurent, s'exclament et l'interrompent. On crayonne à bout portant sa silhouette, dont on lui laisse entrevoir le profil. On contrefait son organe... On répète en ricanant ses mots, dont on détourne le sens. On l'interpelle pour le démonter au milieu d'un syllogisme. On se roidit contre ses démonstrations et son éloquence,... prédéterminé qu'on est à ne se laisser par lui ni toucher, ni convaincre. On le menace du poing. On lui riposte par des injures, s'il dit une bonne vérité [1]. »

Mais, ne craignez rien, l'orateur sifflé, berné, moqué, interrompu, ne se déconcerte pas pour si peu. Bien vite, il s'habitue à ces mœurs nouvelles, auxquelles la décente attitude de la Chambre haute ne l'avait point préparé. Nous l'allons voir.

III

Pour bien entendre ce qui va suivre, il faut faire un retour en arrière.

Nous sommes au 30 novembre 1848. Pie IX, échappé à grand'peine aux fureurs de l'impiété révolutionnaire, a quitté Rome. Exilé à Gaëte, il a interrogé tous les points de l'horizon de l'Église. Les puissances catholiques ont répondu à la muette interrogation du père commun des fidèles et se disputent l'honneur d'aller monter la

---

[1] TIMON, *le Livre des orateurs*, I, 4.

garde près du patrimoine de Saint-Pierre, reconquis sur les nouveaux Lombards. Mais la France a fait valoir ses droits de fille aînée de l'Église, et les autres nations ont cédé le pas au droit d'aînesse.

Il se trouva au sein du pays des gens qui méconnurent la grandeur du rôle que nous allions remplir à Rome. L'écho de cette méconnaissance retentit dans les clubs, dans la presse et aussi à la Constituante.

Indigné, mais contenant son indignation, Montalembert répondit. Il dit sans détour, mais avec calme, comment la question n'était ni italienne, ni française, ni même européenne, mais catholique, et comment c'était un immense honneur et un immense bonheur pour la République française d'avoir pu inaugurer son action dans le monde en appuyant, en conservant l'indépendance de l'idée catholique :

— Voyez ! fit-il aux applaudissements de l'Assemblée presque entière, deux cents millions d'hommes répandus sur toute la surface de l'univers, non pas seulement en Irlande, en Espagne, en Pologne, en Europe, mais jusque dans les missions de la Chine et dans les déserts de l'Orégon ; ces deux cents millions d'hommes répandus sur toute la surface de l'univers vont apprendre quoi ? Ils vont apprendre, les uns après les autres, que le chef de leur foi, le docteur de leurs consciences, le guide de leurs âmes, celui qu'ils appellent tous leur père, a été assiégé, insulté, opprimé, captif dans son palais. Ils en frémiront tous d'indignation et de douleur. Mais qu'apprendront-ils en même temps ? Ils apprendront que la France, de cette même main avec laquelle elle a écrit depuis soixante ans dans ses codes et dans ses constitutions le principe de la liberté de conscience et des cultes, que, de cette main, elle a étendu l'épée de Charlemagne pour sauver l'indépendance de l'Église menacée dans son chef.

A six mois de là, le 15 mai 1849, les catholiques et les conservateurs de toute nuance renvoyèrent M. de Montalembert à la nouvelle Assemblée qui venait de remplacer la Constituante.

La Seine lui donna près de cent mille votes, les Côtes-du-Nord plus de soixante mille, et le Doubs 32,702. Il opta pour le Doubs, noble et gracieux remercîment pour la confiance que les Francs-Comtois avaient mise en lui, l'année précédente, au jour de la défiance publique et du péril social.

Or, Pie IX allait rentrer en possession des États de l'Église. Mais, au moment où il se disposait à rentrer dans Rome, une lettre de Louis-Napoléon Bonaparte à son officier d'ordonnance, Edgar Ney, exposait, en des termes aussi cavaliers qu'il fût possible, les conditions que mettait le prince au retour du Pape : amnistie générale, sécularisation des emplois, promulgation à Rome du code Napoléon. L'éclatante publicité donnée par le prince à cette lettre était un appel de l'ordre le plus vulgaire à une popularité du plus mauvais aloi.

L'Assemblée législative fut saisie de la question, et c'est à cette occasion que M. Thiers, au nom de la commission des crédits relatifs à l'expédition de Rome, fit cette déclaration solennelle :

— Sans l'autorité du Souverain Pontife, l'unité catholique se dissoudrait. Oui, sans cette unité, le catholicisme périrait au milieu des sectes, et le monde moral, déjà si fortement ébranlé, serait bouleversé de fond en comble. Or, ajouta fièrement l'illustre homme d'État, l'unité catholique serait inacceptable si, au sein du territoire que les siècles ont assigné au Pontife, un autre souverain, *prince* ou *peuple,* s'élevait pour lui dicter des lois. Pour le pontificat, il n'y a d'indépendance que la souveraineté même.

En conséquence, M. Thiers écartait nettement les injonctions insolentes formulées par le prince président de la République dans sa lettre au colonel Ney [1].

Au contraire, par un revirement inattendu, un autre orateur, se séparant pour la première fois ce jour-là de la majorité, prêtant l'appui inspiré de son talent à la lettre de Louis-Napoléon, magnifia cette lettre aux acclamations enthousiastes de la gauche.

Cet orateur, dont l'apostasie subite fut et est restée depuis une si grande douleur pour les admirateurs de son génie, c'était Victor Hugo.

La majorité lui opposa une froideur dédaigneuse. Mais la Montagne l'applaudissait à outrance. Des bravos frénétiques descendaient de ces hauteurs dans l'hémicycle. Quand il eut fini, tous ceux qui l'avaient acclamé sans relâche se précipitèrent au-devant de lui, pour faire accueil à ce nouveau transfuge.

Victor Hugo était triomphant. D'un mot, Montalembert, qui lui succéda à la tribune, changea ce triomphe en défaite.

— Messieurs, fit-il d'une voix grave et incisive, le discours que vous venez d'entendre a déjà reçu le châtiment qu'il méritait dans les applaudissements qui l'ont accueilli.

Piqués au vif, les montagnards bondissent. Ils lui crièrent :

____

[1] FOISSET, *loc. cit.*, p. 242.

— Vous êtes un insolent.

Ils adjurent le président de rappeler l'orateur à l'ordre. Puis, s'excitant à l'envi, ils finirent par en arriver à de véritables hurlements.

Montalembert, les bras croisés, attendait tranquillement que la sonnette du président finît par avoir raison de cette ménagerie en fureur. Quand ce fut fait, Montalembert reprit froidement :

— Puisque le mot de *châtiment* vous blesse, messieurs, je le retire, et j'y substitue celui de *récompense*.

C'était retirer le trait pour l'enfoncer plus avant. La gauche, furieuse, se lève tout entière, apostrophe le noble collègue qui, sans se désarçonner le moins du monde, explique tranquillement sa pensée. « Je dis donc que l'orateur a déjà recueilli pour récompense les applaudissements de l'extrême opposition, mais que la majorité dont il a fait partie jusqu'aujourd'hui, que les électeurs modérés de Paris qui, comme moi, l'ont nommé pour représenter le parti et les grands intérêts de l'ordre, que ces électeurs-là auront le droit de se demander si c'est pour recueillir de tels applaudissements qu'ils l'ont envoyé à cette tribune. »

Alors ce fut un tel débordement d'injures, de cris, de rugissements, que le président y perdait littéralement la tête. Victor Hugo était parti.

— N'avez-vous pas honte, criait la Montagne, d'attaquer ainsi un absent ?

— Il faudrait cependant s'entendre, répond ironiquement l'intrépide lutteur; on me demande de répondre à l'orateur : c'est mon désir, mon droit et mon devoir, et en même temps on me fait remarquer qu'il est absent et que je ne dois pas parler de lui en son absence.

Le dilemme était sans réplique. La gauche le sentit et se tut.

L'orateur profita de ce répit pour continuer, avec un calme imperturbable :

« Du reste, Messieurs, vous allez juger ; permettez-moi d'achever ma pensée, et vous jugerez ensuite si elle a quelque chose d'injurieux et de trop personnel.

« Voici ce que je voulais dire de l'avenir que j'annonçais à l'honorable préopinant. Je lui disais qu'un jour peut-être il irait lui-même à Rome, dans cette ville, incomparable, il irait y chercher le repos, le calme, la paix, la dignité dans la retraite, tous ces biens qui ont été assurés à cette ville éternelle, depuis tant de siècles, par ce même gouvernement clérical qu'il a insulté tout à l'heure à cette tribune. Il ira peut-être chercher un jour ces bienfaits ; il les trouvera, et alors il bénira le ciel d'avoir inspiré aux nations chrétiennes la pensée de maintenir en Europe un asile, un seul, pour des biens si précieux, à l'abri de ces orages, de ces calomnies, de ces mécomptes, de ces violences de la vie politique, où son inexpérience semble aujourd'hui placer le bonheur suprême des peuples et des individus. Eh bien, là, il se repentira d'avoir fait le discours qu'il vient de prononcer, et ce repentir sera son châtiment. Je ne lui en souhaite pas d'autres. »

Après ce début, la verve de l'orateur catholique ne fit que s'accroître. Il se mit à discuter les conditions que l'on mettait au retour de Pie IX à Rome, et d'abord la liberté de la presse.

« Je ne sais pas de meilleur moyen de répondre à
« l'objection qu'on a faite à ce sujet que de citer le mot
« d'un homme d'État anglais en 1814, au Congrès, où

« l'on discutait sur les institutions, sur la constitution que
« l'on donnerait à l'île de Malte, qui était une nouvelle
« acquisition de l'Angleterre. Il disait que l'Angleterre ne
« donnerait pas à l'île de Malte la liberté de la presse. Com-
« ment! lui dit-on, vous, Anglais, qui avez la liberté illimitée
« chez vous, vous n'aimez donc pas la liberté de la presse?

« — Si fait, répondit-il, je l'aime beaucoup ; mais je ne
« l'aime pas sur un vaisseau de ligne. Eh bien! si un
« Anglais pouvait comparer l'île de Malte à un vaisseau de
« ligne, à plus forte raison le monde catholique a-t-il le
« droit de comparer la ville de Rome à un vaisseau de
« ligne et d'y maintenir une certaine discipline incompa-
« tible avec la liberté de la presse. »

Ensuite l'orateur rappelle ce que Pie IX avait fait pour
son peuple, les ingratitudes dont on l'avait payé, la douloureuse expérience qu'il avait faite du gouvernement
constitutionnel, la nécessité où il était d'y renoncer
aujourd'hui.

Prenant alors à partie les démagogues et faisant le tour
de l'Europe, il rappela que le nom et le drapeau de la
liberté venaient d'être usurpés par d'impurs et incorrigibles agitateurs, qui s'en servaient pour faire triompher
le crime.

La gauche protesta vivement, Montalembert se tourna
de son côté.

— Pourquoi donc, messieurs, voulez-vous prendre ce
que je dis pour vous? Laissez-moi donc faire ici de l'histoire.

Puis, tourné du côté de la Montagne, il continua :

— Je dis que partout d'impurs et incorrigibles démagogues ont souillé la cause de la liberté... Je dis que

partout, au pied du Capitole [1] comme à la barrière de Fontainebleau [2], partout le poignard démocratique a été indignement uni au drapeau de la liberté.

On lui cria de l'extrême gauche :

— Et les gibets monarchiques ?

— J'entends, répliqua-t-il aussitôt, une interruption que je saisis au passage. On m'objecte les gibets monarchiques. Croyez-vous que j'aie deux poids et deux mesures ? Jamais ! C'est moi qui ai flétri autrefois les massacres de Galicie à la Chambre des pairs. Je ne m'en repens pas, et je ne rétracte rien.

Cela dit, il écrase la démagogie sous cet accab'ant reproche :

« Voyez, fait-il, ce qui se passait en Europe, il y a trois « ans. La liberté étendait partout graduellement son empire ; « les rois venaient tous, tour à tour, en regimbant, je le « veux bien... (*on rit*) ; mais ils venaient tous, tour à tour, « déposer en quelque sorte leur couronne aux pieds de « la liberté, lui demander un sacre nouveau, une inves- « titure nouvelle. Le Pape lui-même, le symbole vivant de « l'autorité, l'incarnation du pouvoir le plus auguste et le « plus ancien... »

Et, comme la gauche l'interrompt en ricanant, il s'arrête pour reprendre :

« Pie IX lui-même, le symbole le plus auguste et le plus « ancien de l'autorité sur la terre, avait cru pouvoir « demander à la liberté, à la démocratie, au progrès, à « l'esprit moderne, un rayon de plus pour sa tiare. Eh « bien, que s'est-il passé ? Vous avez arrêté tout cela, vous

[1] Allusion à l'assassinat de Rossi, ministre de Pie IX, à Rome.
[2] Allusion à l'assassinat du général Bréa.

« avez tout bouleversé, tout détruit : vous avez arrêté,
« détourné tout ce courant admirable qui nous inspirait, à
« nous vieux libéraux, comme vous dites, tant de con-
« fiance et d'admiration. Ce courant s'est perdu. Vous avez
« détrôné quelques rois, c'est vrai, mais vous avez détrôné
« bien plus sûrement la liberté. Les rois¸ sont remontés
« sur leurs trônes, la liberté n'est pas remontée sur le
« sien. Elle n'est pas remontée sur le trône qu'elle avait
« dans nos cœurs. Oh! je sais bien que vous écrivez son
« nom partout, dans toutes les lois, sur tous les murs, sur
« toutes les corniches. (*L'orateur montre la voûte de la
« salle. — Longue approbation et hilarité à droite.*) Mais
« dans les cœurs, son nom est effacé. Oui, la belle, la
« fière, la sainte, la pure et noble liberté que nous avons
« tant aimée, tant chérie, tant servie... (*violents murmures
« à gauche*), oui, servie, avant vous, plus que vous, mieux
« que vous (*nouvelles rumeurs*); cette liberté-là, elle n'est
« pas morte, j'espère, mais elle est éteinte, évanouie,
« écrasée, étouffée. »

Après avoir, malgré les rumeurs et les interruptions,
développé cette thèse qui n'a certes point vieilli, il fit
entendre cette vérité que les démagogues et les anarchistes
ont depuis rendue si tangible :

« Savez-vous, s'écria-t-il, savez-vous quel est devant le
« monde le plus grand de tous vos crimes? Ce n'est pas
« seulement le sang innocent que vous avez versé, quoiqu'il
« crie vengeance au ciel contre vous; ce n'est pas seule-
« ment d'avoir semé à pleines mains la ruine dans l'Europe
« entière, quoique ce soit le plus formidable argument
« contre vos doctrines. Non! c'est d'avoir désenchanté le
« monde de la liberté. »

Comme ces choses sont belles et comme elles sont vraies ! Autrefois, dans une réunion généreuse, il était impossible de prononcer ce mot de la liberté sans faire courir un frisson d'enthousiasme dans toutes les veines. Aujourd'hui, ils l'ont tant profané, ce mot divin signé par le sang du Christ sur le Calvaire, que nous ne l'entendons plus sans un mouvement instinctif de méfiance et sans éveiller de sinistres souvenirs.

Alors, devant la gauche confuse, accablée par ces reproches si vrais, si émus et si mérités, il revient à Pie IX et préconise la force morale, l'empire qu'il exerce sur les consciences et sur les âmes.

« Vous niez ; vous niez la force morale, vous niez la foi,
« vous niez l'empire de l'autorité pontificale sur les âmes,
« cet empire qui a eu raison des plus fiers empereurs. Eh
« bien, soit ; mais il y a une chose que vous ne pouvez pas
« nier, c'est la faiblesse du Saint-Siége. Or, sachez-le, c'est
« cette faiblesse qui fait sa force insurmontable contre
« vous. Oui vraiment, car il n'y a pas dans l'histoire du
« monde un plus grand spectacle et un plus consolant que
« les embarras de la force aux prises avec la faiblesse.

« Permettez-moi une comparaison familière. Quand un
« homme est condamné à lutter contre une femme, si cette
« femme n'est pas la dernière des créatures, elle peut le
« braver impunément. Elle lui dit : Frappez, mais vous
« vous déshonorez, et vous ne me vaincrez pas. Eh bien !
« l'Église n'est pas une femme, elle est bien plus qu'une
« femme, c'est une mère..... »

A ce cri, une triple salve d'applaudissements accueillit l'orateur. On ne se souvient pas, écrivaient le lendemain les *Débats,* d'en avoir entendu de pareils dans les Assemblées délibérantes, et Sainte-Beuve, analysant ce mouvement avec le froid scalpel du critique, trois semaines après, ne pouvait s'empêcher d'écrire : « Je n'ai rien à dire de ce discours, qui retentit encore. Le passage sur l'Église, d'autant plus forte qu'elle est plus faible, et qui apparaît revêtue de l'inviolabilité d'une femme et d'une mère, ce pathétique mouvement, même pour ceux qui, à distance, ne prendraient ces choses qu'au point de vue du beau, devra rester comme une des plus heureuses inspirations de l'éloquence. »

Lorsque les applaudissements s'apaisèrent, l'orateur, de plus en plus ému et saisi, continua :

« C'est une mère, c'est la mère de l'Europe, c'est la
« mère de la société moderne, c'est la mère de l'humanité
« moderne. On a beau être un fils dénaturé, un fils révolté,
« un fils ingrat, on reste toujours fils, et il vient un moment,
« dans toute lutte contre l'Église, où cette lutte parricide
« devient insupportable au genre humain, et où celui qui
« l'a engagée tombe accablé, anéanti, soit par la défaite,
« soit par la réprobation unanime de l'humanité.

« Figurez-vous, messieurs, Pie IX en appelant à l'Europe,
« en appelant à la postérité, en appelant à Dieu contre les
« violences et contre la contrainte de la France, de la
« France qui l'a sauvé, et qui viendrait ainsi ajouter la plus
« ridicule des inconséquences à un crime qui n'a jamais
« porté bonheur à personne depuis que l'histoire existe. »

L'histoire! Victor Hugo avait osé invoquer le témoignage de l'histoire contre l'entreprise que Montalembert défendait. Il l'invoque à son tour, affirmant qu'elle rendra gloire à la France de 1849, pour avoir couru à la défense de l'Église :

« L'histoire, s'écrie-t-il, dira que, mille ans après Char-
« lemagne et cinquante ans après Napoléon; mille ans
« après que Charlemagne eut acquis une gloire immortelle
« en rétablissant le pontificat, et cinquante ans après que
« Napoléon, au comble de sa puissance et de son prestige,
« eut échoué en essayant de défaire l'œuvre de son
« immortel prédécesseur, l'histoire dira que la France est
« restée fidèle à ses traditions et sourde à d'odieuses pro-
« vocations.

« Elle dira que trente mille Français, commandés par
« le digne fils d'un des géants de nos grandes guerres
« impériales, ont quitté les rivages de la patrie pour aller
« rétablir à Rome, dans la personne du Pape, le droit,
« l'équité, l'intérêt européen et français.

« Elle dira ce que Pie IX lui-même a dit dans sa lettre
« d'actions de grâces au général Oudinot :

« Le triomphe des armes françaises a été remporté sur
« les ennemis de la société humaine. »

« Oui, ce sera là l'arrêt de l'histoire, et ce sera une des
« plus belles gloires de la France et du dix-neuvième
« siècle.

« Cette gloire, vous ne voudrez pas l'atténuer, la ternir,
« l'éclipser, en vous précipitant dans un tissu de contra-
« dictions, de complications et d'inconséquences inextri-
« cables. Savez-vous ce qui ternirait à jamais la gloire du
« drapeau français? ce serait d'opposer ce drapeau à la
« croix, à la tiare qu'il vient de délivrer, ce serait de
« transformer les soldats français de protecteurs du Pape
« en oppresseurs; ce serait d'échanger le rôle et la gloire
« de Charlemagne contre une pitoyable contrefaçon de
« Garibaldi. »

12.

Je n'ai pas besoin d'ajouter que la cause, plaidée avec cette magnificence de langage et de mouvement, fut gagnée à une majorité écrasante. A peine quelques votes osèrent-ils protester contre cette éloquente revendication des droits de la faiblesse d'une mère !

Lorsque Pie IX lut ce discours, son beau visage se couvrit de larmes, et, voulant récompenser dignement le noble champion de l'Église, il lui adressa une lettre, car, comme il le disait :

— Je n'ai rien d'assez beau sous la main pour lui envoyer, je lui écrirai, cela vaudra mieux !

— Votre discours, lui écrivait-il, vivra à jamais dans la mémoire des gens de bien, *perenni utique bonorum omnium memoria vigebit* [1].

A quelque temps de là, les représentants du peuple romain se réunirent au Capitole. Ils allaient créer un patricien. L'un d'eux, prenant la plume, écrivit :

« Le VI des ides de novembre, l'an 2603, et du Christ 1850, l'an V du pontificat de Pie IX à Rome, les VIII qui, tour à tour, dirigent les affaires de la ville, s'étant réunis dans leur curie, et en présence d'un corps nombreux de citoyens :

« Il fut dit qu'il appartenait aux sollicitudes de notre ordre que le comte Charles de Montalembert ayant été appelé par les suffrages populaires dans notre assemblée constitutrice et conservatrice de la République romaine, à cause des immortels services rendus par lui à cette ville, demande fût faite à la fin de lui conférer cet honneur et de lui rendre cet hommage ; on fut d'avis que :

---

[1] Bref du 13 novembre 1849.

« Attendu que le comte Charles de Montalembert, avec cet amour singulier de la religion dont il brûle, et cette puissance d'éloquence qui le distingue dans sa nation, a naguère pris la défense du Pontificat romain et de tous ses droits, principalement dans l'Assemblée nationale de France, et s'est donné la tâche, depuis plusieurs années, de repousser par l'autorité de sa parole toutes les injures faites à la religion ;

« Attendu que l'année dernière, dans cette même Assemblée nationale de France, un débat s'étant ouvert à l'effet de rétablir le Souverain Pontife Pie IX, par les armes françaises, dans tous les droits de son pontificat, et de le ramener dans cette ville d'où la trahison et l'impiété l'avaient exilé, comme dans cette même Assemblée les partisans de l'opinion contraire au Pape, gagnés par les traîtres qui alors opprimaient Rome, à force de subtiles difficultés, de menaces et de clameurs, s'efforçaient de faire rejeter le décret, et tenaient déjà dans leurs mains la victime, Charles, comte de Montalembert, s'élança plusieurs fois au combat, et, par sa parole victorieuse, entraîna la partie la plus saine, et aussi la plus nombreuse de l'Assemblée, à émettre un vote conforme à l'histoire et à l'honneur de la France ; et en conséquence, peu de temps après, Rome, arrachée aux tyrans qui l'asservissaient, retrouva, avec son Pontife et son père, son ancienne dignité ;

« Attendu enfin que tout ce qui est au profit du Pontife romain est aussi à l'avantage de cette ville, dont la grandeur et la prospérité ne se peuvent séparer de la majesté du Pontife romain :

« A l'unanimité, avons décrété que Charles, comte de Montalembert, qui a servi notre cité par la puissance de son éloquence autant que par une armée, lui, ses fils, ses petits-fils et leur postérité, deviendraient citoyens romains,

« Et que de plus, pour honorer son vaillant courage, il sera frappé une médaille d'or sur laquelle sera gravée son image et seront inscrits ses services ;

« Et qu'enfin ce vote sera inséré dans nos archives, et qu'une copie authentique lui en sera remise.

« *Signé :* Pierre ODESCALCHI,

« Le premier des curateurs.

« *Soussigné :* Louis POMPILI OLIVIERI, »

« Sous-secrétaire du Sénat et du peuple romain [1]. »

Pétrarque, le premier, pour avoir ramené la Papauté à Rome, avait reçu cette distinction éminente et rare. Le barde de l'Église au dix-neuvième siècle, plus et mieux encore que Pétrarque, l'avait méritée, et, tout en demeurant le Français que nous allons admirer, nul n'avait plus de droits que lui à devenir patricien de la Sainte Église et citoyen romain !

IV

Berryer dit un jour à Montalembert :

— Je reconnais que vous n'êtes pas un esprit *absolu,* mais un esprit *résolu.*

[1] Extrait des registres de la municipalité, au Capitole.

Or, on a pu le remarquer, jusqu'à l'époque où nous sommes arrivés, en fait, Montalembert a vécu beaucoup plus dans l'absolu que dans ce qu'on appelle le relatif, ou, pour me servir d'une expression maintenant consacrée, dans la thèse beaucoup plus que dans l'hypothèse.

Avec Lamennais, à l'*Avenir* et depuis, réfugié dans la région élevée des principes, planant au-dessus des réalités, l'austère champion des droits méconnus et des vérités outragées s'était complu dans son petit camp retranché, d'où il pouvait apprécier, juger et condamner selon la rigueur de l'idéal.

Hélas! si l'idéal est la perfection, si la thèse est la vérité, si l'absolu est une région qu'il faut toujours viser, en fait, il y a loin de la réalité à l'idéal, de l'hypothèse à la thèse, du relatif à l'absolu. Tous ceux qui ont touché au maniement des hommes le savent par une triste expérience : il faut toujours compter avec les faiblesses inhérentes à l'humaine nature et faire grand cas du milieu où l'on vit, si l'on ne veut passer pour un rêveur et s'agiter dans le vide. L'Église, dans sa conduite, s'est constamment inspirée de cette loi, et il ne faudrait pas remonter bien haut dans nos annales pour retrouver la trace de ces concessions de ce qui est le droit à ce qui est le possible. Si l'on eût dit à certains martyrs de 93 que, à moins de dix ans de leur échafaud, tel évêque intrus garderait de par le Pape le gouvernement d'une Église, et que tel article de la constitution civile du clergé passerait dans un concordat consenti et signé par le vicaire de Jésus-Christ, plus d'un de ces confesseurs de la foi et de ces héros de la discipline ecclésiastique eût été tenté de scandale, et cependant cela se fit.

A l'heure de sa vie où nous sommes arrivés, Montalembert se posa la question : tout à coup, un revirement s'opéra dans son esprit. « Il ne changea rien aux opinions de toute sa vie, mais il comprit un fait que n'avait point admis jusque-là son âme ardente et naïve, qui n'avait jamais frappé son esprit, plus droit, plus profond, plus élevé qu'il n'était habile peut-être à discerner les caractères. Il comprit qu'il pouvait être utile et nécessaire pour le salut de tous, aussi bien que pour le succès de ses propres entreprises, de faire parmi ses adversaires de justes distinctions, et de ne pas les traiter tous en ennemis, comme depuis sa jeunesse il avait été plus ou moins enclin à le faire. En face du danger public, en face de la société menacée, en face du socialisme apparaissant, il tendit une main loyale aux hommes du camp opposé, avec lesquels il avait en commun, sinon les opinions, du moins l'honneur et la sincérité, et il conclut avec eux une trêve qui fut diversement jugée, mais à laquelle il dut la conquête des libertés précieuses pour lesquelles il avait si longtemps lutté sans succès. En revanche, il accorda son concours à ses anciens adversaires, lorsque, sans transiger avec aucun principe, il crut pouvoir le faire avec utilité pour le bien public. Enfin, tandis que jusque-là sa devise avait été : *Dieu et la liberté*, il prit maintenant celle-ci : *Dieu et la société;* oui, la société chrétienne qu'il s'était juré de défendre contre les menaces d'un socialisme sauvage, et cela au prix de tous les sacrifices. Ces sacrifices, il les fit, et il en recueillit des fruits dont la France et l'Église profitent encore [1]. »

Cette nouvelle disposition de son âme, à laquelle ne furent pas étrangers les conseils et la direction de l'abbé

---

[1] Aug. CRAVEN, *le Comte de Montalembert,* p. 112.

Dupanloup, l'obligea à sacrifier bien des prédilections personnelles, et, en lui faisant connaître la joie de certains triomphes, elle lui causa bien des déchirements d'esprit et de cœur.

On en jugera par ce seul trait.

C'était au 29 juillet 1849. Une loi pour la répression de la presse était présentée à l'Assemblée. Triste, mais convaincu, le généreux champion de la liberté, qui si souvent l'avait défendue, n'hésite pas à se mettre en une contradiction apparente avec tout son passé, et, loyalement, résolûment, il explique ce que ce passé semble devoir lui reprocher comme une faiblesse :

« Supposons, dit-il, un médecin appelé et consulté sur
« le régime d'un homme robuste, d'un homme qui se
« livre à tous les travaux de la vie ordinaire ; il est bien
« permis à ce médecin, en jugeant le tempérament de
« cet homme, de lui conseiller un régime susbtantiel,
« énergique, stimulant.

« Eh bien, c'est ce que nous avons fait quand nous
« voyions, quand nous étudiions le tempérament de la
« France, il y a quinze ans. Nous l'avons crue alors
« robuste et capable de résister au régime de la liberté
« absolue qui existait alors. Mais si le médecin est rappelé,
« au bout de dix ans, auprès du même sujet, et qu'il le
« trouve épuisé par ses propres excès, qu'il le trouve en
« proie à la fièvre, au délire, est-ce qu'il continuera à lui
« imposer le même régime? S'il le faisait, ce ne serait plus
« un médecin, ce serait un ignorant, un assassin.

« Selon moi, la société française est profondément
« malade... il faut la sauver, messieurs, la sauver à tout
« prix, et sauver la liberté.

« Et comment sauver la liberté?... En la limitant! »

A ce mot, les auditeurs, qui jusque-là l'avaient écouté, surpris, se demandant ce que signifiait ce langage si nouveau, firent entendre quelques exclamations de surprise mécontente.

Pour la première fois de sa vie, Montalembert parut baisser la tête devant un reproche qui répondait au fond à la propre réclamation de son âme généreuse.

Il s'arrêta un instant, mais aussitôt, puisant dans la conviction qu'il remplissait un devoir la force dont il avait besoin, il reprit d'une voix triste, mais résolue :

— L'expérience des dix-huit mois par lesquels nous venons de passer est là pour montrer que la liberté illimitée est l'ennemie de la liberté, et...

Ici encore il s'arrêta, car, bien que ce qu'il allait dire fût au fond de toutes les âmes, nul n'osait l'avouer. Il l'osa, achevant ainsi sa phrase :

— Et qu'il n'y a pas de transition entre la liberté illimitée et la dictature.

Le mot était lâché. On devine quelle impression il dut produire à cette heure des menaces de la liberté illimitée et des cris de l'émeute, où l'on voyait déjà à l'horizon poindre les aigles et accourir le dictateur.

— Oui, continua Montalembert au milieu d'un silence fait de stupeur, oui, dans mon âme et conscience, la liberté, telle qu'elle serait aujourd'hui si cette loi n'était pas votée, ce serait la dictature demain... d'abord la dictature de l'anarchie, cette dictature que nous connaissons tous, dont les satellites sont partout enrégimentés, haletants après la spoliation et le pillage ; et après cette dictature-là, savez-vous laquelle nous aurons? Non pas la dictature d'un

Napoléon, d'un Charlemagne ou d'un saint Louis, mais la dictature du premier caporal qui vous apportera l'ordre matériel au bout de son sabre, et que vous bénirez tous !

A peu près sur tous les bancs on réclama.

Montalembert regarda les interrupteurs avec tristesse, et, se ressouvenant des conventionnels et des régicides devenus barons de l'Empire, emplissant les antichambres de César, il répéta, avec l'accent et l'énergie du prophète :

— Oui, messieurs, vous l'accueillerez tous, vous-mêmes qui m'interrompez !

En descendant de la tribune, son visage était pâle et comme livide. Sa conscience et son cœur venaient évidemment de se livrer un combat terrible. Il n'aurait, savait-il bien, dépendu que d'un seul de ses auditeurs de monter à la tribune après lui, et d'y lire, dans ses articles de l'*Avenir,* dans ses écrits, dans ses discours antérieurs, tel passage, tel extrait, qui l'aurait mis en contradiction avec son passé. Mais il avait vu le danger de son pays ; il n'avait pensé qu'au salut de la France, en s'oubliant lui-même. Dans plus d'un combat antérieur, il avait porté avec vaillance la devise de sa jeunesse, de ses aspirations d'autrefois, la devise de son maître Lamennais et de son ami Lacordaire : *Dieu et la liberté !* En inscrivant au-dessus de cette devise de ses jeunes ardeurs cette devise nouvelle : *Dieu et la société !* il retrouvait quelque part, sur un banc de la Montagne où il s'était enfui dès 1848, le regard sombre de celui qui fut son père et son chef, et plus haut dans les tribunes, le regard clair et vif de son ami qui, à cette heure, gardait encore les généreuses illusions de leurs combats d'autrefois.

Nous qui avons déjà sondé les suprêmes délicatesses de

cette âme, nous comprendrons ce qu'il dut alors souffrir et combien généreuse fut son immolation. Il n'en est pas de plus cruelle, car, lorsque le père des croyants dut lever le glaive sur le fils de la promesse, assurément il ne souffrit pas davantage. Sans doute Isaac était le fils des entrailles d'Abraham, mais il y a des engendrements qui ne nous tiennent pas moins au cœur que les générations du sang : Montalembert l'expérimentait cruellement à cette heure.

On alla aux voix. 400 votes contre 146 récompensèrent le sacrifice accompli : l'Assemblée lui donnait raison.

Depuis, Montalembert marcha de triomphe en triomphe, Dieu semblant vouloir rémunérer son généreux serviteur, mais au prix de quels sacrifices, de quelles immolations, ceux-là seuls le savent qui ont pénétré dans l'intime de sa pensée et dans les douleurs des confidences qu'il livrait chaque soir à ses amis ou à son journal, témoin muet de ses tristesses et de ses angoisses qui nous révèle le mieux ce que fut cette âme, mélange de tristesses infinies, douces et mélancoliques comme le cœur d'une jeune vierge, et de vaillance dure à soi-même, trempée comme cet acier et coulée comme cet airain dont semblent fondus les cœurs des grands soldats.

Marchant sur son cœur, il a poussé le cri de la République romaine : *Caveant consules!* que les consuls prennent garde, les barbares sont aux portes de Rome!

Vainement ses amis l'adjurent de veiller à son avenir. Tel discours le rendra absolument impopulaire, tel autre compromettra sa réélection.

— S'il me coûte ma réélection, répondit-il résolûment, c'est le discours dont je m'honorerai le plus...

Puis, avec un accent dont nul ne saurait méconnaître la fière noblesse, il ajouta :

— Dans les temps de révolution, l'impopularité est presque toujours l'apanage des vrais amis du peuple ; il y a la popularité du moment, celle de la passion, celle des masses ignorantes, aveugles, entraînées, celle des révolutions enivrées et triomphantes. Mais il y en a une autre, la vraie, celle qu'on gagne en dédaignant la fausse. Il faut la rechercher d'abord dans la conscience des honnêtes gens, qui sont trop souvent, presque toujours, silencieux, timides, un peu poltrons, mais qui admirent chez les autres le courage qu'ils n'ont pas eux-mêmes. Puis, à côté de cette justice timide, mais certaine, du présent, il y a l'éclatante et infaillible justice de l'avenir. C'est là l'éternelle popularité du vrai, du juste, de l'honnête et, je l'ajouterai, de l'honneur et de la conscience humaine [1].

V

Le lecteur se souvient que, bien des fois déjà, nous avons dit que Montalembert avait reçu du ciel une mission. Comme jadis l'héroïne de Domremy avait reçu d'en haut celle de délivrer Orléans et de procurer le sacre de Reims, après quoi elle mourut, notre héros devait reconquérir à l'Église une liberté perdue et la rétablir dans son droit le plus cher. Après quoi, sa mission sera comme finie.

Le moment est venu d'assister à cette conquête.

[1] Discours sur l'impôt des boissons, du 13 décembre 1849.

Vingt ans de luttes et de débats avaient précédé le combat suprême. Plaidée devant la Chambre des pairs, devant le pays, devant la Constituante, cette grande cause allait revenir devant la Législative, pour être définitivement gagnée ou perdue.

L'engagement dura six mois, et souvent l'issue, vivement disputée par les deux armées en présence, resta douteuse. Au plus fort de la lutte, parmi les alliés, une divergence de vues éclata tout à coup, et de gros bataillons rentrèrent sous la tente, « une fois encore heurtés aux théories et victimes de rêves incorrigibles », disait Dom Guéranger [1]. Plus d'une fois ainsi, tout sembla perdu, tantôt par le fait de ceux qui voulaient mieux, tantôt par le fait de ceux qui ne voulaient pas.

C'est du moins l'immortel honneur de Charles de Montalembert qu'on ait pu écrire en toute vérité : « Sans lui, sans ses luttes généreuses pendant dix ans, la question de la liberté d'enseignement n'aurait pas été mûre en 1848 [2]. »

L'heure était suprême, quand les débats commencèrent.

Montalembert les porta tout de suite sur le terrain brûlant qui devait leur servir de théâtre.

« Messieurs, fit-il au milieu du silence le plus solennel,
« vous avez tous probablement expliqué Tite-Live comme
« moi, et vous l'avez tous oublié comme moi. Mais cepen-
« dant, l'autre jour, en le relisant, j'y ai trouvé un trait
« d'histoire qui m'a paru résumer la position, le rôle récent
« de l'éducation publique en France. Vous souvenez-vous
« du siége de Falère par l'armée romaine, sous Camille ?
« Pendant que cette ville était assiégée par les Romains, le

---

[1] Lettre du 22 juillet 1849.
[2] H. DE LACOMBE, *les Débats de la Commission de 1849*, p. 8.

« maître auquel était confiée l'élite de la jeunesse des
« Falisques conduisit cette jeunesse petit à petit jusqu'aux
« avant-postes du camp ennemi, et la livra aux assié-
« geants.

« Eh bien ! c'est là, je ne crains pas de le dire, c'est là
« ce qu'a fait en France l'éducation publique, le monopole
« de l'éducation publique.

« Je ne parle pas des personnes ; je fais la part des
« exceptions ; j'en connais d'infiniment honorables ; je ne
« parle que de l'esprit général de l'institution, et je dis que
« cette grande institution a livré la jeunesse française à
« l'assiégeant, à l'ennemi qui assiége notre société fran-
« çaise.

« Sous la Restauration, le monopole de l'éducation
« publique a fait ce qu'on appelait dans ce temps-là des
« libéraux et des révolutionnaires ; sous le régime de
« Juillet, elle a fait des républicains, et sous la République,
« elle a fait des socialistes. »

Sur ce terrain du péril commun, des adversaires de la
veille pouvaient se donner la main et s'unir. Ce fut le trait
de génie de M. de Falloux de l'avoir compris et de faire
écho à cette loyale déclaration de M. Thiers qui, « avec
une audacieuse franchise », selon sa propre expression,
s'offrit à soutenir un projet de loi qu'il avait jusque-là
tant combattu, l'appelant « une loi de salut social, avec
l'Église pour auxiliaire ».

— En présence, dit-il, de ce que nous avons vu depuis
deux ans, j'avouerai sans peine que je suis modifié...

Et, comme l'ennemi, posté au passage de ces nouvelles
Thermopyles, réclamait en ricanant, M. Thiers n'hésita
pas à le braver et reprit :

— Oui, c'est vrai, je n'ai pas à l'égard du clergé les jalousies, les ombrages, que j'avais il y a deux ans... J'ai tendu la main à M. de Montalembert, je la lui tends encore...

Et Montalembert répondait :

— Messieurs, on fait la paix le lendemain d'une victoire, on fait la paix le lendemain d'une défaite, mais on la fait surtout, selon moi, le lendemain d'un naufrage. Eh bien, que l'honorable M. Thiers me permette de le lui dire, nous avons fait naufrage, lui et moi, en Février, quand nous naviguions ensemble sur ce beau navire de la monarchie constitutionnelle, qui a porté, pendant trente-quatre années, avec tant d'honneur, les destinées du pavillon de la France. Quand nous voguions ensemble sur ce navire sans nous connaître, ou nous connaissant à peine, nous pouvions et nous devions nous disputer sur la direction du navire. Mais la tourmente est venue à éclater, le pilote a été jeté à la mer, le navire a sombré, dans un clin d'œil ; nous périssions, si la Providence ne nous avait permis de nous retrouver, lui et moi, sur le radeau.

Se tournant vers les esprits absolus que le spectacle de cette alliance scandalisait, il ajouta :

— Je ne sais vers quelle plage ce radeau nous conduit, mais je déclare que, tout en regrettant le navire, je bénis le radeau.

M. de Falloux, qui venait de prendre le portefeuille de l'instruction publique et des cultes, entra pleinement dans cette pensée de l'alliance entre les naufragés. Le 4 janvier 1849, il constituait la célèbre commission chargée de préparer le projet de loi. L'Université, par ses plus glorieux représentants ; les partisans de la liberté d'enseigne-

ment, en la personne des plus acharnés ennemis du monopole universitaire ; l'État, en la personne de vigoureux
champions de l'ordre social résolus à tenir en cas de
conflit la balance égale entre les prétentions les plus
opposées, furent appelés au sein de cette commission, à
laquelle il ne manquait que deux hommes, le vénérable
évêque de Langres, Mgr Parisis, et le plus éloquent des
journalistes catholiques, M. Louis Veuillot. Cette exclusion
fut une faute : on ne le verra que trop.

Les commissaires, unis dans un courageux accord,
s'honorèrent en déférant la présidence à M. Thiers. C'était
afficher l'oubli des vieilles rancunes devant le péril social.

M. Thiers les en récompensa en déclarant, dans un
noble langage, que la religion était maintenant à ses yeux
une nécessité sociale. Il avoua qu'il ne l'avait pas toujours
ainsi compris :

— Oh ! je comprends, fit-il, que, quand il fait beau,
quand l'air est calme et la mer tranquille, on sommeille
volontiers, surtout si le capitaine est éprouvé et l'équipage
soumis. Mais malheur à qui dort quand la mer est houleuse,
la tempête déchaînée, car la perte devient imminente.
Nous y sommes, sur cette mer agitée, depuis trente ans.
Imprudents que nous étions ! Nous avons dormi, et voilà
que les vents se sont élevés bien violents et que nous
avons failli sombrer dans la tempête. A l'œuvre donc,
résolûment !...

M. Thiers avait vu de près ce que la propagande socialiste et l'impiété révolutionnaire avaient fait des institu-
teurs. Il en était épouvanté :

— Quand vous avez été prendre, disait-il, dans un village, un petit paysan, quand vous l'avez amené à quinze

ou seize ans dans une grande ville, quand vous lui avez donné un habit noir, quand vous l'avez logé dans une belle école normale, et quand là, pendant deux ans, vous lui avez donné plus d'esprit qu'il n'en pourra jamais porter, quand vous lui avez appris la physique, la géométrie, l'algèbre, la trigonométrie, l'histoire et le reste ; et puis, après cela, quand vous le renvoyez à dix-huit ans, au fond d'un village, avec quelques cents francs, pour y mourir d'ennui, avec de grossiers petits enfants qui ne savent ni lire ni écrire, et souvent ne veulent apprendre ni l'un ni l'autre, vous en faites nécessairement un mécontent, un ennemi.

Puis, après avoir raconté les résultats de son expérience vis-à-vis de ces maîtres d'école tristes, irrités, ne voulant pas, ne pouvant pas se résigner, qu'il définissait du titre d'*anticurés, curés de l'athéisme et du socialisme,* M. Thiers alla jusqu'à cette conclusion :

— Je suis prêt à donner au clergé tout l'enseignement primaire !...

Montalembert eut la sagesse de s'y refuser :

— Partisan déclaré de l'influence du clergé et des congrégations enseignantes, répondit-il, je ne demande qu'une chose : que les entraves à la liberté soient brisées !

Le noble champion de la liberté d'enseignement n'avait point demandé l'abolition du monopole universitaire pour lui substituer le monopole clérical. Celui-ci eût amené la réaction et provoqué des représailles : Montalembert le sentit et se tint loyalement sur le terrain de la liberté dans le droit commun.

Cette tactique, aussi loyale que sage, allait avoir sa récompense.

Si, en effet, sur la question de l'enseignement primaire, M. Thiers et M. Cousin semblaient prêts à accorder plus qu'on ne demandait à l'État et à l'Université, dont ils représentaient les intérêts au sein de la commission, il n'en fut plus de même pour la liberté de l'enseignement secondaire. Ils se refusaient à admettre au même degré la nécessité de la religion pour l'éducation des classes élevées, et, de déduction en déduction, ils en arrivèrent à demander l'exclusion des congrégations enseignantes, des Jésuites surtout, dans la direction de l'enseignement des colléges.

Montalembert crut devoir s'effacer derrière l'abbé Dupanloup.

Celui-ci, qui venait de recevoir son brevet de nomination au siége d'Orléans, inaugura ses combats épiscopaux par une démonstration serrée, éloquente, pressante de logique et d'entraînement. Thiers et Cousin l'écoutaient en silence.

_ Tout à coup, saisissant le bras de son collègue, M. Thiers s'écria, dans une sorte de transport qui témoignait, à sa manière toute provençale, du revirement de ses pensées.

— Cousin, Cousin, avez-vous bien compris quelle leçon nous avons reçue là? Il a raison, l'abbé; nous avons combattu contre la justice, contre la vertu; nous leur devons réparation.

Et à Montalembert, qui le raccompagnait à son hôtel après la séance :

— Il a raison, oui, répétait-il à chaque pas, décidément l'abbé Dupanloup a raison.

L'accord était fait au sein de la commission.

Les trente commissaires avaient mis quatre mois à examiner, à délibérer, à combattre pied à pied, article

13.

par article. Grâce à la sagesse des nôtres, la victoire nous restait, je dis, la sagesse des nôtres, car, comme l'a observé l'un des membres les plus dévoués à l'Église dans cette commission, le vicomte de Melun : « Une concession de moins et une exigence de moins entraînaient le sujet de la loi. »

Mais tout n'était pas fini là. Restait le débat public.

Il s'engagea dans des conditions particulièrement défavorables. L'angoisse était au cœur des partisans de la liberté. Louis-Napoléon mécontent avait rendu sa liberté à M. de Falloux, et la majorité, au sein de l'Assemblée, oscillait dans des hasards si flottants que Montalembert tremblait pour l'issue de la lutte.

A une voix de majorité, le projet de loi fut renvoyé à un nouvel examen ; c'était l'ajournement indéfini !

La presse hostile poussa des cris de triomphe.

Tout sembla perdu.

Mais les alliés veillaient. Sans doute les défections et les divergences avaient affaibli leurs rangs, et ce n'était plus une masse compacte qui marchait à l'ennemi. Ils ne perdirent pas courage. Réduite, décimée, la petite armée n'aura que plus de gloire à vaincre ou à périr !

Après bien des alternatives, des incertitudes, des escarmouches, des marches et des contre-marches, on en vint décidément aux mains le 14 janvier 1850. Ce furent des débats mémorables, intéressants comme un drame.

Montalembert monta le premier à l'assaut.

Ému comme on l'est à une heure solennelle, revoyant passer sous ses yeux les vingt années de combats où il avait prématurément blanchi, toujours campé, toujours en éveil, sur ce champ de bataille qui avait vu tant de luttes homériques, il aborda, avec une modestie exquise, avec le calme du devoir accompli, le combat suprême :

« On nous a reproché, fit-il d'abord, d'avoir substitué « l'alliance à la lutte.

« Messieurs, j'ai fait la guerre et je l'ai aimée ; je l'ai « faite plus longtemps, aussi bien et peut-être mieux que « la plupart de ceux qui me reprochent aujourd'hui de la « cesser.

« Mais je n'ai pas cru que la guerre fût le premier « besoin, la première nécessité du pays. Au contraire, j'ai « pensé qu'en présence du danger commun, des circon- « stances si graves et si menaçantes où nous sommes, et en « présence aussi (pourquoi ne le dirai-je pas ?) des dispo- « sitions que je rencontrais chez des hommes que nous « avions été habitués à regarder comme adversaires, le « premier de nos devoirs était de répondre à ces disposi- « tions nouvelles.

« Eh quoi donc ! en nous retrouvant ensemble au lende- « main du naufrage sur cette frêle planche qui nous sépare « à peine de l'abîme, fallait-il, sans nécessité impérieuse, « recommencer la lutte de la veille ? Fallait-il repousser la « main que, tout naturellement, nous étions portés à nous « offrir l'un à l'autre ? Fallait-il ressusciter toutes les récri- « minations, tous les ressentiments, même les plus légi- « times ? Non. Je ne l'ai pas pensé, je ne l'ai pas voulu, « je ne l'ai pas fait, et je ne m'en repens pas. »

Voulant accentuer davantage l'esprit pacificateur qui avait présidé à la confection de ce projet de loi, qu'on a appelé « le concordat de l'Enseignement », il dit encore :

« Je désire qu'on comprenne bien le sens de mes paro- « les. Je ne viens pas ici attaquer le personnel de l'Uni-

« versité ; je sais qu'elle renferme dans son sein, et je suis
« heureux de lui rendre cet hommage public, un grand
« nombre d'hommes patients, sérieux, laborieux, qui
« appellent, eux, à grands cris, les réformes et la concur-
« rence, qui ne la redoutent pas du tout, qui attendent,
« au contraire, la liberté et la loi nouvelle avec la con-
« fiance qu'ils y garderont leur place [1], et qu'ils y trouve-
« ront le moyen de servir honorablement et heureusement
« leur pays. Ces hommes-là, j'en suis convaincu, forment
« la majorité des professeurs de l'Université. »

Alors, avec un accent infiniment triste, le noble orateur
fit entendre cette humble déclaration :

« Je ne sais si j'ai jamais méconnu, dans d'autres temps,
« les intentions de mes adversaires ; je ne crois pas l'avoir
« jamais fait. Mais si jamais il a pu m'arriver, à mon
« insu, de méconnaître les lois de la justice vis-à-vis de
« mes adversaires d'autrefois, eh bien, j'expie cette faute !
« Je sais désormais ce que c'est que d'être méconnu, non-
« seulement par des adversaires, mais par des amis. Si, au
« contraire, je n'ai, comme je le crois en vérité, rien à
« expier de ce genre, j'accepte encore cette épreuve comme
« un dernier hommage et un dernier service à la cause de
« la liberté de l'Église. J'ai donné à cette cause ma vie,
« mon courage, vingt ans de persévérance et de dévoue-
« ment ; je lui offre encore aujourd'hui comme un dernier
« hommage l'ingratitude, l'impopularité et l'injustice que
« cette loi m'a fait récolter au sein de mon propre parti. »

Quittant alors ce ton attristé, avec cette souplesse infinie

____

[1] On avait répandu le bruit que les partisans de l'abolition du
monopole avaient demandé la suppression de l'Université, et que
Louis-Napoléon n'était pas éloigné de recourir à cette mesure radicale.

de son talent qui lui faisait prendre à son gré tous les tons
et tous les genres, il ajouta presque gaiement :

« Je suis, du reste, convaincu que j'ai agi complète-
« ment d'accord avec l'esprit de l'Église ; et veuillez croire
« que je ne parle pas du tout ici comme évêque de dehors,
« ainsi qu'on le disait hier, car je n'ai pas la prétention
« d'être le successeur des rois très-chrétiens. Je parle
« comme simple laïque, ou, si voulez, comme simple
« jésuite. »

Cela dit, l'orateur expose, avec une rare netteté d'expression et sans se départir d'une froide et calme logique, ce
qu'il croit être l'esprit de l'Église en cette difficile occur-
rence, où il craint que le mieux devienne l'ennemi du
bien et que, pour demander davantage, on n'arrive à se
voir tout refuser :

« Du reste, je dis que l'œuvre que nous avons entre-
« prise, ou du moins la pensée qui nous l'a dictée, est de
« tout point conforme à l'esprit de l'Église, non-seulement
« par les motifs qu'a fait valoir avant-hier avant tant d'élo-
« quence et de force le vénérable évêque de Langres,
« non-seulement parce qu'il y a là pour l'Église une occa -
« sion de dévouement, et que, comme il l'a si bien dit,
« partout où il y a du bien à faire, l'Église y court ; ce n'est
« pas seulement pour cette raison : c'est parce que l'Église,
« tout en étant inflexible dans la lutte contre l'orgueil,
« dépasse toujours ses adversaires, ses rivaux, dans l'esprit
« de conciliation, quand le moment de la paix est arrivé.
« Quand on fait un pas vers elle, elle en fait deux vers
« vous. Voilà le rôle de l'Église tel que je l'ai étudié et
« apprécié dans son histoire. L'Église, inflexible contre
« ce que j'appelais tout à l'heure l'incorrigible orgueil de

« la fausse philosophie, est pleine de douceur, de sympa-
« thie, de tendresse, pour les hommes qui font un pas
« vers elle. Elle fait tout ce qu'elle peut pour les encou-
« rager à faire le second, et elle marche, de son côté, à
« leur rencontre. L'Église ne veut jamais humilier per-
« sonne devant elle, elle n'humilie que devant Dieu.
« L'Église ne dit jamais ces deux paroles que vous enten-
« dez tous les jours dans la sphère de la politique : *Tout
« ou rien,* et : *Il est trop tard.* Elle ne dit jamais : *Tout ou
« rien,* car c'est le mot de l'orgueil, de la passion humaine
« qui veut jouir et vaincre aujourd'hui, parce qu'elle doit
« mourir demain. (*Très-bien!*) L'Église, comme on l'a tant
« dit, est patiente parce qu'elle est éternelle, et voilà pour-
« quoi elle ne dit jamais : *Tout ou rien.* Elle ne dit pas
« non plus : *Il est trop tard,* ce mot coupable et impitoya-
« ble, parce que, s'il n'est jamais trop tard pour sauver
« une âme, il n'est jamais trop tard non plus pour sauver
« une société qui consent à être sauvée. »

Enfin, ramenant le débat sur son véritable terrain, il
invoqua l'intérêt social, adjurant les législateurs de briser
les entraves dont l'Église avait été chargée par César dans
le noble métier de l'enseignement.

« Messieurs, s'écria-t-il avec une saisissante majesté,
« il est impossible de le méconnaître, nous marchons vers
« l'anarchie. Je me souviens que, dans les premiers temps
« qui ont suivi la révolution de Juillet, une voix éloquente
« se fit entendre un jour à la Chambre des pairs, pour dire
« cette parole : *Les rois s'en vont.* Eh bien, si cette voix
« prophétique pouvait encore se faire entendre, elle dirait
« aujourd'hui : La France s'en va! La société s'en va!
« L'Europe moderne s'en va! »

La gauche réclamait avec violence. Montalembert se retourna de son côté, et, dans son magnifique langage, aux applaudissements de tous les gens de bien, dans cette Assemblée divisée et hésitante, il ajouta :

« Messieurs, vous connaissez ce fleuve de l'Amérique
« qui roule ses ondes à travers les déserts, les villes, les
« lacs, les forêts, et puis tout à coup, se précipitant avec
« un irrésistible élan et d'une hauteur effroyable, forme
« la cataracte la plus formidable du monde, la chute du
« Niagara. Malheur à ceux qui sont embarqués sur ce
« fleuve et qui ne s'arrêtent pas à temps pour aborder au
« rivage ou pour remonter le courant; ils sont engloutis !
« Eh bien, messieurs, malheur à nous! car nous sommes
« embarqués sur un fleuve semblable, et il ne faut pas
« prêter une oreille bien attentive pour entendre de loin
« les mugissements de la cataracte qui doit nous engloutir
« tous. Nous serons engloutis, si nous n'abordons pas au
« rivage, ou si nous ne remontons pas d'un bras vigou-
« reux le courant du rationalisme et de la démagogie. »

— Or, fit-il en conclusion, vous ne le remonterez qu'avec le secours de l'Église [1]!...

399 voix contre 237 donnèrent raison au vaillant capitaine et décidèrent de la victoire, la plus grande de ce temps. Il convient d'en inscrire ici la date, comme on a fait d'autres victoires historiques. C'était le 15 mars 1850 !

Pie IX en fit célébrer la gloire par un acte officiel [2].

---

[1] Discours des 17 janvier, 5 et 12 février, *passim*.

[2] Le nonce fut chargé, par une dépêche spéciale de la secrétairerie d'État, de témoigner aux auteurs et aux défenseurs de la loi toute la satisfaction de Sa Sainteté pour la part qu'ils y avaient prise. (Mgr Besson, *M. de Montalembert en Franche-Comté*, p. 75.)

Et nous, à plus d'un quart de siècle de cette journée mémorable, qui a coûté tant d'efforts et tant de luttes, saluons avec respect la tombe de celui qui en fut le héros! Plus de cent colléges français inclinent leurs drapeaux reconnaissants sur ce sépulcre. Nos écoles de droit sont peuplées d'une génération meilleure et plus chrétienne. Le cercle jusque-là un peu étroit où se recrutait auparavant le sacerdoce français s'est agrandi. A Saint-Cyr, à l'École navale, et jusque dans ces deux sanctuaires des hautes études de la jeunesse française qu'on appelle l'École normale et l'École polytechnique, la foi du Christ, qui trempe les âmes et qui fait les cœurs chastes, a vaillamment arboré la croix, dont on ne rougit plus.

Plus encore. Le siége de Pierre a fait appel au courage de ces jeunes Français : il s'agit d'opposer aux modernes envahisseurs du patrimoine de la sainte Église des poitrines vaillantes, prêtes à se laisser frapper en face pour la plus noble des causes. Ils sont condamnés d'avance, ils le savent bien; mais, du moins, comme ce martyr dont il est raconté qu'il écrivit sur le sol où il tomba le *Credo* avec son sang, ils auront crié, ces nobles jeunes gens de Castelfidardo et de Mentana, avant de succomber sous le nombre et de mourir : Nous sommes victorieux dans la défaite, car la victoire qui terrasse l'ennemi, c'est notre foi. *Hæc est victoria quæ vincit mundum, fides nostra!* Et ceux qui survivront regagneront le rivage de la patrie, de la France, envahie elle aussi par les modernes barbares et souillée par l'insolence de l'étranger. Héros de Patay et du Mans, tombant comme la moisson mûre sous la mitrailleuse qui les fauche en leur noble et sainte ardeur, sans qu'ils aient reculé d'un pas, sans qu'ils aient laissé choir l'étendard de leur patriotisme et de leurs croyances, sans qu'ils aient reçu aucune autre blessure qué celle qui les frappe en face, par centaines, par milliers, aux applaudissements de la France, de l'Europe, de la chrétienté tout entière, ils ont consacré de leur sanglante signature cette charte d'émancipation de l'enseignement, conquise pour eux par le grand athlète chrétien, dont la liberté et le droit ont inscrit le nom à la plus belle page de leur histoire et de leurs batailles, le comte Charles de Montalembert.

IX

SOUS L'EMPIRE.

Le visiteur curieux de fureter parmi les monceaux de livres, cahiers, souvenirs de tout genre que recèle le château de la Roche-en-Brenil, mettra peut-être la main sur une plaquette de format modeste, cartonnée simplement et contenant une petite centaine de feuillets sur papier mince. S'il ouvre le petit cartonnage, il parcourra la plus divertissante galerie de charges, où défilent les profils de tous les principaux députés à la Législative, le plus sou-

vent pris sur le fait, au moment où ils écoutent Montalembert.

A la première page de l'album, on lit : *Portraits de
divers membres de l'Assemblée législative faits d'après
nature et pendant les séances par mon voisin le comte de
Morny, qui depuis... mais alors il n'était que mon voisin*
(1849-1851).

On sait ce qu'est devenu le voisin du collectionneur de
ces amusants croquis. D'abord voisin très-pacifique de
notre héros, il va bientôt être le duc de Morny et prési-
dera une Assemblée, laquelle n'aura, avec celle où il
crayonnait spirituellement des caricatures d'ailleurs fort
réussies, qu'une ressemblance beaucoup trop lointaine
pour que son ancien collègue à la Législative de 1849
ne soit guère tenté de voisiner toujours avec lui.

Nous voici en effet arrivés à l'heure où M. Thiers,
comme l'acteur des comédies d'antan, ne tardera plus
guère à se tourner vers la galerie, pour dire aux specta-
teurs : L'Empire est fait!

I

C'était à peu de jours de la mémorable séance où le
vote sur la liberté de l'enseignement secondaire récompensait et couronnait vingt ans de luttes, immortalisant, dans
l'histoire de la société et de l'Église au dix-neuvième
siècle, ce nom que nous avons salué avec un respect
reconnaissant.

Montalembert est encore à la tribune. Cette fois, c'est encore un cri d'alarme qu'il pousse, à l'approche du torrent qui accourt, menaçant de ruiner et d'engloutir l'ordre social. Ceux qui ont déchaîné ce torrent ne tiennent pas à maintenir cet ordre. Ils se sont donné pour mandat et pour programme de le changer, et volontiers, selon la spirituelle remarque de l'orateur, ils traiteraient cette société comme la femme savante de Molière traitait le corps humain, de « guenille ».

— Mais moi, observe finement Montalembert, je répondrai avec Molière :

Guenille si l'on veut, la guenille m'est chère !

Et comme les députés riaient, il ajouta :

— Ce n'est pas que je sois un admirateur frénétique de cette société : elle renferme beaucoup trop de rationalisme et de matérialisme pour me plaire complétement; mais je la prends telle qu'elle est, et je la préfère mille fois à ses prétendus médecins qui ne sont à mes yeux que des assassins, et qui, après tout, ne lui recommandent que le vieux remède mythologique de Médée, c'est-à-dire de découper en morceaux cette vieille société, notre mère, et de la faire bouillir dans la chaudière du socialisme.

A cette heure, le socialisme menaçait la France et l'Europe. En arrêt, guettant sa proie, la bête rugissante et déchaînée s'apprêtait à bondir, et la seule vue d'un homme courageux, prêt à la combattre, qui s'acharnait à signaler ses embuscades, la mettait en fureur.

Le Comité, au nom duquel Montalembert parlait à ce moment, était particulièrement désigné aux vengeances de la plus prochaine insurrection. Ce Comité ayant émis le vœu que l'on restreignît le suffrage universel, comme ne tenant compte ni des intérêts ni des capacités, et mettant le pays à la merci d'une poignée d'intrigants et d'une foule imbécile, les feuilles socialistes de Paris donnèrent les noms de ses douze membres, encadrés de noir, en tête de chaque numéro, liste funèbre d'une proscription bien autrement sanglante et féroce que les proscriptions de Sylla, car, au-dessous du cadre noir, on lisait :

— Ils ont voué leurs têtes aux dieux infernaux de la Révolution !

Montalembert n'est pas homme à se laisser intimider :

— On sait ce que cela veut dire, fit-il en s'adressant à la Montagne, l'histoire des hauts faits de vos ancêtres est là pour nous apprendre ce que sont les dieux infernaux de la Révolution : c'est le choix entre l'échafaud de la Terreur et le poignard démocratique qui a frappé M. de Rossi.

Puis, aux applaudissements de la droite réconfortée par ce courage, et tandis que la Montagne rugissait, le noble orateur conclut fièrement :

— Eh bien! ce sort, je l'accepte, et je le préfère mille fois à l'infamie et au mépris écrasant dont la postérité accablera ceux que la France avait chargés de la sauver, et qui l'auront livrée... qui, en proie à une pusillanimité sans exemple et sans excuse, auront livré la patrie déshonorée, la société trahie, la France éperdue, à la servitude, à la honte et à la barbarie que vous lui préparez.

L'extrême agitation qui suivit ce discours, après lequel il fallut suspendre la séance, indiquait l'état des esprits. L'Assemblée se prorogea pour trois mois.

« Pendant cette prorogation, les partis s'agitèrent. Les légitimistes allèrent à Wiesbaden visiter le comte de Chambord, les orléanistes à Claremont saluer Louis-Philippe. Les socialistes, ayant à leur tête Ledru-Rollin et Mazzini, fondèrent, à Londres, la caisse du peuple et fixèrent l'année 1852 pour la réalisation de leurs espérances. Le pays était inquiet et jetait avec intention ses regards sur le premier président. Celui-ci parcourut une partie de la France, et les discours qu'il prononça rendirent son nom de plus en plus populaire. L'armée surtout acclamait avec enthousiasme le nom de Napoléon. Aux camps de Saint-Maur et de Satory, on entendit à différentes reprises le cri de : *Vive l'Empereur!* C'était, à vrai dire, le cri que poussait dès lors la grande majorité des Français. Les insurrections successives qu'on avait eu à réprimer inspiraient peu de confiance pour le système républicain, et tout le monde comprenait que le socialisme était loin d'être anéanti[1]. »

A la reprise de ses travaux, l'Assemblée entendit de nouveau l'éloquente voix de son orateur préféré, revendiquant pour l'Église et la religion la mission de moraliser les masses. Les démagogues de l'extrême gauche l'interrompaient de leurs railleries, de leurs grossiers sarcasmes, de leurs rires insultants. L'un d'eux s'oublia jusqu'à crier : Renvoyé à Charenton!

Pour lui, impassible, décidé à faire son devoir jusqu'au bout, il continua de protester contre la violation des droits de Dieu et des lois de la sainte Église. Ses dires d'alors sont aussi vrais, aussi vivants aujourd'hui qu'à cette heure

---

[1] DOURLENS, *M. de Montalembert*, p. 243.

« On se plaint partout que le secret du commande-
« ment est perdu, que l'autorité n'existe plus, qu'elle a
« perdu toute force morale, toute sécurité, tout prestige,
« et cette plainte universelle n'est que trop fondée. On se
« demande avec surprise et avec effroi d'où sortent ces
« masses d'hommes sans foi ni loi qui apparaissent aux
« jours des discordes sociales, et, comme les hordes bar-
« bares d'il y a quinze siècles, menacent d'engloutir toute
« une civilisation. On a raison de s'en alarmer, mais on
« n'a pas le droit de s'en étonner. Elles sortent de ces
« abîmes où l'on a refoulé les populations en les forçant de
« travailler le dimanche, en les arrachant à tout ce que la
« religion avait si naturellement imaginé pour les instruire
« et les consoler en ce grand jour, en permettant que le
« sceau de l'ignorance soit imprimé sur leurs âmes par la
« main d'une insatiable cupidité. Elles sont affamées, parce
« qu'on les a privées de tout aliment moral; elles sont
« sans foi, parce que des hommes riches et instruits ont
« travaillé pendant un siècle, avec une infatigable persé-
« vérance, à extirper ce trésor de leurs cœurs. »

Cependant les sentiments sympathiques que le président de la République avait inspirés dans les provinces
se traduisaient chaque jour sous de nouvelles formes avec
plus de vivacité. Les partis en prirent ombrage. Ils se
rangèrent autour du général Changarnier, commandant
des gardes nationales de la Seine et des troupes de la
première division militaire. Le président redoutait l'influence du général, qu'il savait lui être hostile. Il le des-
titua. « Si l'Assemblée cède, s'écria M. Thiers, l'Empire
est fait! » L'Assemblée ne céda pas; la mesure n'en fut
pas moins exécutée. Le ministère se retira; un autre lui

succéda, et, le 5 février, il demanda le renouvellement
d'un crédit de 1,800,000 francs, accordé l'année précédente pour les frais de représentation du Président de la
République. Le rapport de la Commission conclut au rejet.
La majorité de l'Assemblée manifestait de cette manière
son mécontentement. M. de Montalembert monta à la
tribune [1].

— Après tout, fit-il, on n'a pas toujours en ce monde
le gouvernement qu'on veut... Il faut le subir, l'accepter,
le défendre, lorsqu'il n'est pas radicalement mauvais.

Ceci nous amène à un épisode fort discuté de la carrière
politique de M. de Montalembert. Voulant dire la vérité,
sans réticence, je ne crois pouvoir mieux faire que de
laisser la parole à l'ami qui a le mieux connu l'intime de
la pensée du grand orateur catholique [2] :

« Une question formidable dominait à ce moment toutes
les autres : Qu'adviendrait-il de la France à l'expiration
du mandat de l'Assemblée législative et de celui du président de la République? Leurs pouvoirs, en effet, expi-
raient à la fois au mois de mai 1852. Beaucoup d'esprits,
et M. de Montalembert était du nombre, ne voyaient de
salut que dans la prolongation par le peuple des pouvoirs
du Président de la République, et par conséquent dans la
révision de la Constitution, car la Constitution déclarait
le Président irrééligible. D'autres se préoccupaient moins
des dangers du mal que des dangers du remède. Ils
appréhendaient par-dessus tout que la réélection de Louis-
Napoléon ne frayât le chemin à l'intronisation d'une troisième dynastie, et, dans cette appréhension, ils s'oppo-

---

[1] DOURLENS, *M. de Montalembert.* p. 247.
[2] FOISSET, *loc. cit.,* p. 263.

saient de toutes leurs forces à la révision. Au milieu de
ces tiraillements intestins, le parti de l'ordre se décompo-
sait à vue d'œil, le régime parlementaire perdait de plus
en plus toute action sur les masses. Les masses en effet
ne connaissent que le pouvoir exécutif; même quand il
est exercé sous une forme collective, elles le personnifient,
quoi qu'on fasse : pour elles, le Comité de salut public,
par exemple, s'appelait Robespierre, et le Directoire,
Barras. En 1851, les masses ne voyaient que Louis-Napoléon. M. de Montalembert avait conscience de cette pente
où glisse fatalement la multitude : il sentait venir la
dictature napoléonienne, il la croyait inévitable, et il
pensait devoir soutenir le Prince président pendant que la
lutte était engagée contre lui, non-seulement pour avoir le
droit de le conseiller efficacement plus tard, mais surtout
parce qu'il croyait servir par là le double intérêt de l'ordre
social et de la France. C'était une illusion, mais cette
illusion fut la sienne. Le prince, en apparence, était doux,
calme, sérieux, digne, et surtout modeste; nul ne savait
mieux écouter ; nul ne semblait aussi accessible à de bons
conseils. Il était peu brillant; mais précisément ce manque
d'éclat rassurait; on n'estimait pas que cet homme si
terne fût de force à pouvoir se passer du concours de
tous les chefs du Parlement, on s'obstinait à croire qu'il
ne tenait qu'à eux de gouverner avec lui. »

C'est sous l'empire de cette illusion que Montalembert
fit son discours du 10 février 1851, en faveur de la dota-
tion du président :

— Je viens, dit-il, entreprendre la défense du gouvernement, sans enthousiasme aucun, sans confiance illimitée en qui que ce soit. Je ne parle pas du passé, je ne

réponds nullement de l'avenir; je ne réponds nullement des fautes que pourront arracher à ce gouvernement ou l'acharnement de ses adversaires ou les conseils funestes de ses auxiliaires éventuels. Je ne suis donc ni le garant, ni l'ami, ni le conseiller, ni l'avocat du président; je suis simplement son témoin, et je viens lui rendre ce témoignage, devant la justice du pays, qu'il n'a démérité en rien de cette grande cause de l'ordre que nous avons tous voulu servir, et dont quelques défenseurs semblent vouloir aujourd'hui l'abandonner ou le blâmer... Il y a bien des points sur lesquels je ne suis pas d'accord avec le président de la République : il pourra me faire regretter un jour d'avoir cru en lui; il pourra me faire rétracter le témoignage que je lui rends. Mais, comme je ne lui dois rien, comme je ne lui demande rien, comme il ne peut rien pour moi, il y a une chose dont je suis sûr, c'est que jamais, par aucune faveur, par aucune complaisance, il ne pourra gâter le plaisir que j'éprouve et l'honneur que je me fais en venant lui rendre ici ce public témoignage.

Sans doute, on peut blâmer ce discours et discuter la conduite de Montalembert en ces circonstances. Nul d'ailleurs n'en a fait une critique plus amère que lui-même, dans la suite de sa carrière. Mais, quel que soit le jugement qu'on porte sur son attitude à la veille du 2 décembre, nul ne saurait méconnaître qu'elle fut désintéressée, courageuse, et uniquement inspirée par son dévouement à ce qu'il crut être alors l'intérêt catholique.

M. Thiers, M. Molé, tous les chefs de la majorité au Parlement se séparaient de lui. Il en souffrait, mais il tenait bon.

— Mon rôle, disait-il, a toujours été de servir la vérité, et la vérité impopulaire.

Cependant, le coup d'État éclate, les représentants du peuple sont arrêtés dans la nuit du 2 décembre, l'Assemblée est dissoute et dispersée par la violence.

Montalembert proteste d'abord avec énergie, et, quand Louis-Napoléon lui propose de l'aider à réorganiser l'ordre constitutionnel, il refuse et déclare que l'emprisonnement de ses collègues enchaîne sa propre liberté. Le Prince, qui n'a plus rien à craindre des prisonniers, ordonne leur élargissement et insiste auprès de Montalembert pour qu'il l'aide à vaincre la dictature de l'anarchie.

Ceux qui vivaient alors s'en souviennent : à cette heure, les meilleurs esprits étaient littéralement affolés. C'était un de ces moments où, suivant un mot célèbre, le difficile n'est pas de faire son devoir, mais de le connaître.

Montalembert était perplexe. D'une part, ses anciens amis, Lacordaire, le P. de Ravignan, Mgr Dupanloup, Villemain, Foisset, l'adjuraient de s'abstenir, et de l'autre, Mgr Parisis, Mgr Gousset, Donoso Cortès, tous les amis de l'*Univers,* avec madame Swetchine, lui conseillaient de se rallier au fait accompli.

Anxieux, troublé, il consentit enfin à se rendre à l'Élysée. Il posa au Prince ses conditions, demanda des engagements, on lui donna des espérances.

En sortant de l'entrevue, il lui sembla voir les barricades mal démolies toutes prêtes à se relever, il revit passer sous ses yeux les horreurs de la guerre civile.

— L'acte du 2 décembre, dit-il, a mis en déroute tous les révolutionnaires, tous les socialistes, tous les bandits de la France et de l'Europe. C'est à mon gré une raison plus que suffisante pour que tous les honnêtes gens s'en réjouissent et pour que les plus froissés d'entre eux s'y résignent.

— Certes, ajouta-t-il, je ne prétends pas plus garantir l'avenir que juger le passé... Mais, en présence du gouffre béant du socialisme vainqueur, mon choix est fait. Je suis pour l'autorité contre la révolte, pour la conservation contre la destruction, pour la société contre le socialisme.

Il rappela les grands faits religieux qui avaient signalé depuis trois ans le gouvernement de Louis-Napoléon : la liberté de l'enseignement garantie, le Pape rétabli par les armes françaises, l'Église remise en possession de ses conciles et de sa dignité.

Il pressentit le résultat du vote de confiance que le Président allait demander à la nation. Il estima imprudent et insensé de se mettre en travers du vote populaire, quand ce vote n'avait rien de contraire à la loi de Dieu ni aux conditions du pacte social. Il n'hésita plus, et l'*Univers* du 14 décembre 1851 répandait dans Paris, en province, partout, la célèbre lettre où Montalembert disait :

« Voter *pour* Louis-Napoléon, ce n'est pas approuver tout
« ce qu'il a fait ; c'est choisir entre lui et la ruine totale
« de la France. Ce n'est pas dire que son gouvernement
« est celui que nous préférons à tout ; c'est dire simple-
« ment que nous préférons un Prince qui a fait ses preuves
« de résolution et d'habileté, à ceux qui font aujourd'hui
« les leurs par le meurtre et le pillage. Ce n'est pas con-
« fondre la cause catholique avec celle d'un parti ou d'une
« famille, c'est armer le pouvoir temporel, le seul pouvoir
« possible aujourd'hui, de la force nécessaire pour dompter
« l'armée du crime, pour défendre nos églises, nos foyers,

« nos femmes contre ceux dont les convoitises ne res-
« pectent rien, qui *tirent à l'habit,* qui visent au proprié-
« taire, et dont les balles n'épargnent pas les curés. Ce
« n'est pas sanctionner d'avance les erreurs ou les fautes
« que pourra commettre un gouvernement, faillible comme
« toutes les puissances d'ici-bas ; c'est déléguer au chef
« que la nation s'est déjà une fois choisi le droit de pré-
« parer une Constitution qui ne sera certes pas plus dan-
« gereuse et plus absurde que celle dont les neuf cents
« représentants élus en 1848 ont doté la France, et contre
« laquelle j'ai eu le bonheur de voter. »

Comme on le voit, en adhérant au coup d'État, Montalembert s'inspirait avant tout de son amour de l'ordre et
de son dévouement à la cause des libertés religieuses.

— Jamais, écrivait-il, il ne me rendra son complice,
s'il attente à la liberté de l'Église ou aux lois fondamen-
tales de la société [1].

Du reste, l'illusion fut de courte durée.

Jusqu'au jour du vote, le Prince président l'accueillait
avec une distinction et une déférence marquées. Dès que
sept millions de suffrages en eurent fait l'élu de la nation,
Louis-Napoléon n'écouta plus que d'une oreille distraite
le chef du parti catholique.

Montalembert le comprit et resta chez lui.

Alors, on lui fit de nouvelles avances, et il sut qu'il allait
figurer sur la liste des notablilités du pays appelées par
le choix du Prince à composer le Sénat. Il fit savoir qu'il
n'acceptait point. Les intimes du Maître, Fould, Persigny,
vinrent de l'Élysée chez lui pour combattre sa résolution.

---

[1] Lettre à M. l'abbé Besson, 30 décembre 1851.

Mais lui, ne voulant rien devoir à la faveur et convaincu qu'on voulait surtout faire de son nom une décoration pour le Sénat impérial, il persista dans son noble refus.

Survinrent les décrets qui confisquaient les biens de la famille d'Orléans. Aussitôt il écrit, pour se démettre des fonctions de membre de la Commission créée le 2 décembre.

— Bien que cette Commission n'ait été consultée pour aucun des actes du pouvoir, fit-il résolûment, il n'en existe pas moins, aux yeux du public, pour ceux qui la composent, une sorte de solidarité avec la politique du gouvernement qu'il m'est impossible d'accepter. J'en appelle à la loyauté du Prince pour que cette démission soit rendue publique par la même voie que l'a été ma nomination, c'est-à-dire par son insertion au *Moniteur*.

En brisant avec cette solennité fière tout lien de solidarité avec le 2 décembre, Montalembert accomplissait un acte de courage, et sa voix, retentissant au milieu du silence universel qui suivit le coup d'État, avait un singulier accent de contraste avec le mutisme de tous, en France, à ce moment.

II

Un jour, La Fayette racontait ses souvenirs de la grande Révolution. Il exposait sa ligne, ses visées, ses doctrines, son plan, et s'efforçait de montrer comment il avait toujours suivi un chemin droit, sans dévier jamais de son but : le triomphe de ses doctrines libérales. Quelqu'un l'interrompit :

— Général, fit le questionneur sur un ton d'ironie mal déguisée, qu'avez-vous fait pour le triomphe de vos doctrines sous le règne de Bonaparte?

— Monsieur, répondit La Fayette en regardant bien en face son interrupteur, sous l'Empire, je me suis tenu debout.

Se tenir debout!... La grande chose, et comme elle est rare en ce temps de caractères affadis, où l'intérêt personnel prime tout, où la peur est plus que jamais mauvaise conseillère, où l'on a hâte de jouir, quand même il faille pour cela s'agenouiller, parce que celui qui dispense les jouissances et les honneurs ne les donne qu'à ceux qui ne l'offusquent pas en demeurant à son niveau !

Montalembert voulut rester debout, quand tous s'agenouillaient. Debout, en effet, la tête haute et le front noblement découvert, il traversa le second Empire, sans jamais abdiquer sa dignité, recueillant souvent le blâme parmi les siens, mais s'imposant à tous par la noblesse de son courage qui ne se démentit jamais.

Il ambitionna l'honneur de continuer à représenter le Doubs dans le nouveau Corps législatif, comme il l'avait représenté à la Constituante et à l'Assemblée de 1849. On s'en étonnait.

— Eh quoi ! lui disait-on, vous avez refusé d'être sénateur, et vous voulez être député ! Vous savez bien que Louis-Napoléon n'acceptera, dans la Chambre où vous voulez entrer, que des comparses.

— Oh ! répondit-il, il se peut bien que les membres du Corps législatif ne soient que des comparses ; mais, les sénateurs, c'est bien différent, ce sont des compères !

Mais sa carrière politique était finie. Au Corps législatif, où il garda son siége, jusqu'à ce que, en 1857, un chambellan de l'Empereur, candidat officiel, vînt l'en déposséder, il tenta d'élever la voix en faveur de tout ce qu'il avait autrefois si vaillamment défendu. Son éloquence, étouffée par la sonnette du président et par les menaces des procès politiques qui ne lui furent pas épargnés, se perdait presque dans le vide, et il comprit que le silence seul allait être désormais son abri, son refuge et son sort.

Quand, dans le précédent volume, nous nous promenions sous les ombrages de Sorèze avec Lacordaire, lui aussi réduit au silence et pour les mêmes motifs, nous surprenions sur le front du grand orateur chrétien des nuages passer, et sa main fiévreuse semblait vouloir les chasser de ce front attristé. Parfois, dans ses promenades, Lacordaire s'arrêtait, comme écoutant au dedans de son âme une voix qui lui parlait de fin prochaine, ce *responsum mortis* dont parlent nos Livres sacrés et que les grandes âmes entendent dans le silence où la terrible faucheuse les appelle, et nous disions, le voyant s'arrêter, triste, l'œil voilé, la bouche muette, le regard perdu dans l'horizon, l'interrogeant au milieu des larmes qui en obscurcissaient la vivante acuité : Chrysostome va mourir !... Le grand homme se mourait, parce qu'à l'horizon, des montagnes infranchissables lui dérobaient les tours de Notre-Dame, et il en avait la nostalgie. Or, la nostalgie fait mourir ; et, pour avoir été condamné au silence qui suivit le fameux discours de Saint-Roch, Lacordaire mourut !

Montalembert aura le même sort. Il n'en mourra pas sitôt, mais il en mourra ! Et parfois, dans ses longues promenades solitaires sous les bois de la Roche-en-Brenil,

l'image de Jeanne d'Arc, brûlée vive sur le bûcher de
Rouen, passa devant ses yeux, comme pour lui rappeler
que Dieu lui avait donné une grande âme et une grande
parole pour sauver la liberté de l'Église enseignante :
Après quoi, sa mission fut finie !

« Oh ! disait-il dans l'intimité, je n'y puis songer sans
« frémir, les années que j'ai passées au Corps législatif,
« de 1852 à 1857, sont certainement les plus tristes et les
« plus méritoires de toute ma vie. Les douleurs maté-
« rielles que l'implacable maladie m'a fait connaître depuis
« lors ne sont rien auprès des angoisses morales que j'ai
« traversées pendant cette sombre et affreuse période. Je
« défendais seul alors, j'ose le dire, l'honneur et la liberté
« de la France, sans que personne m'en sût le moindre
« gré, sans que personne eût l'air de s'en apercevoir dans
« le public. Je combattais en désespéré dans une cave
« sans air ni lumière. »

Il combattit cependant, bien que sans espérance, et,
inutile de le dire, il combattit avec honneur.

Je ne veux pas parler seulement de la célèbre brochure
des *Intérêts catholiques au dix-neuvième siècle,* hymne en
l'honneur de la liberté entonné au début même du second
Empire, plaidoyer en faveur du gouvernement parlementaire prononcé sous le règne d'un dictateur, satire du
pouvoir absolu, diatribe violente jusqu'à l'excès contre les
siens qui s'étaient ralliés et qui, non contents d'accepter
le fait accompli, brûlaient, trouvait-il, trop d'encens
devant le trône. Il s'écriait :

— Je ne veux pas qu'on dise, dans l'avenir, que la
grande palinodie à laquelle j'assiste a eu lieu sans soulever
aucune protestation. On saura qu'il y a eu un vieux soldat

du catholicisme et de la liberté qui a protesté... On me dit que je serai seul. J'espère bien mieux de mon pays. D'ailleurs, j'ai été seul longtemps déjà sous d'autres régimes : dussé-je l'être toujours, je m'y résignerais bien plus volontiers qu'à être le complice silencieux de l'abaissement de mon parti et de mon drapeau.

Je ne juge pas cette attitude de Montalembert sous l'Empire, je ne veux pas me donner le facile courage d'insulter à un régime déchu et m'exposer à mécontenter chez quelques lecteurs des fidélités que j'honore. Mais je ne puis m'empêcher d'admirer cette noblesse qui, alors que tous s'inclinent, reste debout. Sans doute, à ce même moment, Victor Hugo s'écriait :

— S'ils ne sont plus que mille à résister et à protester, je serai avec eux ; si même ils ne sont plus que cent, je brave encore Sylla :

> S'ils ne sont plus que dix, je serai le dixième,
> Et s'il n'en reste qu'un, je serai celui-là !

Mais le poëte des *Châtiments* chantait ainsi au loin, dans l'exil, protégé par la frontière, tandis que Montalembert s'exposait à des poursuites, à des procès qui ne lui manquèrent pas [1] et qui ne l'arrêtèrent point, croyant alors de son devoir d'arrêter le clergé sur la pente qui l'entraînait à cette heure vers le pouvoir nouveau.

Pour l'en détourner, il lui rappelait ce que l'Église de France devait à la liberté politique depuis un demi-siècle : l'essor merveilleux de la prédication, l'élan de la polémique religieuse, l'extinction du gallicanisme, la résurrec-

---

[1] Trois procès lui furent intentés sous l'Empire et l'exposèrent à des peines fort graves.

tion des grands Ordres monastiques, la réaction liturgique, la renaissance de l'art chrétien, la fondation de nouvelles familles religieuses, « race immortelle qui pullule avec la même rapidité que les misères et les infirmités de l'homme », depuis les inventions de la charité chrétienne au moyen âge jusqu'à ces *Petites Sœurs des pauvres,* « inventées par une servante bretonne à l'effet de recueillir les délaissés de la charité régulière, et de se nourrir des restes, non de la table des riches, mais de la desserte des pauvres ».

« Il y a cinquante ans », s'écriait le chantre des victoires de la liberté religieuse, « il y a cinquante ans, pas une
« seule religieuse ne se montrait sur le sol de la France ;
« aujourd'hui, on voit apparaître leur cornette blanche,
« leur visage riant, leur regard pur et calme, dans chaque
« ville, dans chaque bourgade, à l'ombre de tous les
« clochers, sur le seuil de toutes les écoles, de tous les
« hospices, partout où il y a une larme à essuyer, une
« misère à alléger, un mort à ensevelir, un vivant à
« consoler. »

Il terminait par une prophétie.

Après avoir rappelé que, en 1830, le clergé, à qui l'émeute victorieuse reprochait ses sympathies en faveur de la Restauration, avait dû quitter l'habit ecclésiastique et cacher sa soutane pendant trois ans dans les rues de Paris, tandis que, en 1848, Lacordaire avait pu traverser les barricades, se maintenir à Notre-Dame et paraître à l'Assemblée nationale avec sa bure dominicaine, uniquement parce que le clergé n'avait donné aucun gage au gouvernement de Juillet, il prédisait la chute inévitable du régime dictatorial et annonçait une révolution, « auprès de laquelle les crises de 1830 et de 1848 paraîtront des jeux d'enfants ».

Pour apprécier ce que ces choses demandaient de courage et d'énergie, il faut se rappeler l'affolement, l'idolâtrie de la nation presque entière, clergé, magistrature, armée, villes, campagnes, bourgeois et peuple, aux pieds de César. Je n'en rappellerai qu'un trait plaisant.

Un jour, je ne sais plus quel dramaturge s'en alla soumettre à la censure la pièce qu'il voulait faire représenter sur un théâtre populaire. Or, l'un des personnages de cette comédie, d'ailleurs très-anodine et très-effacée comme tout ce qu'on jouait alors, disait innocemment :

— Que faites-vous à Vichy ?

A quoi l'acteur chargé de la réplique répondait :

— Je m'y ennuie.

— On ne peut laisser cette réplique, fit sévèrement le censeur ; il est impossible de tolérer qu'on dise sur la scène qu'on s'ennuie dans une ville où l'Empereur va tous les ans [1].

De plus en plus découragé, Montalembert voulait quitter la Législative, où sa voix généreuse, commentant cette fière parole de Bodin : « Le pouvoir de tout faire n'en donne pas le droit ! » ne réveillait d'autre écho que le murmure de la peur et des intérêts compromis.

— Le Corps législatif, écrivait-il [2], ne s'occupe que du bal qu'il va donner à l'Impératrice... Le salaire, accordé par le dernier sénatus-consulte, semble tenir lieu à tous de dignité et d'indépendance.

Et comme ses collègues, les autres députés, insistaient

---

[1] *Presse*, 15 décembre 1865.
[2] Lettre au prés'dent Clerc, 26 mars 1853.

pour avoir sa souscription à ce bal, il répondait :

— Je ne pense pas qu'il entre dans les attributions des corps politiques, même salariés, de faire danser la cour et la ville. Je cherche en vain un précédent analogue dans la chronique des législatures antérieures, même sous le premier empire.

Il ajoutait avec un dédain ironique :

— Nos travaux ne paraîtront, je le crains, ni assez importants, ni assez laborieux, pour faire comprendre au public que nous ayons besoin de pareilles distractions.

Et il concluait :

— Mes électeurs n'ont sans doute jamais songé qu'ils m'envoyaient à la Chambre pour remplacer la tribune renversée, par un orchestre de bal.

Hélas! ses électeurs, représentés par le maire de Besançon à qui il avait envoyé les mille francs refusés par lui à ce bal, pour être employés à une œuvre utile et locale, refusèrent son offrande, et il devint évident qu'il ne serait pas réélu [1].

[1] Mgr Besson a raconté, avec son rare talent d'historien, les péripéties de la lutte électorale qui aboutit à l'échec de Montalembert en Franche-Comté. « Cet échec, dit l'éloquent écrivain, fut la honte « du pays. Il étonna l'Europe entière ; il affligea les partisans les « plus dévoués et les meilleurs du second empire ; la justice, la « liberté, l'honnêteté publique, l'éloquence, la religion, toutes ces « grandes choses qui sont les maîtresses de la vie humaine se sen- « tirent frappées par ce coup fatal, dont le contre-coup a porté plus « loin qu'on ne le croit. On ne s'est jamais demandé ce qu'aurait pu « arrêter ou prévenir de mal cette fière parole, si elle eût été con- « servée à nos assemblées. Il eût fallu compter avec elle pendant la « guerre d'Italie, si désastreuse pour l'Église, et dont le souvenir « pèsera comme un remords, malgré nos victoires, à la conscience « catholique de la France. Ne nous rassurons pas en nous disant que « l'orateur n'eût pas été écouté. Serait-il donc rentré au Corps légis-

A quelque jours de là, Montalembert, en compagnie de savants francs-comtois, ses amis et ses émules, visitait les ruines d'Alaise, là où un érudit du terroir croyait avoir retrouvé l'emplacement des luttes suprêmes de la Gaule envahie contre Jules César, son envahisseur.

— Eh bien ! s'écria Montalembert, puisque c'est ici que Vercingétorix a livré contre César le dernier combat de la liberté gauloise, buvons à Vercingétorix, l'ennemi de César !

Ce fut comme son dernier cri ! Maintenant, la tribune lui sera fermée, et comme la chaire à Notre-Dame portait le deuil de Lacordaire exilé, la tribune française restera muette, parce que O'Connell a été condamné au silence, j'allais presque dire condamné à mort. Mais non, ce n'était pas la mort encore, c'était l'agonie lente, cruelle, impitoyable, l'agonie au sein de laquelle ce génie chrétien brave et vaillant devant la mort, se débattra contre elle de longues années encore, immortalisant ces années de luttes par des œuvres magnifiques qu'il est temps d'étudier.

III

Sur la fin du règne de Louis-Philippe, trois voyageurs revenaient dans un wagon du camp de Compiègne.

L'un était un homme de trente-six ans, au visage pâle

« latif sous des auspices plus défavorables qu'à la Constituante? U
« tel homme, dès qu'il a sa place dans une assemblée, y trouve tou-
« jours son heure. En lui fermant la porte du Corps législatif, nous
« avons méconnu un grand devoir, et cependant nous étions sûrs
« que notre représentant ne faillirait pas à son mandat. »

et régulier, avec de longs cheveux tombant droit, des yeux grands et mélancoliques d'une expression pleine d'aménité et de poésie. Il lisait un livre de Joseph de Maistre et semblait parfois méditer, comme perdu dans une sorte d'extase.

A côté de lui se trouvait un capitaine de dragons, dont la lèvre supérieure était ornée d'une large moustache noire, qu'il relevait en crocs d'un air martial, et dans l'angle opposé se tenait vis-à-vis d'eux un tout jeune homme, qui, le lorgnon dans l'œil, regardait le lecteur avec un air très-suspect d'impertinence.

— Voyez donc la bonne tête de Jésuite! murmura-t-il à voix basse, en se penchant vers le capitaine, son vis-à-vis de wagon.

— Monsieur, répondit tranquillement le capitaine, en couvrant l'étourneau d'un regard froid, cette tête de Jésuite est celle de mon frère, le comte de Montalembert, pair de France.

L'anecdotier, auquel j'emprunte l'histoire [1], ne dit pas comment se termina l'aventure. Sans doute qu'à la station suivante, le jeune homme au lorgnon s'esquiva prestement, sans demander son reste.

Or, à quatre ans de là, un autre jeune homme, Henry d'Audigier, à peine sorti des bancs du collège, se présentait chez l'ex-pair de France devenu député au Corps législatif. On était au mois de février 1852.

Montalembert rentrait à peine de l'Institut, et, quand son jeune visiteur pénétra dans l'hôtel de la rue du Bac, l'académicien déposait l'habit aux palmes vertes dont il

---

[1] E. DE MIRECOURT, *Montalembert*, p. 63.

venait de se vêtir pour la première fois. M. Guizot, qui avait répondu au nouvel immortel, avait loué cet ancien adversaire, tant de fois incriminé de jésuitisme sous le gouvernement de Juillet, et, aux applaudissements de l'illustre compagnie, l'austère ministre de Louis-Philippe avait qualifié le récipiendaire d' « âpre lutteur de l'arène politique ». Le jeune homme, lui aussi, sortait de l'Institut, où il avait assisté à ce curieux spectacle du noble fils des croisés accueilli et acclamé par ceux qu'il avait tant de fois combattus, assurant qu'il ne reculerait pas devant les fils de Voltaire. Dans son admiration, il exprima en termes chaleureux ses enthousiasmes de vingt ans, et, après avoir rappelé la distance parcourue depuis le jour où les fils de Voltaire, bondissant sous le fouet, couvraient de leurs murmures la voix éloquente du fils des croisés, il s'écria, dans un élan de jeune et chaude sympathie pour l'orateur catholique :

— Ah ! souffrez que j'ajoute une définition à celle que M. Guizot a faite de vous : vous n'êtes pas seulement le lutteur incomparable des arènes politiques. Vaillant et fort comme un baron des Croisades, croyant comme eux, en un temps où nul ne sait plus l'être, vous êtes le dernier baron chrétien.

Comme il avait fait dans le wagon de Compiègne, Montalembert sourit, mais son sourire avait une tout autre expression.

Ce jeune visiteur lui représentait la jeunesse catholique de l'avenir, comme son jeune insulteur d'il y a quatre ans lui avait représenté la jeunesse voltairienne formée aux écoles d'incrédulité alors régnantes, et le progrès, accompli en si peu d'années, lui montra combien son action avait

été féconde. Il se laissa aller aux charmes de cette comparaison :

— Jamais, fit-il, jamais, il y a quatre ans, je n'aurais
pu faire ce discours à l'Académie. Attaquer Voltaire ! en
pleine Académie, là même où l'on mettait alors au concours l'éloge du patriarche de l'incrédulité, dire à haute
voix, en public, à l'Institut, de Voltaire, qu'il fut « le plus
formidable esprit que le mal ait jamais enfanté », je ne
l'aurais jamais pu ! Et quel symptôme de cet apaisement,
de cette amélioration de l'esprit public, que le seul discours de M. Guizot !... Mon ami, l'avez-vous remarqué ?
de quel air, sur quel ton, n'a-t-il pas prononcé, en pareil
lieu, son « Notre-Seigneur Jésus-Christ » ! Oh ! oui, rien
de plus nouveau, rien de plus rassurant !

En effet, la réception de Montalembert à l'Académie
française, le 5 février 1852, fut un événement. Depuis la
réception de Royer-Collard, en 1827, on n'avait pas vu un
tel auditoire ni une telle sympathie. Les places mêmes
réservées aux académiciens étaient envahies. Les applaudissements soulignaient chaque allusion, chaque tirade,
chaque déclaration antirévolutionnaire et chaque profession de foi catholique.

Il débuta par l'éloge de la Franche-Comté, cette généreuse province où les paysans, au dix-septième siècle,
se faisaient enterrer la face contre terre pour témoigner
de l'aversion que leur inspiraient la conquête et la domi-
nation de leur envahisseur, cette terre hospitalière qui
l'avait recueilli au lendemain du naufrage de la pairie et
de la royauté. « C'est elle, dit-il en s'adressant à ses nouveaux collègues, qui, en me rouvrant spontanément la
carrière politique, nous a donné, à vous, Messieurs, l'occa-

sion de fixer vos regards sur moi, et à moi la témérité d’aspirer à vos suffrages. Grâce à elle, je puis vous remercier aujourd’hui de m’avoir accordé la seule faveur que j’aie désirée, la seule élection que j’aie sollicitée, et la seule distinction que j’aie obtenue dans le cours de ma vie. »

Celui dont il venait occuper le fauteuil était né à Besançon. Montalembert se plut à retracer sa vie, y recherchant les points par lesquels la sienne propre se trouvait en secrète affinité avec celle de son prédécesseur.

Droz avait connu et goûté le bonheur domestique, cette félicité intime, qui, à soixante-quinze ans et sept ans après l’avoir perdue, lui faisait écrire, en parlant de sa femme, ce mot charmant : « Notre bonheur a duré quarante-sept ans, et mon amour pour elle ne dégénéra jamais en amitié. »

Comme Droz, Montalembert sut toujours se préserver de l’ennui, que tous deux regardaient comme un malheur, et, pour fuir cet ennemi, Droz en revenait à son goût prédominant, celui de la retraite : « D’abord, disait-il, on s’y garantit d’une foule d’importuns et d’oisifs. Des gens qui ne nous déroberaient pas une pièce de monnaie nous volent sans scrupule une heure, un jour : ils ne savent donc pas ce que c’est que le temps ? C’est la vie. »

Entre le successeur et son prédécesseur qui avait écrit une belle *Histoire de Louis XVI,* il y avait encore une horreur commune, celle des constituants de 89, coupables d’avoir fait dévier la Révolution de son idéal chrétien et généreux. « C’est elle, s’écria Montalembert, c’est l’As-
« semblée de 1789 qui fit du mot de Révolution le syno-
« nyme de la destruction méthodique, de la guerre per-

« manente contre tout ordre et contre toute autorité ; c'est
« elle qui baptisa du nom de Constitution ces créations
« artificielles de la scolastique des partis, sans racines et
« sans majesté, éphémères comme la passion et stériles
« comme l'orgueil. »

S'élevant, en un magnifique langage, dans les plus
hautes régions d'une saine économie politique, il reprocha
aux constituants d'avoir eu cette manie de l'uniformité,
qui est la parodie de l'unité, et, sous l'influence de cette
confiance niaise et de vrais lieux communs, d'avoir
déchiré ces symboles, ces traditions, ces formules qui
sont le vêtement nécessaire de notre nature infirme, pour
la jeter frissonnante et nue dans les déserts de l'abstrac-
tion.

« L'Assemblée constituante aima mieux déclarer que le
« peuple français n'avait été pendant douze siècles qu'un
« ramas d'esclaves, afin de créer un peuple neuf, un
« peuple fabriqué de la veille, comme une machine propre
« à faire l'expérience des théories et des abstractions dont
« elle s'était éprise. Elle traita la France en pays conquis :
« elle mit à sac toutes les affections, tous les souvenirs,
« tous les vestiges du passé ; elle les immola tous à cet
« orgueil cruel qui est le propre des novateurs.

« Les nations ont une âme comme les individus : pour
« n'être pas immortelles, elles n'en ont pas moins leur
« raison d'être dans le passé et de longues espérances
« d'avenir. C'est sur cette âme de la France que la Con-
« stituante porta la main ; elle entreprit de la tuer : elle y
« réussit à moitié.

« L'Assemblée crut avoir tout fait, parce qu'elle avait
« tout changé ou tout détruit. On aurait pu lui rappeler

« qu'il ne faut qu'une cognée et un quart d'heure pour
« abattre le plus beau chêne de nos forêts, et qu'il faut un
« siècle pour le remplacer. »

Après avoir ainsi fait magistralement le procès à la
Constituante, Montalembert invoquait contre elle deux
témoignages véritablement écrasants : Washington, accep-
tant à la fin de sa carrière le commandement d'une armée
pour la combattre, et Mirabeau, s'arrêtant, au milieu de
ses triomphes oratoires, désespéré de n'avoir attaché son
nom qu'à une vaste destruction.

Je viens d'écrire le nom de Mirabeau. On pardonnera à
un Provençal de n'avoir pas su résister au besoin de
noter, j'allais dire, de saluer ce nom fatidique, car, si
Mirabeau a fait du mal, beaucoup de mal, on ne saurait
rester indifférent devant cette figure, étrangement belle
dans sa laideur, qui plane sur 89 comme le génie de la
Révolution dominant cette tempête des éclats d'une voix
qui gronde avec un fracas de tonnerre, génie déclassé,
mais à la fin clairvoyant, qui meurt désespéré de n'avoir
pu devenir l'apôtre de la liberté garantie par le pouvoir
monarchique, après avoir si fièrement brisé le pouvoir
absolu par sa réplique hautaine à Dreux-Brézé.

« Il lui fut donné, du moins, avant de succomber, de
« s'incliner devant la Reine, d'en obtenir son pardon...
« Connaissez-vous, Messieurs, un spectacle plus émouvant
« que celui de Marie-Antoinette, et ne comprenez-vous
« pas ce respect, cet attrait, cet hommage attendri de
« l'homme en qui devait s'incarner le génie de la Révo-
« lution pour la femme qui devait en être la plus noble
« victime ?... Pour moi, j'avoue que, dans les annales de
« la France et du monde, je ne sais rien, je n'imagine rien

« de plus saisissant et de plus douloureux que la destinée
« de Marie-Antoinette. Qui ne se sent comme éperdu de
« douleur et d'admiration devant ce contraste tragique
« entre l'éclat incomparable des dix premières années de
« son règne et les ignominies dont sa fin fut abreuvée;
« devant cette vertu charmante, ce bon sens si aimable et
« si méconnu, ce sang-froid, cette patience sereine, cette
« décision qui faisait dire à Mirabeau : *Le Roi n'a qu'un
« homme, c'est sa femme.* Épouse, sa fidélité va jusqu'à
« paralyser son énergie naturelle; chrétienne, elle se
« résigne à tout, excepté à une complicité apparente avec
« le schisme; mère, elle venge toutes les mères par le cri
« sublime qui confond ses accusateurs. Son cœur, modeste
« et calme, grandit toujours avec sa destinée, jusqu'à ce
« qu'il soit à la hauteur de cet échafaud où devait monter
« la fille de Marie-Antoinette après le petit-fils de saint
« Louis.

« Non, la France n'a point encore expié ce crime, le
« plus grand de tous ceux qu'elle a laissé commettre. Un
« jour viendra peut-être où elle élèvera un autel dans le
« cœur repentant de chacun de ses enfants à cette martyre
« de nos égarements. Ce jour-là, nous serons *désaveuglés.*
« Le mot n'est pas français, je le sais : il est de la Reine
« de France, il est de Marie-Antoinette, et vous ne le
« répudierez pas. »

Montalembert termina son discours par une allusion
transparente aux tristesses de son âme. Il se reprit prompt-
tement, pour ajouter avec une modestie charmante :

— Mais, dit-il, j'ai trop parlé de tout pour avoir le
droit de parler de moi... J'ai hâte de finir, car je comprends et je partage votre juste impatience d'entendre

15.

cette grande voix, trop longtemps muette, et qui me
vaudra votre indulgence, en me faisant oublier.

Alors, M. Guizot se leva, et, quand les applaudissements prolongés qui suivirent le discours de Montalembert se furent tus, le grand ministre, qui n'avait pas parlé
en public depuis la révolution de février 1848, répondit
au récipiendaire.

Le lecteur sait déjà en quels termes il le fit et quel hommage la réponse de cet ancien adversaire apporta aux
combats du grand lutteur catholique, qu'il qualifia avec
bonheur d' « homme de guerre dans la vie civile ».

IV

En entrant à l'Académie française, Montalembert s'était
promis de se consacrer désormais tout entier, loin des
fatigues, des mécomptes, des animosités de la vie politique, aux laborieux loisirs dont l'Académie est le sanctuaire.

Lorsque la candidature officielle dans le Doubs lui eut
fait des loisirs si tristes et si longs, l'Académie s'honora,
en protestant, autant qu'il était en son pouvoir, contre le
silence imposé à l'orateur parlementaire, et le nomma son
directeur, chargé de parler, au nom de l'illustre compagnie, à la séance publique annuelle des cinq Académies
de l'Institut.

C'était le 17 août 1857. Ce discours, l'un des plus beaux
de sa carrière académique, fut une ardente protestation

contre l'abaissement des caractères qui conspiraient avec la fortune, ou plutôt, selon l'expression même du directeur, ce fut un vrai *Sursum corda.*

Il parla de la jeunesse, de cette jeunesse du second Empire, éprise de voluptés, de jeux, de courses, de cercles, de théâtres avilis et de mauvais lieux, cette jeunesse, dit-il, cette chère jeunesse, « qui semble déjà languir indifférente et énervée, les yeux détournés de tout but élevé, de toute responsabilité personnelle, tiède et défiante à l'endroit de tout ce qui s'élève au-dessus du niveau commun, idolâtre de la force et de la multitude qui en est le symbole. — On la dirait, s'écria-t-il, fatiguée avant d'avoir combattu, découragée par des périls qu'elle n'a pas connus, affamée d'un repos qu'elle n'a pas mérité et résignée aux fausses joies d'une sécurité éphémère. »

Ce spectacle d'une jeunesse étiolée dans sa fleur, pour qui trouver un mot bête ou un refrain idiot, lancer une actrice, inventer une forme nouvelle de chapeau trop étroit ou trop large, arriver à équilibrer un carré de cristal dans une orbite qui n'en a nul besoin, semble l'idéal de la gloire et de la renommée contemporaines, ce spectacle faisait bouillonner l'âme du généreux orateur, qui, lui, se souvenait des grandes aspirations de sa propre adolescence. Il s'écria :

— Messieurs, souhaitons-lui, à cette jeunesse, souhaitons-lui les délicates fiertés et les nobles ambitions qui sont la marque assurée des âmes bien nées ; souhaitons-lui ces poésies de l'adolescence et ces enthousiasmes de la jeunesse qui enfantent les sacrifices et transforment les mondes.

Il alla plus loin encore, il osa dire :

— Souhaitons-lui jusqu'à des passions, s'il le faut; oui, des passions à dompter, à discipliner, à féconder, parce que tout vaut mieux pour elle que la décrépitude précoce et le scepticisme corrupteur.

Toute sa vie, Montalembert aima les jeunes gens, mais il ne les comprit jamais autrement que généreux jusqu'à la témérité, ardents au bien jusqu'à cet excès que l'âge mûr seul doit corriger et restreindre.

On se rappelle encore, au collége catholique de Besançon, cette allocution sur le caractère par laquelle il répondit aux compliments, vers et prose, de ses jeunes amis, les élèves de l'abbé Besson, et qu'il termina par ces mots aussi vifs que pittoresques :

— Demeurez fermes et inébranlables dans vos convictions, montrez votre drapeau. Il y a des jeunes gens qui sont chrétiens, mais avec une petite mesure et une indigne mollesse. Point de mollesse, gardez-vous de n'être que des poulets chrétiens!...

Et, puisque j'en suis venu à ce sujet, les jeunes gens qui me lisent seront sans doute heureux de recueillir une parole suprême de ce grand ami de la jeunesse catholique, qui, après leur avoir assuré les bienfaits d'un enseignement chrétien et libre, conserva jusqu'au bout, comme Lacordaire à Sorèze, comme Dupanloup à la Chapelle Saint-Mesmin, la passion d'un apostolat qui lui dicte ses derniers accents d'éloquence.

C'était peu avant sa mort. De la Suisse, un matin, le courrier lui apporta, sur sa couche de douleur, une brise du Valais, il en fut tout réconforté. C'étaient les étudiants catholiques qui lui demandaient pour leur association quelques paroles de sympathie et d'encouragement.

La lettre des jeunes Suisses respirait un enthousiasme
qui remua le cœur du grand athlète, vaincu par la maladie. Il se redressa, charmé et ravi. Il y avait si longtemps
que les jeunes ne lui avaient fait sentir qu'ils avaient
besoin des vieux !

— En quoi, leur écrivit-il, en quoi pourrais-je vous être
utile ? Exilé à quarante ans de la vie publique, condamné
par d'étranges et cruelles souffrances à une vieillesse pré-
maturée, enterré avant d'être mort, je dois vous paraître
en dehors de toutes les choses d'ici-bas. Cependant j'y tiens
encore par mon intérêt pour les luttes analogues à celles
qui m'ont autrefois enflammé. Et cet intérêt redouble quand
je vois les générations nouvelles descendre dans l'arène
pour y rencontrer les mêmes obstacles, les mêmes mécomptes, les mêmes épreuves que leurs prédécesseurs. Je
tremble toujours de les voir céder au découragement ou à
l'indifférence, comme la génération qui a surgi en France
après la révolution de 1848 et le coup d'État de 1851.
Même quand ils ne me demandent rien, je me sens toujours
porté à crier aux jeunes gens : « Courage et confiance !
« Travaillez énergiquement pour la bonne cause, pour la
« vérité, la justice et la liberté, et soyez sûrs que vous ne
« vous en repentirez jamais. » On a mauvaise grâce à se
donner soi-même pour exemple, mais on ne peut guère
rendre service à la jeunesse qu'en la faisant profiter de
l'expérience d'autrui. Laissez-moi donc vous l'avouer :
moi qui ai tant lutté, tant parlé, tant écrit. et le plus souvent sans aucun succès immédiat, je n'ai qu'un regret,
celui de n'avoir pas écrit, parlé, lutté davantage, pendant
que cela m'était encore possible.

V

« M. de Montalembert était né pour l'action. « Homme
« de guerre dans la vie civile », selon l'heureuse expression de M. Guizot, et aimant à guerroyer, il subissait plus
qu'il n'en jouissait, le repos dans lequel l'avait placé, avec
tant d'autres nobles intelligences, le gouvernement impérial.

« En outre, amant fidèle de la liberté, il voyait avec
une douleur amère les affections du pays se détourner de
jour en jour davantage de cette idole de son âme, pour se
porter vers le pouvoir absolu.

« Pour distraire sa tristesse, il partit pour l'Angleterre.
L'Angleterre a été, pour ainsi dire, son berceau ; il y
avait d'illustres et anciens amis, de nombreux admirateurs. Elle possède le gouvernement le plus parlementaire
de l'Europe. C'est plus qu'il n'en faut pour expliquer l'affection qu'a toujours eue pour elle le noble comte.

« Il fut, du reste, partout magnifiquement accueilli. Les
protestants rivalisèrent, à son égard, avec les catholiques,
de sympathie et d'admiration. L'Université d'Oxford, la
plus célèbre de l'Angleterre, lui fit hommage de la robe
rouge de son doctorat ès lois [1]. »

A son retour, il nota, dans un écrit célèbre, intitulé :
De l'avenir politique de l'Angleterre, ses impressions et
souvenirs de voyage.

[1] DOURLENS, *loc. cit.,* p. 276.

Comme toujours, c'est l'éducation de la jeunesse qui a fixé le plus vivement son attention, et c'est dans les grands colléges anglais qu'il s'est complu, là où, suivant le mot de Wellington, « a été gagnée la bataille de Waterloo ». Il est allé sur place, à Oxford et à Cambridge, noter la différence entre les étudiants de France et d'Angleterre.

« Les nôtres sortent brusquement de la servitude des lycées, où chaque minute de leur journée est réglementée sur un échantillon commun de la France entière, pour entrer dans la liberté absolue de la vie de jeune homme à Paris. Dès que notre lycéen est transformé en étudiant, nul ne surveille ni sa conduite ni ses études ; il loge où il veut et fait tout ce qu'il veut du matin au soir et du soir au matin. L'étudiant anglais sort d'une école comme Eton, où il a déjà goûté l'attrait et la responsabilité de la liberté, pour retrouver à Oxford ou à Cambridge une discipline presque aussi sévère que celle qu'il a suivie pendant son enfance. Il peut disposer de sa journée, mais à la condition d'assister deux fois par jour à l'office divin, et de ne jamais sortir dans la rue sans le costume officiel, une robe noire avec un bonnet carré. En outre, tout étudiant doit loger dans un des colléges de l'Université ; il y occupe un appartement particulier, mais il faut qu'il dîne au réfectoire commun avec ses camarades et ses maîtres, et que le soir il soit rentré à heure fixe. Toute contravention grave à ces lois, tout outrage constaté à la régularité des mœurs ou simplement aux usages du monde poli, entraîne soit l'expulsion de l'Université, soit la *rustication,* c'est-à-dire un exil de trois mois, qui équivaut, par la perte des frais d'inscription, etc., à une amende de mille à douze cents francs, infligée à la famille du délinquant. Tel est le régime que subit, sans l'ombre d'un mur ure, l'élite de la jeunesse anglaise de dix-huit ans à vingt-deux ans, et qui leur apprend le respect de soi en même temps que le respect de la loi et de la tradition. »

Mais, pour un catholique, même le plus épris des beautés d'Oxford et de Cambridge, « vrais jardins d'Armide, transportés des régions de la féerie dans celles de l'histoire et de l'éducation réelle », il y avait en Angleterre une merveille plus noble et plus éblouissante que toutes les merveilles d'Oxford et de Cambridge : c'est le courage de ceux qui ont dû abandonner les jouissances d'un tel séjour, sortir de ces colléges où ils occupaient le premier rang, quitter ces lieux enchanteurs, briser les liens les plus tenaces du cœur de l'homme pour rentrer dans l'unité.

Montalembert le salue, avec amour et admiration, dans les Manning, les Newmann, les Faber, les Wilberforce, et, pour nous faire comprendre toute la consolation de leur sacrifice, en sortant des palais académiques qu'ils ont quittés, il nous conduit avec une noble fierté dans la pauvre petite chapelle où repose la vérité qu'ils ont reconquise.

« Quand arrive le dimanche, ou une de ces fêtes supprimées par la réforme, et naguère célébrées avec tant de pompe dans ces basiliques qui n'ont conservé d'autre trace du catholicisme que leur beauté architecturale ou un nom qui semble un reproche vivant, il faut que le voyageur sache s'arracher à la séduction de ces splendeurs dont l'orgueil révolté a fait sa proie, pour fêter ailleurs le Dieu des humbles et des pauvres. Il faut qu'il entre dans ce sanctuaire modeste, sombre et bas, mais qui, à Cambridge du moins, dans sa pauvreté, a reçu de la main de Pugin l'empreinte de la renaissance ogivale. Il y rencontrera peut-être le descendant d'une de ces anciennes races de gentilshommes normands dont la foi a bravé victorieusement, pendant dix générations, la proscription et le dédain. Il se trouvera à côté de quelque pauvre servante sans place, qui a, elle aussi, tout sacrifié et tout enduré pour la vérité. Il y verra un ou deux étudiants craintifs et curieux, venus pour voir et non pour prier, puis des ouvriers, des laboureurs irlandais, missionnaires en guenilles de la vieille religion. »

VI

Ce spectacle l'avait fortifié. Il y revint en 1858, et, rentrant en France, il osa écrire que c'était pour lui « un soulagement d'aller prendre un bain de vie dans la libre Angleterre ».

Le gouvernement lui fit un procès, et l'éclat de cette affaire fut jugé fâcheux par plus d'un de ses amis. Parmi ces derniers, il lui fallut compter M. l'abbé Besson, avec qui il eut, à ce sujet, une conversation que Mgr de Nîmes a notée dans les souvenirs de sa prodigieuse mémoire. Écoutons ce curieux dialogue, où revit tout le Montalembert que nous connaissons déjà et celui avec qui il nous reste à faire connaissance.

La scène se passe autour des ruines du vieux château de Maîche, résidence franc-comtoise de M. de Montalembert.

— Mon cher ami, promettez-moi d’être sincère et de me répondre sans compliments à ce que je vais demander à votre affection pour moi.

— Monsieur le comte, répliqua le spirituel supérieur du collége de Besançon, je ne suis pas complimenteur, et je dis souvent la vérité aux gens qui ne me la demandent pas.

— Eh bien ! fit Montalembert en souriant, dites-moi ce que l’on pense de ma dernière affaire en Franche-Comté. Je n’ai pas reçu dans ce pays-ci beaucoup de marques publiques ou confidentielles de sympathie. Vous êtes prudents, vous autres Comtois. Mais est-ce que je ne représente plus les gens attachés aux vraies libertés? Est-ce que mon langage leur fait peur?

— On craint que la vivacité de votre plume ne vous fasse perdre votre crédit dans le monde.

— La vivacité de ma plume ! Mais c’est venir un peu tard reprocher à un homme de mon âge le style qu’il a eu toujours et partout. Vouloir transformer mon style dans le genre anodin qui est de mode aujourd’hui, c’est me demander de transformer mon caractère et mes convictions ; ce à quoi je ne suis nullement décidé. Le style, c’est l’homme, vous le savez et vous l’enseignez à vos élèves. Le mien m’a accompagné à la tribune, à la Chambre des pairs, que je ne crois pas avoir déshonorée ; sous la République, il m’a envoyé à l’Académie française ; sous l’Empire, il m’envoie en police correctionnelle. Est-ce que cela prouve quelque chose contre le style et contre l’homme?

— Non pas, ce n’est qu’un exemple de plus dans l’histoire des vicissitudes de notre siècle et des opinions de notre pays. Voyez cependant comme l’opinion est non-seulement mobile, mais diverse. Parmi les gens qui vous font des reproches, la moitié vous accuse de changer tous les jours de sentiment; l'autre moitié, de dire tous les jours la même chose.

— Parbleu, je le crois bien, je dis toujours la même chose! Et pourquoi ne reviendrais-je pas sur les mêmes choses, tant que les choses en elles-mêmes, ni mes convictions sur ces choses n'auront changé? Quel est donc l'écrivain ou l'orateur qui ne se répète point tant qu'il n'a pas obtenu ce qu'il désire, et même après qu'il a vaincu ou échoué définitivement? Est-ce que Berryer ne dit pas toujours la même chose? Et M. Guizot? Et vous, mon cher abbé, est-ce que vous ne prêchez pas toujours la même chose?

Sans se laisser désarçonner par cet argument *ad hominem,* M. Besson répondit :

— Sans doute, mais la prédication chrétienne ne souffre ni remise ni interruption; nous sommes tenus de convertir tout le monde, ou du moins d'y prétendre sous tous les régimes...

Puis, enveloppant les conseils prudents qu'il voulait faire entendre à son chevaleresque interlocuteur sous une forme dont on admirera la discrète diplomatie, il ajouta :

— Mais la politique oblige beaucoup moins, et peut-être ceux qui ne parleraient qu'avec peu de profit pour les autres, et au grand détriment pour eux-mêmes, ont-ils à se consulter pour savoir s'ils ne doivent pas s'occuper d'autres travaux, en attendant des temps meilleurs.

Peut-être un peu piqué, Montalembert répudia le conseil en termes énergiques, qui nous révèlent l'indomptable énergie de ce tempérament de fer. Il termina par une de ces prédictions à la de Maistre dont il était coutumier, et à laquelle l'avenir allait si promptement et si tristement donner raison :

— Mon ami, ce conseil peut convenir à d'autres, suivez-le vous-même, surtout parce que vous êtes prêtre et que vous vous devez, comme vous le dites, à tout le monde sous tous les régimes ; mais moi laïque, moi qu'on accuse d'avoir changé, non, je ne peux pas séparer la cause religieuse de la liberté politique, et mes premières allures sont les mêmes que les dernières. Je défie qui que ce soit de trouver dans ma carrière, depuis que j'ai commencé à écrire, en 1829, et à parler, en 1835, une période quelconque, fût-ce d'un mois, où je n'aie pas fait marcher de front ces deux intérêts. On veut maintenant que je me taise sur la politique ? Pourquoi ? Parce qu'il déplaît à certaines gens de voir leur ancien porte-drapeau demeurer à son poste, tandis qu'ils l'ont déserté ! Voilà le sentiment que j'inspire ; je m'en afflige, mais je m'en honore. Ils ont renoncé à ce qui faisait autrefois la force, la dignité, la grandeur de la cause catholique, ils ont trouvé d'autres défenseurs, ce sont les gendarmes, c'est le bras séculier ; ils n'ont plus besoin de moi, nous ne sommes plus d'accord ni sur le bonheur, ni sur l'honneur. Le bonheur, on le met à vivre tranquille et à fermer les yeux sur les périls de l'Église ; l'honneur, à se taire, quand il faudrait parler et signaler l'ennemi. Mais attendez un peu, les événements les ramèneront bientôt à la triste réalité. Nous livrons le Pape au Piémont, le Piémont nous livrera un jour, et nous tomberons avec le Pape !...

X

NOVISSIMA VERBA.

Ç'a été la destinée, ce sera l'impérissable honneur de M. de Montalembert d'avoir aimé de prédilection les faibles et d'avoir plaidé de préférence les causes vaincues.

Jusqu'à la fin, il a gardé fidèlement cette passion généreuse. La religion persécutée, la justice méconnue, l'honneur outragé, il les a défendus jusqu'au bout avec la chaleur, le mouvement et la vie que communiquait à ses écrits la jeunesse immortelle de son âme.

Nous l'allons voir, dans le rapide tableau que ce chapitre va essayer de faire passer sous les yeux du lecteur, avec le regret de courir là où il y aurait tant de charmes à s'arrêter, mais il faut se borner, pour ne pas être interminable, même devant des choses qui mériteraient à elles seules un volume.

I

La guerre de Crimée venait de finir. Sébastopol était tombé devant l'héroïsme de nos soldats, et la France acclamait son armée, qui rentrait du combat couverte de gloire. Les aigles impériales venaient de recevoir comme un nouveau et glorieux baptême, l'Empire inaugurait brillamment la résurrection du nom des Napoléon, et la question d'Orient se fermait au milieu des applaudissements de l'Europe.

Tout à coup, au sein du congrès européen réuni à Paris, des voix s'élevèrent pour jeter sur le Saint-Siége un blâme officiel, dont le retentissement fut immense. Lord Palmerston et le comte de Cavour s'en firent les propagateurs. Les plus avisés devinèrent la secrète connivence de l'Empereur. Montalembert fut de ceux-là, et il eut la hardiesse de le dire tout haut. Dans sa brochure *Pie IX et lord Palmerston,* dans son article *Pie IX et la France en* 1849 *et en* 1859, il démasqua les hypocrisies, et, pour la troisième fois, son courage l'amena sur la sellette correctionnelle. Il fallut cependant renoncer à cette poursuite, car un forban venait de déchirer les voiles de

ces honteux complots, ourdis dans les antres d'une franc-
maçonnerie antireligieuse et antisociale, contre « la souveraineté la plus ancienne, la plus vénérable, la plus *italienne* de l'Europe », pour la punir d'un crime, le seul
que les conjurés reprochassent au prince qui la détenait,
à savoir que « le souverain de Rome est un prêtre ! »

On essaya d'une autre tactique. Lamoricière avait
vengé l'honneur du drapeau pontifical, et les martyrs de
Castelfidardo avaient relevé l'honneur du drapeau français.
Après la tragédie, on voulut essayer de la comédie :
Cavour s'en chargea. L'astucieux ministre tenta de fermer
la bouche au champion de l'Église, objectant en lui les
droits de la liberté et en lui opposant son passé libéral.

— Vous m'interpellez, lui répond Montalembert, vous
me donnez le droit de vous répondre.

Et il ajoute, avec un indicible sentiment de patriotique
tristesse :

— J'éprouve à le faire une répugnance que j'ai peine à
surmonter. Le sang français a été versé par vos ordres ;
l'honneur catholique a été insulté par vos lieutenants ; le
foyer séculaire, le dernier abri du Père commun des
fidèles, est menacé par vos paroles. Il n'est pas un de vos
actes qui ne me blesse et ne me révolte. Voici maintenant
que vous portez un nouveau coup à tout ce que j'aime,
en enveloppant vos desseins pervers sous le voile d'un
accord mensonger entre la religion et la liberté ; et, à
l'appui de vos dires, vous invoquez mon témoignage !
Je me dois de protester que sur aucun point, monsieur
le comte, je ne suis avec vous.

Suivirent les *Lettres à M. de Cavour,* qui eurent, dans la
chrétienté tout entière, un retentissement encore vibrant

aujourd'hui de l'émotion qui les animait. Dans ces vives et généreuses Catilinaires catholiques, le Cicéron moderne protestait contre l'astuce du ministre piémontais, prétendant fonder, de ses mains souillées par la fraude et les rapines, une Église libre dans un État libre.

En finissant, il lui jetait ce défi :

— Tout est possible aujourd'hui, je le sais, et vous le savez mieux que moi, car tout, jusqu'à l'impossible même, vous a réussi. Mais vous ne réussirez pas dans votre projet nouveau. Vous pourrez dépouiller le Pape de tout ce que vous ne lui avez pas déjà pris, mais non lui extorquer la sanction de votre injustice. Vous pourrez tout lui prendre, tout, excepté son droit. Vous ne le réduirez jamais à vous dire que vous avez raison. Et, sans cela, vous n'avez rien.

II

A quelque temps de là, le fier tenant de l'honneur catholique reçut de ses contemporains comme les honneurs du triomphe. Les fils de Voltaire, peu avant la mort de cet ennemi de la sainte Église, avaient couronné leur patriarche ; les fils des Croisés voulurent attester, à la face du monde, que Voltaire avait enfin trouvé un contre-tenant, non moins spirituel et bien plus éloquent que lui.

Ce fut à Malines, le 18 août 1863.

La scène était magnifique. Il y avait bien peu de temps que la seule idée d'un pareil congrès eût semblé une folie.

Aujourd'hui, cela parut tout naturel. On le devait à ces catholiques de France qui escortèrent là triomphalement leur porte-parole et leur porte-drapeau. Dieu semblait vouloir prendre sa revanche de la scène de l'Opéra où fut consommée l'apothéose du patriarche de l'incrédulité. Comme Voltaire, Montalembert dut demeurer assis, car la maladie avait gagné cette constitution robuste, tout entière consumée au service de Dieu et de l'Église. L'analogie était complète ; Montalembert, à son insu, la constata :

— Messieurs, dit-il quand les acclamations eurent fait silence, je suis confus de ne vous apporter qu'un discours écrit, mais douze années de silence m'ont fait perdre l'habitude de la parole. Je ne sais plus que lire, et lire assis, comme à l'Académie française. Vous me pardonnerez, j'espère, de vous traiter comme l'Académie.

Après ce spirituel début, montrant que le complice de l'impiété n'avait point emporté dans la tombe tous les secrets de l'esprit français, le triomphateur catholique aborda résolûment sa thèse, à savoir que l'avénement de la démocratie était certain et son triomphe proche.

— Je regarde devant moi, dit-il, et je ne vois partout que la démocratie. Je vois ce déluge monter, monter toujours, tout atteindre et tout recouvrir.

Puis, au milieu du silence de son innombrable auditoire, il dit, entrevoyant pour la nouvelle souveraineté un nouveau baptême :

— Messieurs, je m'en effrayerais volontiers comme homme ; je ne m'en effraye pas comme chrétien ; car, en même temps que le déluge, je vois l'arche. (*Longs applaudissements.*) Sur cet immense océan de la démocratie, avec ses abîmes, ses tourbillons, ses écueils, ses calmes plats ou ses ouragans, l'Église seule peut s'aventurer sans défiance et sans peur. Elle seule n'y sera pas engloutie. Elle seule a la boussole qui ne varie point, et le pilote qui ne fait jamais défaut.

Loin donc d'avoir peur de la démocratie et du pouvoir nouveau, l'intrépide adversaire de ceux qui reprochaient aux catholiques de n'être plus de leur temps et de s'attarder en arrière du mouvement qui emporte la société dans une nouvelle phase historique, l'accepte sans crainte, mais, en même temps, il déclare que cette phase ne sera glorieuse et durable qu'à la condition d'être chrétienne.

— Oui, s'écrie-t-il, si la démocratie, devenue souveraine et seule arbitre de ses destinées, imite la bourgeoisie voltairienne dans sa répugnance pour le frein religieux, dans son indifférence pour le frein moral, dans sa haine du prêtre; si, comme sa devancière, elle se laisse pervertir et énerver par la prospérité, pour ne retrouver la foi et la raison que sous l'empire de la souffrance et de la peur, on peut lui prédire une prompte et honteuse ruine. Elle ne se relèvera, de temps à autre, dans un paroxysme de turbulence éphémère, que pour retomber chaque fois plus bas dans l'abîme du césarisme.

La *religion,* nous l'avons dit cent fois, *a besoin de la liberté;* mais nous avons toujours ajouté : *La liberté a non moins besoin de la religion,* et plus, mille fois plus que toute autre, *la liberté démocratique.* Sans le secours de l'antique bienfaitrice du monde, toujours vivante et toujours jeune, jamais la liberté moderne ne viendra à bout des obstacles et des ennemis qui l'assiégent. Plus on est démocrate, plus il faudrait être chrétien; car le culte fervent et pratique du Dieu fait homme est le contre-poids indispensable de cette tendance perpétuelle de la démocratie à constituer le culte de l'homme se croyant Dieu.

Pendant quatre heures, le noble discoureur, oubliant la fatigue et le mal implacable dont il souffrait, tint sous le charme de sa parole pénétrante, élevée, hardie bien que « soumise à l'infaillible autorité de l'Église[1] », puissante et chaude jusqu'au bout, une assemblée subjuguée et enthousiasmée. Ce fut un véritable miracle de l'éloquence humaine, suivant l'heureuse définition du ministre d'État, ·M. Dechamps, quand, au nom de ses compatriotes et de ses coreligionnaires, l'illustre Belge porta le toast au banquet qui clôtura le congrès.

III

Parmi les trésors accumulés au manoir de la Roche, le visiteur ne manquera pas de remarquer, à la place d'hon-

[1] Voici en quels termes Montalembert soumit ce discours à l'infaillible jugement de l'Église : « Je ne saurais, dit–il, terminer un « discours où j'ai touché, sur tant de points, à des matières reli- « gieuses d'une nature si délicate, sans remplir mon devoir de « catholique en soumettant toutes mes expressions comme toutes « mes opinions à l'infaillible autorité de l'Église. Après quoi je dirai « avec M. de Maistre : Quand même ma respectueuse voix s'élève- « rait jusqu'à ces hautes régions où les erreurs prolongées peuvent « avoir de si funestes suites, elle ne saurait y être prise pour celle « de l'audace ou de l'imprudence. Dieu donne à la franchise, à la « fidélité, à la droiture, un accent qui ne peut être ni contrefait ni « méconnu. »

neur, sur les rayons de la vaste bibliothèque, une série de trente-deux volumes in-4°, intitulés *Oriental Memory,* avec dessins de l'auteur. L'auteur, M. Forbes, n'a fait tirer ce magnifique ouvrage, fruit de ses voyages et de ses travaux, qu'à trois exemplaires[1] : l'un pour le British Museum, l'autre pour son ami et « frère intellectuel » Louis XVIII, et le troisième pour son petit-fils. A la première page, au-dessous d'un portrait charmant de ce petit-fils peint en miniature, à l'âge de quinze mois, et portant déjà à la lèvre inférieure cette expression de défi qui présageait le grand lutteur de la foi catholique au dix-neuvième siècle, on lit, non sans émotion, cette dédicace :

« Mon cher Charles, à cet anniversaire de ma soixante-
« quatrième année, j'ai mis en ordre ces manuscrits et
« dessins inédits qui vous sont particulièrement destinés.
« J'ai été heureux de travailler pour mon bien-aimé fils,
« enfant de tant de promesses, et qui est si près du cœur
« de son affectionné grand-père. — 15 avril 1813. »

Le savant voyageur semble particulièrement s'être attaché à représenter les nègres esclaves torturés par les planteurs, développant ainsi de bonne heure chez l'enfant de son cœur, *l'enfant de tant de promesses,* comme il l'appelait, le goût et l'amour de la liberté, par la vue saisissante et les émouvants récits des horreurs de la

---

[1] Cette splendide collection de dessins, tirée elle-même de 115 volumes in-folio, devrait bien tenter un éditeur. Publiée en entier ou dans ses principales parties avec les procédés de la gravure et de la reproduction en couleurs, elle formerait une série de volumes auxquels rien ne saurait être comparé dans les productions de la typographie anglaise ou française contemporaine.

tyrannie de l'homme exercée sur l'homme par l'esclavage.

N'est-ce point là qu'il faut faire remonter l'origine et le mérite de cet accent d'éloquente satisfaction que le triomphe du nord de l'Amérique sur le sud arracha à Montalembert, en 1865? Dans cette victoire, il ne voulut voir que l'abolition de l'esclavage.

On hésitait en Europe, on se disputait sur le caractère de ce triomphe du Nord sur le Sud. Montalembert n'hésita pas. Il dit :

« Faut-il donc, nous demande-t-on, faut-il vraiment se
« réjouir et bénir Dieu de cette victoire? Répondons sans
« crainte : Oui, il le faut. Oui, il faut remercier Dieu,
« parce qu'une grande nation se relève, parce qu'elle se
« purifie à jamais d'une lèpre hideuse qui servait de pré-
« texte et de raison à tous les ennemis de la liberté pour
« la maudire et la diffamer; parce qu'elle justifie en ce
« moment toutes les espérances qui reposaient sur elle,
« parce que nous avions besoin d'elle, et qu'elle nous est
« rendue, repentante, triomphante et sauvée.

« Oui, il faut remercier Dieu : parce que cette lèpre de
« l'esclavage a disparu sous le fer des vainqueurs de
« Richmond, extirpée pour toujours du seul des grands
« peuples chrétiens qui, avec l'Espagne, en fût encore
« infecté, parce que ce grand marché d'hommes est fermé,
« et qu'on ne verra plus jamais, sur le glorieux continent
« de l'Amérique septentrionale, mettre à l'enchère une
« créature humaine, faite à l'image de Dieu, pour être
« adjugée et livrée en proie, avec sa femelle et ses petits,
« à l'arbitraire, à l'égoïsme cruel, au lucre infâme, aux
« viles passions d'un de ses semblables! »

IV

Ceux qui ont lu l'*Iliade* ont gardé dans leur mémoire ce saisissant épisode où le roi des poëtes raconte une sortie victorieuse de l'armée troyenne, s'acharnant à la poursuite de l'armée des Grecs qui s'enfuit. Encore un peu, et tout est perdu!... Or, Achille est sous la tente. Il a entendu les désespoirs des siens ; ces accents l'émeuvent, il oublie sa colère et ses résolutions. Le voilà qui sort. Il apparaît, sans armes, l'œil sombre, le front chargé de tristesse, sur le seuil de sa tente. Le voyant, une secrète terreur court dans les veines des soldats victorieux ; mais, comme Achille est désarmé, ils courent toujours, sans arrêter leur poursuite. Alors, le héros pousse une clameur terrible. Trois fois, raconte Homère, Achille fit entendre sa voix de tonnerre, et, au troisième appel, l'armée troyenne rebroussa chemin, les fuyards s'arrêtèrent, les frères d'Achille étaient sauvés !

Il y a dans la vie de Montalembert un épisode analogue.

Lui aussi, à l'heure où nous en sommes arrivés de son existence, désarmé comme Achille, il entendit comme lui les cris désespérés de ceux qu'il appelait ses frères, et, comme Achille, il sortit de sa tente pour pousser trois clameurs formidables, trois cris éloquents jetés au milieu du désarroi moral causé par la terreur qu'inspirent les victimes.

Une nation en deuil, — *l'Insurrection polonaise,* — *Pie IX et la Pologne,* — c'est l'intitulé des trois appels de

Montalembert en faveur de la nation martyre de sa foi et de son patriotisme. Il est vrai, hélas! que la clameur de l'Achille moderne eut moins de succès apparent que le triple cri de l'Achille d'Homère. « Malgré son éloquence, il ne réussit alors ni à éveiller la pitié endormie des cabinets pour la Niobé des nations, c'est ainsi qu'il l'appelle, ni à arrêter dans sa marche la politique exterminatrice de la Russie, broyant une génération sous ses talons de fer. Mais du moins il a payé la dette de sa conscience à cette grande et malheureuse cause. L'iniquité du fait peut prévaloir, longtemps prévaloir; mais la protestation du droit est immortelle comme la conscience humaine d'où elle sort, comme la justice de Dieu qui l'entend[1]. »

Son maître lui avait inculqué cet amour de la nation persécutée. Un jour, le chantre de la Chesnaie avait fait entendre un hymne, que le disciple avait recueilli et dont le refrain se balançait harmonieusement au coin le plus aimé et le plus écouté de sa mémoire fidèle.

— Dors, chantait doucement Lamennais, dors, ô ma Pologne! dans ce qu'ils appellent ta tombe; moi, je dis que c'est ton berceau.

Il alla visiter cette terre polonaise, où le sang coulait toujours, où les martyrs gisaient sur le sol, abattus par une main de fer, chargés de liens par des bourreaux toujours vigilants à réprimer leur moindre essai de protestation. Les bourreaux étaient armés du knout moscovite, ce terrible knout qui ne s'abaisse jamais sans emporter un lambeau sanglant. Il vit ce spectacle.

« Prendre le deuil pour armure et pour uniforme; ne

---

[1] Nettement, *Union* du 31 juillet 1868.

« pas tuer, mais se laisser tuer, telle était la nouvelle et
« surnaturelle tactique de cette nation insurgée. »

Un mépris enthousiaste de la mort s'était emparé du
peuple. Hommes, femmes et enfants conservaient un
héroïsme indomptable et calme sous les charges furieuses
des cavaliers et sous les feux des bataillons commandés
par l'infatigable tyrannie du Czar.

La Pologne tout entière était en deuil.

« Ce deuil, raconte le voyageur ému, est complet et
« universel. Cette nation, naturellement gaie, enjouée,
« avide de spectacles et de plaisirs, se les interdit tous :
« les théâtres sont abandonnés, les jardins publics déserts,
« les fêtes publiques et particulières supprimées. La danse,
« de toutes les habitudes la plus populaire et la plus
« impérieuse pour le Polonais comme pour le Hongrois et
« l'Espagnol, est sévèrement interdite, jusque dans l'inté-
« rieur des familles. Toutes les femmes sont en noir de la
« tête aux pieds : naturellement amoureuses de la parure
« et si bien faites pour elle, elles ont unanimement renoncé
« à tout autre vêtement. »

Ne pouvant plus combattre, les martyrs chantaient.
C'est la seule révolte que les bourreaux ne parvenaient
point à réprimer. Montalembert entendit ce chant, inspiré
par le souffle ardent de la foi, de la douleur et du patriotisme. Il l'entendit dans les églises de campagne, où
l'orgue alternait avec le chant des paysans, il l'entendit
résonner sur les lèvres des enfants et des jeunes filles,
dans les jardins solitaires et près des foyers intimes.

— Qui donc, s'écrie-t-il, pourrait l'écouter, cette mélo-
die surhumaine, sans que son cœur soit transpercé et sa
paupière mouillée, à mesure que ces notes plaintives

s'élèvent et retombent une à une, sur un rhythme de plus en plus pathétique, jusqu'au moment où l'invocation finale éclate avec un irrésistible élan d'angoisse et d'amour? Que doivent donc éprouver ceux qui l'ont entendue sortir, comme un torrent de feu, de la bouche de vingt mille, de cinquante mille chrétiens à la fois debout et désarmés devant leurs oppresseurs déconcertés, de ces multitudes décidées, non plus à combattre, mais à mourir, et, en mourant, à exhaler avec leur dernier soupir, comme un défi et une protestation suprême, cet appel irrésistible à la toute-puissance vengeresse de Dieu? Car c'est à la fois le cri d'une âme et le cri d'une nation, toutes deux navrées par la plus légitime des douleurs, toutes deux enflammées par la foi la plus fervente; cri d'angoisse et de confiance, de reproche et de tendresse, qui veut déchirer la voûte du ciel pour en faire descendre la justice et la pitié éternelles.

Montalembert traduisit ce chant sublime :

« Seigneur Dieu, toi qui durant tant de siècles entouras la Pologne de splendeur, de puissance et de gloire; toi qui la couvrais alors de ton bouclier paternel, toi qui détournas si longtemps les fléaux dont elle a été enfin accablée : Seigneur, prosternés devant tes autels, nous t'en conjurons, rends-nous notre patrie, rends-nous la liberté !

« Seigneur Dieu, toi qui, plus tard, ému de notre ruine, as protégé les champions de la plus sainte des causes; toi qui leur as donné le monde entier pour témoin de leur courage, et fait grandir leur gloire au sein même de leurs calamités; Seigneur, prosternés devant tes autels, nous t'en conjurons, rends-nous la patrie, rends-nous la liberté !

« Seigneur Dieu, toi dont le bras juste et vengeur brise en un clin d'œil les sceptres et les glaives des maîtres du

monde, mets à néant les desseins et les œuvres des pervers, réveille l'espérance dans notre âme polonaise ; rends-
nous la patrie, rends-nous la liberté !

« Dieu très-saint, dont un seul mot peut en un instant
nous ressusciter, daigne arracher le peuple polonais de la
main des tyrans, daigne bénir les ardeurs de notre jeunesse. Rends-nous, Seigneur, rends-nous la patrie, rends-
nous la liberté !

« Dieu très-saint, au nom des plaies saignantes du Christ,
daigne ouvrir la lumière éternelle à nos frères qui sont
morts pour leur peuple opprimé ; daigne accepter l'offrande
de nos larmes et de nos chants funèbres ; rends-nous la
patrie, rends-nous, Seigneur, la liberté !

« Dieu très-saint, il n'y a pas encore un siècle que la
liberté a disparu de la terre polonaise, et pour la regagner
notre sang a coulé par torrents ; mais, s'il en coûte tant de
perdre la patrie de ce monde, ah ! combien doivent trembler ceux qui perdront la patrie éternelle !

« Prosternés devant les autels, nous t'en conjurons, Seigneur Dieu, rends-nous la patrie, rends-nous la liberté ! »

Montalembert interpella l'Europe :

— Prenez, s'écria-t-il avec un accent déchirant, prenez
un Polonais de n'importe quelle contrée et de n'importe
quelle condition : qu'il ait vécu sous la férule prussienne,
sous le bâton autrichien, sous le knout moscovite ; prenez
le vieillard, l'homme fait, la mère de famille, la jeune
fille ; prenez l'enfant à peine debout sur ses petites jambes,
chez tous vous trouverez le même sentiment, la même
passion, permanente, souveraine, exclusive, une passion
légitime, fière et pure ; tous vous tiendront le même langage ; tous, l'œil enflammé et le cœur palpitant, vous

diront ce qu'ils disent à Dieu et ce que disaient leurs pères il y a cent ans : *Rendez-nous la patrie!*

— Ah ! continue-t-il, qu'il est triste et poignant de ne pouvoir leur offrir qu'une stérile sympathie ! Ils meurent pour nous et sans nous; ils meurent, et nous vivons! Ils meurent, et nous écrivons ! Quelques gouttes d'encre sont tout ce que nous pouvons offrir en échange de ce sang qui monte vers le Juge de toutes les justices, vers l'immortel Vengeur, pur comme une larme et saint comme un holocauste.

Garrottés, bâillonnés, flagellés, déportés, les martyrs tendaient le bras à l'Europe, et l'Europe se tait.

— Ah! s'écrie Montalembert, quand sur une grève battue par la tempête, le canon d'alarme éclate dans la nuit et annonce un navire en perdition, dans quel pays chrétien voit-on les habitants de la côte, sourds aux cris des naufragés, à l'appel de leurs semblables, de leurs frères, s'enfermer chez eux pour y dormir en paix ou ne rester éveillés que pour célébrer, au coin du feu, la douce sécurité du rivage et du foyer domestique?

Quand retentit dans la rue ou sur la grande route le cri de détresse du passant assailli ou assassiné, que penser des honnêtes gens qui, au lieu de courir au secours de la victime, ne songent qu'à se barricader dans leur maison et entr'ouvrent à peine un volet pour examiner de loin comment le crime s'accomplit?

C'est là cependant ce qui se passe en France, en Europe, depuis dix-huit mois...

Seulement ce n'est pas un vaisseau, c'est un peuple tout entier qui sombre sous nos yeux dans une mer de sang. Ce n'est pas la nuit, ce n'est pas au sein de la tempête ni au fond des bois, c'est en plein jour et en plein calme que la catastrophe s'accomplit. Ce n'est pas un voyageur isolé, ni même une caravane de pèlerins, c'est une nation, une grande nation chrétienne qui est cernée, saisie, garrottée, dépouillée, outragée, assassinée sous nos yeux. Il y a dix-huit mois, cette nation, que n'a pu dompter ni épuiser un siècle entier d'attentats féroces et d'intelligente oppression, s'est dressée dans la tombe que lui ont creusée ses bourreaux. Elle a jeté un grand cri pour rappeler au monde qu'elle avait été enterrée vivante et qu'elle ne voulait pas mourir.

Nul ne lui répond. Les plus compatissants font comme Agar, qui s'éloignait en pleurant, pour ne pas voir l'agonie de son fils mourant de soif dans le désert.

L'Allemagne a détourné la tête avec une ingratitude cynique.

L'Angleterre, portant elle-même « attachée au flanc » une nation opprimée, a indignement battu des mains.

La France regarde et se tait.

Qui donc prendra la défense de l'infortunée Pologne?

Voici que, du milieu de ce silence glacial, de cette indifférence universelle, une voix s'élève, une seule, pour répondre au cri de détresse de la Pologne agonisante. C'est la voix de la religion; voix plaintive, indignée, immortelle. Celui qui est aux yeux de tous, amis ou ennemis, fidèles ou impies, la plus haute personnification de la religion dans le monde, celui-là a parlé! Le vicaire de Jésus-Christ, du Fils de Dieu mort sur la croix, a parlé pour la nation crucifiée.

Quel spectacle! C'était au collége de la Propagande, le 24 avril 1864. Pie IX se leva. Il était sublime à voir, le

Pontife désarmé et spolié, parlant pour les victimes devant les représentants du persécuteur. Sa magnifique voix avait atteint un diapason formidable. Elle tonnait. Se soulevant sur son trône, il semblait de son bras étendu lancer une foudre invisible; la sainte colère qui le remplissait avait empourpré son front sous sa couronne de cheveux blancs et transfiguré ses traits. Ce vieillard désarmé était là, seul, debout au milieu de l'Europe dégénérée et prosternée devant la Russie, et, au moment où la diplomatie européenne s'épuisait en ménagements et en adulations pour le potentat moscovite, seul il demandait compte du sang de la Pologne [1].

— Non, fit-il d'une voix de tonnerre, non, je ne veux pas être forcé de m'écrier un jour, en présence du Juge éternel : *Væ mihi quia tacui!* Le sang des faibles et des innocents crie vengeance devant le trône de l'Éternel contre ceux qui le répandent..... Un potentat opprime et tue ses sujets catholiques, il déporte des populations entières, il massacre les prêtres, il exile les évêques, l'insensé! il ignore qu'un évêque catholique, sur son siége ou dans les catacombes, est toujours le même!

Entendant parler Pie IX, Montalembert tressaillit. Sa voix éloquente s'éleva aussitôt, pour faire écho à la puissante voix du Pontife. Il raconta les outrages du bourreau à la religion, à la famille, à la propriété, en Pologne. Il montra les nobles Polonaises, outragées dans leur honneur, conduites de force aux bals et punies dans leurs enfants et leurs époux, si elles laissaient entrevoir une larme! Il montra les jeunes filles de quinze ans, éveillées au milieu

[1] *Gazette du Midi,* 27 avril 1865.

de la nuit, entraînées par des sbires, entassées dans les wagons qui les déportent vers cette Sibérie d'où l'on ne revient pas. On les entendait passer, ces jeunes martyrs de l'un et de l'autre sexe, ces nobles de tout âge, ces chrétiens de toute condition, dont le crime, l'unique crime était d'avoir aimé leur patrie. On les entendait passer à travers l'obscurité, dans cette capitale conquise, où il est défendu de sortir la nuit. Avant l'aube, ils sont déjà partis. Au moment où le convoi s'ébranle, on entend parfois entonner l'hymne de la prière nationale : *Grand Dieu, qui aimais naguère la Pologne..., rends-nous la patrie, rends-nous la liberté!* Quelques-uns osent crier leur nom au hasard pour voir si quelque voix amie se trouvera là et leur jettera un dernier adieu. D'autres, plus heureux, entendent des sanglots étouffés; ils ont aperçu une femme, une mère qui a bravé toutes les prohibitions, tous les dangers pour saisir un regard, une larme de son mari, de son enfant, agenouillée au bord de la voie ou aux approches de la gare. Car il y a des gares, des embarcadères, des voies de fer, des convois et des locomotives pour servir de véhicule à ces infamies, pour dérober avec la rapidité de l'éclair toutes ces victimes à l'œil de l'observateur étranger, pour les aller enfouir là-bas, bien loin, hors de portée et de la mémoire et de la compassion des hommes!

On raconte [1] que, lorsque Montalembert fut mort, un illustre Polonais, le prince Czartoryski, vint, tout éploré, s'agenouiller devant les restes du grand défunt, et, jetant l'eau bénite sur ce cercueil, il murmura tristement : *Finis Poloniæ!...*

---

[1] Robert OHEIX, *Hommage à la mémoire de Montalembert* (1870).

Oh! non, prince, la Pologne n'est pas morte, car le droit ne meurt point, elle ressuscitera, et, en ce jour de la résurrection de votre patrie, Montalembert triomphera avec vous, car il a été, en ce temps, avec Pie IX, votre immortel vengeur!

V

En terminant l'entretien que j'ai reproduit à la fin du chapitre précédent, M. l'abbé Besson avait dit au châtelain de Maîche :

— Puisque vous m'avez demandé mon avis, permettez-moi de vous le donner en toute sincérité : mettez la dernière main à vos études historiques.

— Mes études historiques! répliqua vivement M. de Montalembert, mais elles n'ont jamais été pour moi que l'aliment des loisirs que me laissaient la vie publique et la polémique contemporaine, car je tiens qu'avant d'écrire l'histoire, il faut en faire.

Puis, comme s'il eût regretté ce mouvement de vivacité, il ajouta tristement :

— Là d'ailleurs, comme dans le présent, je me trouverai en contradiction avec l'esprit qui anime aujourd'hui une partie de la France, car là aussi je recherche surtout les caractères fiers et indépendants, qui ne conspirent pas avec la fortune et qui ne changent pas de convictions au gré de la force ou du succès.

Rassuré, M. Besson demanda :

— Nous pourrons donc lire bientôt vos *Moines d'Occident ?*

— Cette étude n'aura guère moins de sept à huit volumes.

— A quand les premiers?

— A l'an prochain.

C'est de ce livre que je veux parler maintenant, ce livre dont on a pu écrire qu'« il y a, dans les *Moines d'Occident,* de quoi nous consoler de n'être pas les concitoyens de Dante et les contemporains de Bossuet [1] ».

Je ne m'excuserai pas d'avance d'arrêter longuement le lecteur devant ce monument qui couronne la vie entière de notre héros, comme écrivain, comme artiste, comme orateur et comme avocat de la sainte Église. « Si l'on résistait à cet appel de toutes les forces vives de la poésie et de la foi, on n'aurait pas plus d'excuse que le voyageur qui refuserait de suivre son guide à travers les passages alpestres, et lui dirait : Vous me faites respirer un air balsamique, imprégné du vague parfum des plantes aromatiques et des essences résineuses; vous me faites contempler le soleil levant sur des cimes que le pied de l'homme n'a pas foulées et dont les neiges se teignent de rose aux doux rayons du matin; ces grands spectacles me causent une incroyable impression de bien-être qui redouble en moi le sentiment de la vie, ranime mon corps, dilate ma poitrine, dissipe mes molles langueurs, exalte mon imagination, purifie mon intelligence, me rapproche de ce Dieu créateur que j'entrevois dans toutes ses magnificences... Eh bien! je n'en veux pas; je vous quitte et je retourne

---

[1] A. DE PONTMARTIN, *Nouveaux Samedis,* 5ᵉ série, p. 158.

en arrière ; je vais retrouver les marécages de la plaine
que nous traversions tout à l'heure et dont j'ai eu peine à
secouer la boue [1] ! »

Mais, puisque nous voici au seuil du monument, prenons
pour guide celui qui l'a conçu et édifié.

« Ce livre, nous dit-il, est né d'une pensée plus res-
treinte que ne l'indique son titre. Après avoir raconté, il
y a plus de vingt ans, dans l'histoire de sainte Élisabeth,
la vie d'une jeune femme en qui se résume la poésie
catholique de la souffrance et de l'amour, et dont l'existence modeste et oubliée se rattachait néanmoins à
l'époque la plus resplendissante du moyen âge, je m'étais
proposé une tâche plus difficile. Je voulais, en écrivant la
vie d'un grand moine, contribuer à la réhabilitation des
Ordres monastiques, heureux d'avoir pu attirer quelques
regards sur un côté de l'histoire religieuse, trop longtemps
obscurcie et sacrifiée, en glorifiant l'action du catholicisme
sur les sentiments les plus tendres et les plus exaltés du
cœur humain.

« Or, nul n'a jeté plus d'éclat sur la robe du moine que
saint Bernard. Ce fut un grand homme et un homme de
génie. Il exerça sur son siècle un ascendant sans pareil,
il régna par l'éloquence, la vertu et le courage. Plus d'une
fois il décida du sort des peuples et des couronnes ; un
jour même, il tint entre ses mains les destinées de l'Église.
Il sut remuer l'Europe et la précipiter vers l'Orient ; il
sut combattre et vaincre dans Abailard le précurseur du
rationalisme moderne. Tout le monde le sait et le dit,
tous le rangent volontiers à côté de Ximénès, de Richelieu

---

[1] A. DE PONTMARTIN, *Nouveaux Samedis*, 5e série, p. 141.

et de Bossuet; mais cela ne suffit pas. S'il fut, et qui en doute? un grand orateur, un grand écrivain, un grand personnage, c'était presque à son insu et bien malgré lui; il fut et surtout il voulut être autre chose : il fut moine et il fut saint; il vécut dans un cloître et il fit des miracles.

« Mais, en voulant étudier la vie et l'époque de ce grand homme qui fut moine, on trouve que les Papes, les évêques et les saints qui étaient alors le boulevard et l'honneur de la société chrétienne, sortaient tous ou presque tous de l'Ordre monastique comme lui. Qui étaient-ce donc que ces moines? d'où venaient-ils et qu'avaient-ils fait jusque-là pour occuper, dans les destinées du monde, une place si haute? »

Certes, l'entreprise était hardie. Le bénédictin laïque, qui osa la commencer, la poursuivre pendant trente ans et plus, « voyagea dans toute l'Europe, visitant les casernes, les magasins, les haras, les écuries, qui avaient été autrefois de célèbres abbayes, ramassant les derniers restes des chapiteaux et des colonnettes que le casseur de pierres achevait de mutiler sur la route voisine, interrogeant les derniers témoins des splendeurs monastiques, plaidant partout sur son passage cette grande cause perdue, ce semble, à tout jamais, des moines dépouillés par les puissances, raillés par les légistes, oubliés ou condamnés par l'ingratitude ou l'injustice des peuples [1] ».

Que de fois le découragement ne s'est-il pas emparé de son âme : il s'agissait d'un labeur si effrayant! Comme autrefois les moines entrant, la cognée à la main, dans les forêts de l'Europe encore vierges, il lui faut entrer dans

---

[1] Mgr Besson, *Op. cit.*, p. 169.

cette forêt inextricable de noms et de faits, d'hommes et
de langues, d'institutions et de ruines, pour défricher,
avec la plume, l'histoire la plus vaste et la plus oubliée
qui fut jamais.

— Telle date, telle citation, telle note en apparence
insignifiante, confesse ingénument notre guide, m'a coûté
des heures et quelquefois des journées de travail.

Mais cette âme ardente et généreuse n'a point l'habitude de reculer devant le travail, et c'est pour lui qu'aurait
dû être inventée cette affirmation si fière et si juste que le
mot impossible n'est pas français. Le roman, les théâtres,
les ennemis de Dieu, les scribes obscurs et les légistes impies
ont sapé le monachisme, lui le justifiera, le couvrira de
gloire devant l'impiété contemporaine, et il élèvera à sa
mémoire l'impérissable monument, où il va nous introduire.

Cette pensée le soutient et le réconforte. Écoutez-le :

— Que de fois, nous dit-il, dans le silence des nuits,
sous le toit du vieux manoir où j'ai écrit la plupart de ces
pages, derrière les massifs in-folio où leurs actes ont été
enregistrés par une laborieuse postérité, n'ai-je pas cru
voir apparaître autour de moi tout cet imposant cortége
des saints, des pontifes, des docteurs, des missionnaires,
des artistes, des maîtres de la parole et de la vie, issus de
siècle en siècle des rangs pressés de l'Ordre monastique !
Je contemplais en tremblant ces augustes ressuscités d'un
passé plein de gloire inconnue. Leurs austères et bienveil-
lants regards semblaient errer dans les tombes profanées
de leurs œuvres oubliées, des monuments dédaignés de
leur infatigable industrie, du site effacé de leurs saintes
demeures, jusque sur moi, leur indigne annaliste, confus
et accablé du poids de mon indignité. De leurs mâles et

chastes poitrines, j'entendais sortir comme une voix noblement plaintive : tant de travaux incessants, tant de maux
endurés, tant de services rendus, tant de vies consumées
pour la gloire de Dieu, pour le bien des hommes! Et pour
prix la calomnie, l'ingratitude, la proscription, le mépris!
Ne se lèvera-t-il donc personne dans ces générations modernes, à la fois comblées et oublieuses de nos bienfaits,
pour venger notre mémoire!

Exoriare aliquis nostris ex ossibus ultor !

Point d'apologie, point de panégyrique; un récit simple
et exact; la vérité, rien que la vérité! la justice, rien que
la justice! que ce soit là notre seule vengeance!

« Et alors, conclut l'historien, je sentais courir dans
mes veines un frémissement d'ardente et douloureuse
émotion. — Je ne suis, leur répondais-je, qu'une pauvre
poussière, mais cette poussière s'animera peut-être au
contact de vos ossements sacrés! »

C'est une œuvre éloquente entre toutes que celle-là.
Entrons-y. Le cicerone que nous avons choisi nous fait
une bien belle promesse :

— J'aime à me flatter, assure-t-il, que le lecteur, assez
patient pour me suivre jusqu'au bout, pourra sortir de
cette étude, l'âme rassérénée par la douce influence des
plus pures vertus, et enflammée par l'amour de tout ce
qui retrempe et exalte la nature humaine, comme par
l'aversion de tout ce qui l'éteint et l'abaisse.

Depuis que nous avons commencé l'étude du caractère
et du tempérament moral de Montalembert, le lecteur
réfléchi s'est sans doute demandé bien des fois à quelle
source il avait puisé le mâle et généreux courage qui le

caractérisa toute sa vie, cette foi naïve et forte, ce dédain superbe de la popularité, cette haine de la bassesse et de l'oppression, cette existence où pas un seul jour il n'eût encouru le blâme de cette femme irlandaise, disant à son mari de qui l'on voulait acheter le suffrage : « Souviens-toi de ton âme et de la liberté ! »

Sans doute, l'éducation, la trempe du caractère, la fidélité du cœur expliquent cette pureté, ce désintéressement, cette gloire d'un des plus beaux types chrétiens de notre siècle ; mais là où ce fils des Croisés s'est véritablement formé et fortifié, c'est « dans cette bonne et sainte compagnie des moines d'autrefois, dans ses entretiens intimes et prolongés avec ces indomptables chevaliers du Christ ».

VI

C'était en 1846. Le familier des vieux moines venait, pensait-il, de mettre la dernière main au portique du monument qu'il avait dessein d'élever en leur honneur. C'était une belle et magistrale introduction au reste de l'édifice. Annoncée depuis dix ans au moins et impatiemment attendue, elle allait paraître, quand une voix amie et vénérée dit à l'architecte :

— Vous avez été d'abord une douce et belle rivière ; puis un torrent d'autant plus fort qu'il s'est contenu ; je veux que vous deveniez un grand fleuve, majestueux et portant les vaisseaux à l'Océan.

17.

Montalembert comprit le sens de cette invite : il porta humblement son volume à l'abbé Dupanloup, qui le lut, le relut, avec une attention passionnée, le crayon à la main, soulignant, couvrant les marges de notes. Il était beau et éloquent ; cependant, était-ce tout ce que ce grand sujet comportait, tout ce dont Montalembert était capable ? L'abbé Dupanloup ne le crut pas, et, dans son ardent désir de voir son ami servir l'Église et honorer son nom autant qu'il le pouvait par une œuvre immortelle, il n'hésita pas à lui demander tout simplement d'anéantir l'édition et de retravailler le volume sur un plan nouveau. Il lui écrivit :

— Ce livre peut être grand, vous le referez, j'en suis sûr, Dieu ne permettra pas le contraire... Quand la France et l'Europe attendent, il est impossible que cette introduction ne soit pas un chef-d'œuvre[1].

Pour qui connaît les susceptibilités de l'amour-propre d'auteur, le plus rétif de tous, cette exigence de l'austère censeur dut se heurter à une violente réclamation au plus intime de l'être chez l'écrivain. Il est si dur d'entendre blâmer ce qu'on aime, et l'on aime tant la génération dont on est le père ! Or, le livre est le fruit d'une génération selon l'esprit, comme l'enfant est le fruit des entrailles. Entendre blâmer son enfant, l'entendre condamner et s'y soumettre avec une sorte de joyeuse sérénité, c'est de l'héroïsme, cela. On le vit bien un jour pour Racine. Il avait écrit une page, à son sens la meilleure de celles qu'il avait produites jusque-là. Joyeux et fier, il s'en alla lire ces vers à l'aristarque qui l'aimait et qui voulait faire

---

[1] LAGRANGE, *Vie de Mgr Dupanloup*, t. I, p. 436.

de lui le plus grand poëte du grand siècle. Boileau écouta jusqu'au bout l'enthousiaste déclamation de son jeune ami, souriant avec indulgence, mais sans rien dire. Lorsque Racine eut fini, Boileau prit en main son crayon, ce crayon redouté et impitoyable que Racine connaissait bien. Il se mit à effacer ici le mot impropre, là une inversion forcée, plus loin la rime pauvre, puis les chevilles, les épithètes oiseuses, les hémistiches parasites. Bref, quand il eut tout relu, il ne restait plus rien. A ce moment, une tiède humidité vint mouiller son crayon et tomber sur sa main : il releva la tête, c'était Racine qui, penché sur le manuscrit maltraité, pleurait son œuvre. Boileau n'avait guère l'âme tendre, il ne se laissa point toucher par les larmes du poëte et exigea sévèrement le sacrifice demandé. Son jeune ami obéit, et l'on sait ce qu'il en advint.

Comme Racine s'était incliné sous la férule de Boileau, Montalembert se soumit à la critique de l'abbé Dupanloup, et Dieu récompensa de la même manière le poëte du grand siècle et le chantre du siècle nouveau.

Ce travail de révision scrupuleuse, de refonte totale, de transformation lumineuse, dura quatorze ans, et quand, à cette distance, le critique devenu évêque tint en main le volume nouveau, cela ravit et reposa son âme. Il quitta tout pour le présenter au public et louer en même temps, avec l'effusion du père et la tendresse de l'ami, ce vaillant architecte qui, au milieu des mécomptes, des déceptions et des souffrances les plus atroces, venait d'édifier une œuvre dont les parvis étaient radieux.

— M. de Montalembert, disait-il à ses lecteurs, est un homme antique : mais cet homme d'autrefois s'est mêlé aux luttes modernes, et cependant il se complaît dans ces compagnies austères des Pères, des docteurs, des martyrs, des anachorètes, des grands moines, et, en même temps, c'est un chevalier armé de pied en cap : c'est le fils des croisés et c'est un bénédictin... Le chevalier se met à genoux, le moine est vaillant [1].

Tenterai-je maintenant de pénétrer plus avant dans l'œuvre immortelle qui nous occupe? Comment s'y prendre pour dire, même en les déflorant par une rapide course analytique, ces magnificences de l'érudition, de la pensée, de la foi, du style, du sentiment, de la couleur, de la couleur surtout qui fait rêver tantôt aux tons brûlants du Titien et tantôt à la gamme plus douce de l'école florentine? Hélas! mes froids résumés, mes ressouvenirs d'une promenade enthousiasmée à travers les cinq volumes qu'il a publiés de son vivant et les deux volumes posthumes que la main d'un fils digne de lui [2] nous a donnés plus récemment, mes analyses ne donneraient aucune idée de la chaleur et de la vie que l'on sent frémir dans cette œuvre.

Tour à tour savant comme Mabillon, intéressant comme Augustin Thierry, peintre comme Chateaubriand et comme lui styliste magique, sobre et calme comme Guizot, majestueux comme Bossuet, incisif comme Tertullien, éloquent jusqu'au sublime comme saint Augustin, l'historien des moines ne plaide point pour ses clients les services rendus aux choses du temps et de la matière.

« Sans doute, dit-il, les services rendus en défrichant « les forêts et en transcrivant les monuments historiques

---

[1] *Correspondant,* janvier 1861.
[2] M. le vicomte de Meaux, gendre de M. de Montalembert.

« et littéraires, auraient dû suffire, si l'humanité était
« juste, pour couvrir les moines d'une éternelle égide.
« Mais ce qui est bien autrement digne d'admiration et
« de reconnaissance, c'est la lutte permanente de la
« liberté morale contre les servitudes de la chair...
« Voilà ce qu'ont voulu les moines. Défoncer la terre,
« copier les manuscrits, écrire les annales des peuples,
« n'était que l'accessoire. L'éducation de l'âme... là était
« leur but et leur souveraine victoire. »

Chateaubriand, pour défendre les cloîtres, avait dit :

— S'il est des lieux pour la santé des corps, ah ! per-
mettez à la religion d'en avoir aussi pour la santé de
l'âme.

L'idée de Chateaubriand est poétique et touchante,
mais elle n'est point vraie. Le couvent n'est pas un hôpital
pour les invalides du monde. Ce ne sont pas les âmes
malades, ce sont au contraire les âmes les plus saines et les
plus vigoureuses qui les ont peuplés dès l'origine. On ne
rencontre guère que dans les romans ces vocations issues
des mécomptes, des chagrins, du délaissement et de la
mélancolie. Montalembert le démontre par une splendide
course à travers les âges barbares et les sociétés chrétiennes. Le caractère distinctif des vocations religieuses,
ce n'est ni le caprice, ni l'infirmité, ni la déception, c'est
la force. Les vrais moines des grands siècles de l'Église,
depuis les géants du désert jusqu'à saint Bernard, en
passant par les gloires monastiques de la Saxe, de
l'Irlande, de partout, sont des héros. La solitude est la
patrie des forts, le silence leur prière. La milice monastique était la chevalerie de Dieu. Là s'épanouirent ces
grands caractères dont parle Pascal, calmes et fiers, droits

et hauts, ne connaissant ni les lâches complaisances ni la crainte du plus fort. La civilisation moderne trouverait là son reproche et sa leçon, car les cœurs vraiment libres et indépendants ont battu sous le froc.

C'est là que s'est développée cette merveilleuse efflorescence de l'humanité domptée et baptisée par le Christ, que le monde ancien a vue à travers l'aumône et la prière dont le monachisme était l'asile et le trésor, et tout cela accompli dans l'ombre discrète du cloître tranquille et pur, où l'on vit longtemps, heureux et chaste, goûtant les charmes de l'amitié et réalisant la parole du Psalmiste, quand il affirme qu'il est bon et doux à des frères d'habiter ensemble. — Je n'ai laissé qu'un frère dans le monde, écrit le moine espagnol du huitième siècle, combien n'en ai-je pas retrouvé dans le cloître! A Fontevrault, une religieuse vient à mourir; la nuit suivante, elle apparaît en songe à sa compagne : — Chère bien-aimée, lui dit-elle, apprends que je suis déjà dans une grande paix, mais je ne saurais entrer en paradis sans toi. Viens donc au plus vite, afin que nous soyons présentées toutes les deux ensemble au Seigneur!

VII

Un matin, l'historien des moines, après avoir eu l'honneur d'étudier, de connaître et de faire aimer la vie religieuse, en eut la vision sublime et poignante.

Il était dans son cabinet de travail, quand il vit entrer

son enfant charmante et chérie. Catherine de Montalembert avait vingt-deux ans, elle était initiée à toutes les pensées et aux fortes études de son père, elle partageait tous les généreux mouvements de son âme. Associée aux voyages de son père comme à ses travaux, elle avait été remarquée en France, en Belgique, en Allemagne, en Hongrie, et les fêtes du monde n'avaient pas paru sans attrait pour sa vive et brillante jeunesse.

Le matin qu'elle entra dans le cabinet de son père, elle avait un air plus doux et plus tendre que jamais, mêlé cependant à une teinte de sérieuse gravité.

— Mon père, dit-elle d'une voix forte et douce, le visage saintement éclairé par une sorte d'auréole surnaturelle, mon père, j'aime tout, j'aime le plaisir, j'aime l'esprit, le monde, la danse, j'aime la famille, j'aime mes études, mes compagnes, mon âge, ma vie, j'aime ma patrie, mais j'aime mieux Dieu et je veux me donner toute à lui.

Montalembert ému essaya d'une objection :

— Mais, ma chère enfant, n'as-tu pas quelque chagrin?

Alors la jeune fille courut à la bibliothèque chercher le livre où son père a raconté l'histoire des religieuses saxonnes.

— Vous m'avez appris, dit-elle, qu'on n'offre pas à Dieu des cœurs flétris et des courages fatigués.

Montalembert plia la tête, son âme saignait, Dieu lui enlevait la chair de sa chair et comme la moitié de lui-même. Il bénit cependant, transporté d'admiration et éperdu de douleur, la glorieuse et charmante victime qui le crucifiait en se crucifiant elle-même.

« Quelques jours après, raconte M. Cochin, j'avais le bonheur d'accompagner sa famille dans cet humble sanctuaire où la cérémonie de l'hyménée avait été préparée; le prêtre était à l'autel pour célébrer les épousailles, et l'épouse charmante et parée, avec des fleurs d'oranger, la robe de satin et le voile de mariée, s'agenouillait rayonnante et attendait à l'autel. Mais il n'y avait pas de fiancé... »

Il y en avait un cependant, Montalembert le vit à travers les ombres de ces noces mystiques.

Rentrant de la cérémonie, il trouva ouverte devant lui la page qui termine son cinquième volume, ce chapitre où il avait si magnifiquement raconté l'histoire des cloîtres anglo-saxons. Il prit la plume, et, se laissant aller aux émotions de son âme de bon père et de chrétien, il écrivit :

« Douze siècles après ces Anglo-Saxonnes, la même main
« vient s'abattre sur nos foyers, sur nos cœurs désolés,
« pour en arracher nos filles...

« Avez-vous vu, en mars ou avril, une jeune enfant
« respirer les premiers épanouissements de la nature, et
« les premières lueurs de l'admiration étinceler dans son
« beau regard au contact du réveil de la vie dans les bois
« et les champs? C'était le printemps de la vie en présence
« du printemps de la nature, et c'était un enchantement.
« Mais il y a quelque chose de plus enchanteur et qui ravit
« l'âme aux plus hautes cimes de l'émotion humaine, c'est
« la vierge déjà adolescente, toute rayonnante de jeunesse
« et de beauté, qui se détourne de tous les parfums de la
« vie pour ne plus respirer et regarder que le ciel. »

Il développa cette idée, montrant la perpétuité de l'armée du sacrifice et l'étudiant avec l'incomparable finesse du moraliste chrétien. Tout à coup, il s'interrompt :

« Est-ce là un rêve? s'écrie-t-il, est-ce une page de
« roman? Est-ce seulement de l'histoire, l'histoire d'un

« passé à jamais éteint? Non, encore une fois, c'est ce qui
« se voit et se passe chaque jour parmi nous.

 « Ce spectacle quotidien, nous-même qui en parlons,
« nous l'avons vu et subi. Ce que nous n'avions entrevu
« qu'à travers les livres s'est dressé devant nos yeux, bai-
« gnés des larmes d'une angoisse paternelle. Qui ne nous
« pardonnera d'avoir, sous l'empire de cet ineffaçable sou-
« venir, allongé plus que de raison peut-être cette page
« d'une œuvre trop longtemps inachevée? »

Puis, comme pour se rassurer et se faire pardonner
d'avoir ainsi ouvert son âme en public, au public de ses
lecteurs, il s'écria :

« Combien d'autres n'ont pas, eux aussi, traversé cette
« angoisse et contemplé d'un regard éperdu la dernière appa-
« rition mondaine d'une fille ou d'une sœur bien-aimée! »

Alors, le souvenir de ce qu'il a entendu et de ce qu'il
vient de voir le domine, et il écrit cette page mouillée de
larmes qui en a depuis consolé tant d'autres :

« Un matin, elle se lève et vient dire à son père et à sa
« mère : Adieu; tout est fini. Je vais mourir : mourir à
« vous, mourir à tout. Je ne serai jamais ni épouse ni
« mère ; je ne serai plus même votre fille. Je ne suis plus qu'à
« Dieu. — Rien ne la retient. *Statim, relictis retibus et*
« *patre, secuta est eum.* La voilà déjà parée pour le sacri-
« fice, étincelante et charmante, avec un sourire angé-
« lique, avec une ardeur sereine; rayonnante de grâce et
« de fraîcheur, le vrai chef-d'œuvre de la création. Fière
« de sa riante et dernière parure, vaillante et radieuse, elle
« marche à l'autel, ou plutôt elle y court, elle y vole, comme
« un soldat à l'assaut, contenant à peine la passion qui la
« dévore, pour y courber la tête sous ce voile qui sera un

« joug pour le reste de sa vie, mais qui sera sa couronne
« pour l'éternité.

« C'en est fait : elle a franchi l'abîme avec cet élan, cet
« essor, ce magnanime oubli de soi qui est la gloire de la
« jeunesse, avec cet enthousiasme invincible et pur que
« rien ici-bas ne saura plus ni éteindre ni égaler. »

J'ai dit tantôt qu'il y avait, à l'autel, près de la jeune
fille, parée pour ses noces, un fiancé mystérieux, que Montalembert avait vu. Écoutez comme il en parle :

« Mais quel est donc cet amant invisible, mort sur un
« gibet, il y a dix-huit siècles, et qui attire ainsi à lui la
« jeunesse, la beauté et l'amour? qui apparaît aux âmes
« avec un éclat et un attrait auxquels elles ne peuvent
« résister? qui fond tout à coup sur elles et en fait sa
« proie? qui prend toute vivante la chair de notre chair
« et s'abreuve du plus pur de notre sang? Est-ce un homme?
« Non, c'est un Dieu. Voilà le grand secret, la clef de ce
« sublime et douloureux mystère. Un Dieu seul peut rem-
« porter de tels triomphes et mériter de tels abandons. Ce
« Jésus, dont la divinité est tous les jours insultée ou niée,
« la prouve tous les jours, entre mille autres preuves, par
« ces miracles de désintéressement et de courage qui s'ap-
« pellent des vocations. Des cœurs jeunes et innocents se
« donnent à lui pour le récompenser du don qu'il nous a
« fait de lui-même ; et ce sacrifice qui nous crucifie n'est
« que la réponse de l'amour humain à l'amour d'un Dieu
« qui s'est fait crucifier pour nous. »

C'est ainsi que la vocation de sa fille fit apparaître, sous
une forme et avec une majesté nouvelles, la vie monastique
aux yeux de celui qui l'avait magnifiquement célébrée : ce
fut une grâce sanglante, mais sensible.

Il l'avait d'ailleurs rencontré, de bien bonne heure, aux jours de son adolescence, sur sa route, « ce type d'un moine des anciens jours, dans un homme dont le nom et la gloire sont l'apanage de notre temps et de notre patrie ».

« Né avec ce siècle, il en a connu toutes les douleurs et toutes les grandeurs. Né démocrate et nourri dans les idées républicaines, il a comprimé de bonne heure, sans l'éteindre jamais, cette lave révolutionnaire qui de temps à autre faisait explosion dans sa parole, non plus pour semer la ruine et l'effroi, mais pour illuminer la nuit d'alentour.

« Devenu chrétien, catholique, prêtre et religieux, il ne trahit aucun des instincts légitimes, aucune des généreuses convictions de sa jeunesse. »

Montalembert eut la douleur de le voir mourir avant lui.

« Il me représentait, écrivit-il sur sa tombe, un de ces
« barbares que la main maternelle de l'Église allait choisir
« au milieu des hordes ennemies et victorieuses, dont
« s'épouvantaient ses enfants, pour en faire des apôtres.
« Une fois baptisés, oints et sacrés par elle, sans jamais
« abdiquer leur énergie native, ils devenaient, comme saint
« Martin, saint Boniface ou saint Colomban, des médiateurs
« tout-puissants entre elle et un monde nouveau, et lui
« ramenaient en foule des fidèles nés hors de son sein,
« nés pour la combattre, mais transformés soudain en sol-
« dats dociles de la vérité :

« *Miraturque novas frondes, et non sua poma.*

« Cet Achille chrétien, trempé dès le berceau tout entier
« dans l'esprit moderne, rendu ainsi invulnérable aux
« regrets et aux engagements du passé, n'est sorti de

« cette onde stygienne que pour s'éprendre des seuls biens
« de l'âme, pour fixer, pendant quarante ans, ses regards
« sur le ciel et pour en montrer le chemin à des généra-
« tions éperdues. »

Lacordaire, de qui il a ainsi magnifiquement parlé [1], lui
avait fait aimer ce sacrifice de la vie religieuse, que la
vocation de sa fille lui fit connaître et sentir.

Lacordaire comme sa fille lui firent entendre que les
moines comme les chênes sont immortels. Oui, immortels,
quoi qu'on fasse pour déraciner ces fleurs terrestres et les
jeter au vent.

Oui, les spoliateurs et les proscripteurs auront beau recommencer leur œuvre, chaque jour prédite et provoquée
par les scribes du césarisme révolutionnaire : la chasteté
dévouée recommencera la sienne. Dans les greniers et les
caves des palais habités par les triomphateurs, sur leurs
têtes ou sous leurs pieds, il y aura toujours des moines
qui, s'ils replient leur froc, s'obstineront à donner leurs
cœurs à Dieu, aux pauvres, aux malades; il y aura des
vierges qui, si on leur ôte leur voile, se voileront encore
assez de leur fière pudeur pour se détourner avec un
magnanime dédain des maîtres de ce monde, pour jurer à
Jésus-Christ une inviolable fidélité, et garder ce serment,
s'il le faut, au prix même de leur vie.

---

[1] Outre cet éloge funèbre de Lacordaire, peut-être la page la plus
accomplie dans toute son œuvre, Montalembert a encore écrit diverses
autres notices, que je regrette de ne pouvoir ici que mentionner,
spécialement l'éloge de Donoso Cortès, celui de Lamoricière, etc.,
qui mériteraient mieux qu'une simple mention.

XI

COMMENT FINIT MONTALEMBERT.

Mgr Dupanloup l'écrivait un jour à Montalembert :

— J'aime vos solitudes, vos lacs, vos bois, votre granit...

Et il ajoutait, avec une pointe finement aiguisée :

— Et surtout votre amitié, qui a la netteté et la solidité de ce granit, et parfois sa tendresse [1].

En effet, racontait plus tard le même prélat [2], M. de Montalembert habite, au milieu des bois et des lacs du Morvan, un vieux château qui a encore ses tours et ses fossés, ses grandes salles, avec des tapisseries antiques, et des devises de chevalerie, fières et nobles, par exemple : *Bien ou rien ;* et encore : *Plus d'honneur que d'honneurs.* Puis, dans un appartement retiré, est sa vaste bibliothèque, vrai sanctuaire où il se tient avec ses massifs in-folio, pour son grand

---

[1] Lettre du 25 octobre 1855.

[2] *Correspondant,* janvier 1861.

travail, qui se prolonge souvent bien avant dans la nuit. Il est temps d'introduire le lecteur dans cette demeure, qui vit éclore tant de chefs-d'œuvre et qui appartient si intimement au sujet de ce dernier chapitre.

I

Lorsqu'il y vint pour s'y établir, le château, dont la situation était triste, était de toutes parts entouré d'une nature aride et dépouillée. Mais peu à peu, comme un homme se vêt, on vit les côtes environnantes se couvrir d'un manteau de verdure. Les lignes lointaines de l'horizon, ondulées gracieusement, mais tristes et grises, prirent la teinte sombre et harmonieuses des pins dont elles furent couvertes. Les étangs s'environnèrent de feuillage, et avec le temps, toute cette verdure vint entourer la demeure de celui qui avait planté ces arbres, et qui les avait cultivés et soignés avec intelligence et avec amour. Jamais on ne vit plus de poésie dans l'ombrage des bois! Partout on sent que ce n'est pas là la main d'un forestier vulgaire, mais celle, à la fois, d'un poëte et d'un artiste... Vingt années y ont suffi, un peu plus de temps qu'il n'en mit à obtenir la liberté d'instruction religieuse en France. Mais si la nature est lente, elle est fidèle, et elle récompense mieux que l'homme son patient cultivateur[1].

Au milieu de ces bois, de ces allées, de ces routes ombreuses, de ces parcs, le château prit un autre aspect. Flanqué de vieilles tourelles, entouré de fossés pleins d'eau

____
[1] OLIPHANT, *Op. cit.*, t. II, p. 209.

vive, avec son pont-levis et sa herse retombée, il reste sévère et grandiose ; mais l'horizon, le cadre et les vignes vierges qui en tapissent les murs extérieurs, lui donnèrent un aspect nouveau, attirant comme l'hospitalité antique du châtelain.

Le jour que M. Dupin vint l'y visiter, après avoir parcouru les devises et les emblèmes héraldiques qui couvrent les murs et les retombées du grand salon d'honneur, il ne put s'empêcher de s'écrier : « Voilà bien tout un cours de morale ! »

Ni espoir ni peur !… Pour l'âme et l'honneur !… *Ferrum fero ferro feror !*… Plus d'honneur que d'honneurs !… Toutes ces devises, qui sont des Mérode ou des Montalembert, encadrant une longue inscription consacrée à rappeler un trait héroïque de la Bourgogne défendant sa liberté, frappaient Dupin.

D'autres visiteurs aimaient mieux s'arrêter aux plaques commémoratives des messes célébrées par Lacordaire [1] et par Mgr Dupanloup [2] dans la chapelle, qui s'ouvre à la fois sur cette salle d'honneur et sur le salon voisin.

Mais, je l'avoue, pour ma part, c'est dans son vaste et sévère cabinet de travail que je me suis tout particulière-

[1] Hoc in sacello sacrosancta mysteria celebravit Henricus Dominicus Lacordaire, ord. Fratrum Prædicatorum in Gallia instaurator, oratorum hujus ævi facile principes ac vere dux verbi, amicorum optimus, apud adolescentiæ suæ amicum et commilitonem die xxiiᵃ, xxiiiᵃ et xxivᵃ septembris, a. r. s., 1853.

[2] In hoc sacello Felix Aurelianensis episcopus panem verbi tribuit et panem vitæ christianæ amicor. pusillo gregi qui pro Ecclesia libera in libera patria commilitare jamdudum soliti annos vitæ reliquos itidem Deo et libertati devovendi pactum instaurare.
Die octob. xiii A. D. M. DCCCLXII.
Aderant Alfredus comes de Falloux, Theophilus Foisset, Augustinus Cochin, Carolus comes de Montalembert, absens quidem corpore, præsens autem spiritu Albertus princeps de Broglie.

ment complu. Tout y est encore à la même place : le dernier journal que l'infatigable mourant a tenu dans sa main est resté là où il l'a laissé tomber, sur ce vaste bureau qui occupe et remplit le milieu de la salle. On y respire une atmosphère studieuse, recueillie, chrétienne, au milieu de ces épigraphes latines, de ces vers, de ces inscriptions à la fois si humbles et si fières[1]. On aime à considérer le paysage de ce même balcon de granit, dont Lacordaire lui donna la poétique inspiration et qui surplombe le cours d'eau qui s'enfuit au-dessous avec une rapidité symbolique, comme pour rappeler à l'illustre malade le déclin de sa vie et la récompense prochaine.

C'est là que Montalembert a vécu ses derniers jours. Tout y est encore rempli de sa présence, les chambres qu'il a habitées, les fauteuils qu'il a occupés, les chemins qu'il a traversés, la chapelle où il a tant prié, les salons qui retentissent encore du son de sa voix et gardent l'écho des causeries étincelantes de cet esprit qui resta jeune jusqu'au bout.

L'amitié, la piété, la science, le talent savaient le chemin de ce manoir, où jamais « l'ennui n'était parvenu à pénétrer un seul jour[2] ! »

---

[1] *Au-dessus de la porte d'entrée :* Da mihi, Domine Deus, cor pervigil, quod nulla abducat a te curiosa cogitatio; da nobile, quod nulla dehorsum trahat indigna affectio; da rectum, quod nulla sehorsum obliquat sinistra intentio; da invictum, quod nulla frangat improvisa tribulatio; da liberum, quod nulla sibi vindicet perversa cupido.

Tout autour : Tuumque nomen, libertas, et inanem prosequar umbram. — Jam non ad culmina rerum injustos crevisse queror; tolluntur in altum, ut lapsu graviore ruant. — Donec fortunam criminis pudeat sui, verba animi proferre et vitam impendere vero.

Au-dessus de la chaise longue : Grata quies, dum parta labore.

Au-dessus du baromètre : Variata sunt tempora, non fides.

[2] OLIPHANT, *loc. cit.*

Hélas! la maladie n'en faisait pas moins son œuvre lente et sûre. Un abcès s'était déclaré au côté droit et nécessitait de temps à autre de douloureuses opérations. Les chirurgiens venaient fréquemment sonder la plaie béante, afin d'empêcher le foyer de corruption qu'elle renfermait de se propager. L'intrépide malade se prêtait à ces opérations cruelles avec une admirable résignation. Il ne se faisait, du reste, aucune illusion sur son état. Le mal, il le savait, était incurable, et la mort seule devait en être le terme. Il la regardait s'avancer d'un œil ferme et serein, et il la désirait plus qu'il ne la redoutait. Il ne lui en disputait pas moins, avec le plus rare courage, les derniers instants de sa vie pour les consacrer aux causes qui n'avaient cessé de le passionner. Soldat de la plume, il devait, à l'exemple de plusieurs de ses ancêtres, qui avaient été de vaillants soldats de l'épée, mourir sur la brèche [1].

Un jour, ses meilleurs amis vinrent ensemble : Cochin, Foisset, le comte de Falloux, avec l'évêque d'Orléans. Ils voulurent tous communier de la main du prélat, leur ami. Ému de ce spectacle, l'évêque prit la parole, et, avant de les communier, il laissa tomber de ses lèvres attendries une exhortation que Montalembert ne savait pas devoir être pour lui la dernière :

— Messieurs, dit-il, je sens bien que, dans mon cœur, je vous donne un autre nom; mais il ne s'agit pas ici de moi qui ne suis rien. Il y en a ici un autre qui est tout; qui est au milieu de vous, et qui vous dit : Vous êtes mes amis... Oui, vous êtes mes amis, parce que vous avez persévéré avec moi dans les épreuves. Ma cause est la vôtre;

[1] DOUBLENS, *Op. cit.*, p. 384.

vous avez combattu, vous avez supporté pour moi, depuis longtemps, aujourd'hui, toujours. Et celui qui est votre ami, messieurs, est aussi votre maître ; et, comme me le disait hier l'un de vous, avec l'accent d'une foi profonde et d'une âme libre : Il est, après tout, le seul maître...

Puis il les exhorta à être patients, à être toujours pieux, unis à Dieu par la pensée et l'amour.

— Et que ce Dieu, fit-il en terminant, ce Dieu dont vous voulez être à jamais les vrais amis et les généreux serviteurs, vous bénisse, vous, vos amis, et toutes ces chères âmes qui vous entourent.

II

C'était dans les salons de l'évêché de Tulle.

On discutait je ne sais quel acte ou quel propos récent de M. de Montalembert, et l'évêque exposait, dans sa langue vive et pittoresque, ses divergences de vues avec celui que, selon sa familière et chrétienne coutume, il désignait par son nom de baptême. Tout à coup, il s'arrêta court, disant :

— Quel dommage que M. Charles soit libéral, lui qui est si versé dans les choses de l'Église, dans son histoire, dans ses récents livres, lui qui sait tout, qui est si fortement armé contre tous ces ignorants qui attaquent notre Église... lui qui aime tant les saints, lui qui a écrit la vie de sainte Élisabeth...

— Ajoutez, monseigneur, ajouta un interlocuteur, lui qui est un saint !

— Comment! comment! — Ceux qui ont vécu dans l'intimité de Mgr Berteaud connaissent cette formule interrogative qu'il affectionnait. — Est-ce que vous savez quelques détails intimes?

— Pas n'est besoin de choses intimes, monseigneur. La vie du comte de Montalembert est publiquement la vie d'un aussi sincère que vaillant chrétien. Que si vous voulez un détail intime, le voici : J'ai pu lire sur le bureau de M. de Montalembert une prière, écrite sans doute par une main chère et évidemment lue tous les jours, avec ce titre : « *Pour demander l'humilité.* Prière pour Charles. »

En entendant ces choses, l'évêque pleurait, et l'interlocuteur laissait voir une émotion profonde. — C'était Louis Veuillot[1].

Or, ce chrétien sincère et vaillant, ce preux qui demandait tous les jours l'humilité comme étant la vertu qui lui tenait le plus à cœur, a-t-il, comme l'insinuent ceux qu'il a combattus toute sa vie, fini dans un esprit de révolte contre la sainte Église?

L'évêque actuel d'Autun, alors professeur en Sorbonne et appelé chaque semaine par l'illustre malade à recevoir les secrets les plus intimes de sa conscience, depuis que le P. Matignon était parti pour Rome[2], s'indignait, dans une conférence célèbre[3], du doute émis à cet égard par le fils de Voltaire, et il le disait, avec l'autorité que donne

---

[1] Lettre de M. l'abbé Delor à M. Eugène Veuillot, 4 mai 1883.

[2] Avant le R. P. Matignon, M. de Montalembert s'adressait, pour ce ministère, au vénérable curé de Notre-Dame des Victoires, l'abbé Desgenettes.

[3] Leçon à la Sorbonne, au lendemain de la mort de M. de Montalembert.

à un témoin non suspect la fréquentation quotidienne de l'âme dont il témoigne :

« Je n'hésite pas à l'affirmer, M. de Montalembert
« obéissait toujours à cette noble passion de l'amour
« de l'Église lorsque sa main défaillante traçait naguère
« ces lignes où plusieurs ont cru entendre un cri de
« révolte, oubliant qu'à certaines époques critiques, des
« saints ont tenu un langage aussi ferme, aussi coura-
« geux, souvent plus hardi. En quel temps sommes-nous
« donc, en vérité, pour qu'on puisse se méprendre à ce
« point sur les intentions d'un des fils les plus dévoués de
« la sainte Église?

« Ah! on eût bien étonné un saint Bernard, on eût bien
« affligé une sainte Catherine de Sienne, si on leur eût
« reproché d'être des factieux, parce que le vif sentiment
« des périls de l'Église leur arrachait, comme malgré eux,
« des cris de douleur et de sévères représentations. En se
« taisant, ils auraient cru trahir. Et l'Église qui a profité
« de leurs pieuses audaces n'a jamais cessé de leur en être
« reconnaissante. »

— Jamais, disait-il à cette époque, je ne me suis senti autant de tendresse et de respect envers l'Église; je veux vivre et mourir, dites-le bien, dans le sein de l'Église catholique, apostolique et romaine. Je ne suis pas théologien, je ne suis pas philosophe, c'est au point de vue politique et social que je m'occupe des questions religieuses, je le fais avec toute liberté, mais aussi avec toute chance de me tromper, et en laissant à l'autorité compétente le droit et le devoir de me reprendre.

Il disait cela à M. l'abbé Besson, qui, lui ayant déclaré qu'il était ultramontain et souhaitait ardemment la définition de l'infaillibilité pontificale, lui expliqua en quoi consiste ce privilége divin, sans lequel l'unité doctrinale dans l'Église serait constamment en péril, et obtint de lui cette humble profession de foi :

— Quelques-uns demandent comment je finirai. Eh bien ! je finirai comme j'ai commencé, en catholique soumis[1].

Sans doute, celui qui, le 9 octobre 1869, avait écrit :
— Je suis de l'opposition autant qu'on peut l'être, — subit l'entraînement de ses répugnances contre une certaine façon d'interpréter la définition future, dont il disait :

— Ce qui me répugne à moi, ce n'est pas l'infaillibilité du Pape en matière de foi, ce ne serait que son omnipotence sur des questions politiques, omnipotence que des esprits exagérés chercheraient à ériger en dogme, comme une conséquence de l'infaillibilité doctrinale du Saint-Siége.

Sans doute, il est à regretter qu'une expression irrespectueuse — celle d' « Idole du Vatican » — ait passé sous sa plume; mais, outre que le mot n'est pas de lui[2], quand il l'employa, je le sais, il obéit à un sentiment analogue à celui que nous surprenions, lors de la chute de Lamennais, dans les suprêmes délicatesses de son âme, toujours généreuse à l'excès, lorsqu'il s'agissait de ramener un égaré dans la voie filiale d'une soumission difficile. Le moment n'est pas venu de tout dire à cet égard, et, en me taisant, j'obéis à un vœu, pour ne pas dire à un ordre dont on saura plus tard l'héroïque inspiration. Que

---

[1] Mgr Besson, *Op. cit.*, p. 281.

[2] Il le tenait de Mgr Sibour, archevêque de Paris, qui, le 10 septembre 1853, lui avait écrit : « La nouvelle école ultramontaine nous mène à une double idolâtrie : idolâtrie du pouvoir temporel et idolâtrie du pouvoir spirituel... »

si alors on continue de blâmer Montalembert de son zèle excessif, les esprits sincères reconnaîtront qu'il a mérité un blâme semblable à celui qu'il faudrait infliger à saint Paul, souhaitant d'être anathème pour ses frères.

Il est d'ailleurs une parole suprême, que les témoins de sa lente agonie ont recueillie sur ses lèvres, presque en face de la mort, et qui me semble étinceler sur son sépulcre comme le plus beau témoignage de sa foi.

Une personne entra chez lui et parla d'une brochure qu'elle venait de lire sur la question alors si ardemment controversée. Cette personne lui dit :

— Que ferez-vous, si l'infaillibilité est proclamée?

Il se redressa dans son fauteuil, avec un geste animé, et s'écria :

— On dit que le Pape est pour nous un père? Eh bien! il y a des pères qui veulent parfois nous imposer des choses peu conformes à nos idées. En ce cas, un fils cherche à persuader son père, il discute même avec lui. Puis, quand il voit qu'il n'y a plus moyen, il se soumet. *Je ferai comme cela.*

La personne reprit :

— Oh! vous vous soumettrez extérieurement; mais comment parviendrez-vous à arranger cette soumission avec vos convictions?

Il repartit avec plus de vivacité encore :

— Je n'arrangerai rien du tout. Je soumettrai ma volonté, comme on la soumet en matière de foi. Le bon Dieu ne me demandera pas de combiner quoi que ce soit; il me demandera de soumettre mon intelligence et ma volonté, et JE LES SOUMETTRAI [1].

<hr>

[1] FOISSET, *Op. cit.*, p. 105.

III

A un moment, le célèbre médecin qui le soignait avait semblé répondre de la guérison. Sur les conseils de Nélaton, d'ailleurs si conformes à l'attrait de son cœur, Montalembert partit pour le Morvan, reprendre son existence de « Laird de la Roche », comme M. Foisset se plaisait à dire par allusion à la physionomie quelque peu écossaise du vieux manoir perdu dans les ravins sauvages. Il n'y était pas retourné depuis trois ans.

Avant de partir, il avait envoyé à la Pologne un dernier cri de son âme, dévouée jusque dans les bras de la mort.

Un publiciste [1] a raconté avec émotion cet effort suprême :

« M. de Montalembert se soulevant avec effort de l'oreiller où sa tête est clouée depuis si longtemps, et voulant tenir lui-même la plume pour voir jaillir sa pensée, quand celle-ci doit attester la liberté d'un peuple et l'immortalité d'un droit, n'a plus que des admirateurs et des amis... L'écrivain catholique s'était fait placer dans un fauteuil, et par un acte formidable de sa volonté se courbant un peu, il a pu écrire une admirable oraison funèbre du général Zamoïski. L'œuvre terminée, il a laissé tomber sa plume, s'est fait transporter dans son lit et a écouté avec attention la lecture des pages qu'il venait d'animer de son souffle, de soulever de sa pensée. »

---

[1] Louis ULBACH, *Indépendance belge,* 7 février 1868.

Ah ! qu'il est triste d'assister ainsi à sa propre agonie, de sentir ses forces défaillir et se dérober à la vivante énergie d'une âme que le mal n'a point domptée !

En regagnant la Roche, il sembla au mourant qu'il allait réagir contre ce mal impitoyable et revivre dans son corps comme il vivait toujours dans son âme.

C'est là cependant que l'attendait une douleur poignante entre toutes.

Un disciple, un ami, un prêtre, un moine, qu'il avait aimé entre tous, dont il avait fait son confident, qu'il avait désigné dans son testament pour exécuter quelques-unes de ses volontés les plus chères, le successeur de Lacordaire à Notre-Dame, celui en qui il espérait survivre, le Père Hyacinthe donnait à l'Église le scandale d'une apostasie qui retentit dans le plus intime de son cœur avec une indicible torture.

C'était le 28 septembre 1869. Montalembert trouva dans son cœur outragé des accents d'un pathétique qui rappelle les sanglots du vieil apôtre de la charité, rappelant un autre prodigue, devenu chef de brigands après avoir été l'enfant chéri de l'Église naissante. Comme saint Jean, Montalembert dicta et écrivit cette lettre trempée de larmes, que mes lecteurs me pardonneront d'avoir voulu faire passer presque en entier sous leurs yeux, comme le dernier écho de ce grand cœur :

« La Roche-en-Brenil, ce 28 septembre 1869.

« Mon pauvre cher ami,

« Huit jours se sont écoulés depuis le coup terrible que « vous m'avez infligé par la publication de votre lettre « dans le *Temps,* et je n'en suis pas encore revenu. Pour-

« quoi donc faut-il que j'aie été condamné à assister, deux
« fois dans ma longue vie et de si près, à des catastrophes
« comme celle de M. de Lamennais et la vôtre? La sienne
« du moins s'est fait attendre trois ans, et, pendant tout
« ce temps, j'ai fait tous les efforts que comportaient ma
« jeunesse et ma faiblesse pour détourner le coup. Mais
« vous, mon pauvre ami, vous m'avez foudroyé! Com-
« ment avez-vous pu mépriser à ce point mes conseils,
« mes avertissements, mes prières? Je vous ai aimé avec
« la tendresse d'un vieillard et d'un mourant pour le fils
« chéri de son âme; je vous ai prodigué toute la lumière
« que je puisais dans cette affection, dans les nombreuses
« et profondes sympathies qui nous unissaient, et aussi
« dans ma longue et rude expérience des luttes d'ici-bas.
« Et vous avez pris cet affreux parti, que vous me lais-
« siez à peine entrevoir, non-seulement sans me consul-
« ter, mais sans même daigner discuter avec moi les
« termes de ce congé injurieux et calomnieux que vous
« venez de signifier à l'Église et à vos frères, à vos amis
« les plus chers et les plus dévoués!

« Vous avez méprisé bien plus encore que mon amitié :
« le grand exemple du P. Lacordaire, que je vous ai tant
« de fois cité, qui a rencontré, tout le long de sa vie, des
« croix bien autrement lourdes, des calices bien autre-
« ment amers que les vôtres, et dont le nom surgit dans
« toutes les mémoires et sur toutes les lèvres dans cet
« orage que vous venez de soulever si follement.

« Vous n'avez pas été persécuté, comme on le croirait à
« vous entendre, de ce *pharisaïsme* que vous avez mille
« fois raison de détester et de dénoncer. Personne n'en a
« moins souffert que vous, puisqu'il ne vous a point empê-

« ché d'acquérir, avant quarante ans, une autorité et une
« renommée sans rivales dans l'Église de France. Vos supé-
« rieurs religieux eux-mêmes vous avaient traité jusqu'ici
« avec une indulgence singulière et vous avaient laissé une
« liberté à peu près complète. Ce qui a manqué précisé-
« ment à votre gloire, ce sont les persécutions et les adver-
« sités où le génie et le cœur de Lacordaire ont pris leur
« trempe surnaturelle.....

« Vous en appelez au concile, et vous ne l'attendez pas,
« alors que deux mois à peine vous séparent de sa réunion.
« Mais d'avance vous l'accusez, vous le déclarez suspect,
« et, avec une iniquité par trop criante, vous lui imputez
« de n'être pas *libre dans sa préparation,* au moment
« même où les évêques d'Allemagne viennent de mani-
« fester à la fois leur souveraine indépendance.....

« Mais le plus grand des reproches que j'ai à vous
« adresser, c'est d'avoir trahi vos amis, vos frères d'ar-
« mes, en procurant le triomphe le plus éclatant aux déla-
« tions et aux prévisions insultantes de nos adversaires.
« J'ai vu pendant quinze ans le nom de Lamennais servir
« d'épouvantail, exploité par tous les esprits étroits et
« soupçonneux, serviles et jaloux. Si j'avais le malheur de
« vivre quinze ans de plus, j'entendrais de même opposer
« chaque jour votre nom à tout prêtre, à tout chrétien
« chez qui l'on verrait poindre une étincelle d'intelligence
« ou de générosité.

« En trahissant vos amis, vous avez surtout trahi notre
« cause, celle que nous vous avions tous confiée, nous
« champions jeunes et vieux de cette *royale liberté* qui est
« la loi propre du chrétien. Vous avez agi comme agirait
« M. Thiers, s'il s'avisait de quitter le terrain légal et con-

« stitutionnel, où il a remporté des victoires si imprévues
« et si fécondes, pour aller construire une barricade dans
« le faubourg Saint-Antoine.

« Hélas! mon pauvre ami, que votre châtiment sera
« terrible !.....

« Si vous avez le malheur de céder aux invitations, aux
« provocations dont les libres-penseurs et les *protestants*
« *surtout* vont vous assaillir; si vous entreprenez de vous
« justifier en attaquant de plus en plus l'Église votre mère;
« si vous devenez un orateur de réunions profanes et vul-
« gaires, vous tomberez dans le néant, au-dessous de La-
« mennais lui-même, qui a fini au moins par se retrancher
« dans le silence, et tandis que vos amis, comme moi, ne
« pourront que pleurer en silence sur votre déchéance ,
« vous deviendrez le jouet d'une publicité sans entrailles,
« sans frein, *ludibrium vulgi,* comme ces gladiateurs captifs,
« exploités et déshonorés, malgré leur noblesse naturelle,
« par les caprices de la foule obscène des païens.

« Vous le voyez, je vous parle sans détour, sans pré-
« caution, sans réserve. Je ne vous parle pas en chrétien,
« en confesseur, en docteur, je n'en ai pas plus le droit
« que l'envie; je vous parle uniquement en ami, en homme
« du monde, en vieux libéral, en vieux soldat amoureux
« de la lutte, de l'honneur, de la gloire, et de la vôtre
« non moins et peut-être plus que de la sienne. Écoutez,
« je vous en conjure, cette voix qui ne vous a jamais
« trompé, jamais trahi, jamais flatté, et qui vous indique
« aujourd'hui votre dernière chance de salut. »

Arrivé à cet endroit de sa dictée, Montalembert ne se
contint plus, il prit la plume, et, de sa propre main, écrivit
la fin de cette admirable lettre, soit qu'il ne voulût confier

à personne l'offre délicate qu'il allait faire, soit qu'il ne
pût dominer son émotion et qu'il en voulût retracer lui-
même l'expression éloquente :

« Laissez-moi encore vous donner une dernière preuve
« de cette affection.-dont vous n'avez. évidemment jamais
« mesuré la profondeur ni compris l'intensité. Mon âge me
« donne à la fois la triste expérience des nécessités de la
« vie, et le droit de prendre avec vous une liberté devant
« laquelle d'autres reculeraient peut-être. Vous devez être
« sans ressources matérielles, et cette pénurie ne peut
« qu'aggraver les difficultés inexprimables de votre situa-
« tion. Eh bien! je vous en supplie, confiez-moi vos
« embarras, et, pour en sortir, ne vous adressez qu'à moi
« et à ceux qui, comme moi, sont avant tout les amis de
« votre passé! Je ne suis pas opulent, mais j'ai une grande
« aisance, et jamais je n'aurai fait du superflu que Dieu
« m'a accordé un usage plus doux à mon cœur.

« C'est ce cœur, et lui seul, qui m'a dicté cette lettre.
« Pardonnez à ce cœur blessé, meurtri, profondément
« troublé par vous, pardonnez l'âpre franchise de mon
« langage. Sachez reconnaître *cette colère de l'amour* dont
« parle M. de Maistre. Surtout plaignez-moi de cette épreuve
« dont vous êtes l'auteur, épreuve ajoutée à tant d'autres
« et d'autant plus cruelle qu'elle tombe sur moi au moment
« où vient de m'être arrachée cette chère sœur Saint-Mar-
« cellin que vous avez vue chez moi et dont les soins
« incomparables, prodigués depuis plus de trois ans,
« avaient un peu adouci mon triste sort. Mais, certes, de
« toutes les peines qui pourraient m'être encore infligées
« avant ma fin, aucune ne saurait dépasser ni même égaler
« la cuisante amertume que vous me vaudriez, si je vous

« voyais poursuivre la voie fatale où vous êtes entré et
« sortir misérablement de cette Église que vous êtes fait
« pour servir, pour affranchir, pour honorer mieux que
« tous vos contemporains. Je m'arrète après en avoir dit
« beaucoup trop pour ce qu'il nous reste, à moi de force,
« à vous peut-être de patience.

« Je vous embrasse encore avec une triste mais invin-
« cible affection.

« Ch. DE MONTALEMBERT. »

On sait le reste. Le prodigue ne voulut rien entendre, et
Montalembert ne s'en consola point. Maintenant, il ne lui
reste plus qu'à mourir.

Il dit adieu, avec une tristesse accablée, à cette terre de
la Roche, où il avait tant aimé, tant prié, tant travaillé,
tant combattu ! Il se fit porter une dernière fois à l'église
du bourg, demandant comme grâce suprême, ainsi que le
rappelle la touchante épitaphe de son mausolée, de ne pas
mourir sans avoir jeté vers Dieu le suprême regret de ne
l'avoir point encore assez servi ni assez glorifié. Il partit
pour Paris, où la mort l'attendait.

IV

Elle fut soudaine.

La veille, rien ne faisait prévoir que la catastrophe fût
si prochaine : l'illustre malade avait, comme à l'ordinaire,
passé la journée dans son cabinet de travail, parmi les

19

livres qui étaient devenus, depuis longtemps déjà, sa principale compagnie.

De cinq à sept heures du soir, il avait, couché sur une chaise longue qu'il appelait son grabat et devenue sa dernière tribune, reçu quelques amis. La soirée s'était passée en famille. Rien ne fut remarqué, sinon qu'il semblait plus animé, plus gai, plus visiblement heureux des affections qui l'entouraient... A dix heures, il prenait péniblement le chemin de sa chambre à coucher. La longueur et l'isolement des nuits trop souvent sans sommeil lui étaient, depuis sa maladie, particulièrement tristes. Comme en cas, il y avait toujours des livres à côté de son lit. Ce soir-là, il lut plus longtemps que d'habitude, comme pour faire par ce dernier excès un dernier adieu à la passion qui avait consumé sa vie.

— Vous m'excuserez, monsieur le comte, lui dit à minuit la sœur qui le soignait, mais je ne puis vraiment pas vous laisser la lampe plus longtemps !

Le dimanche matin, à six heures, quand elle vint s'informer de son malade avant d'aller à la messe, elle reçut la réponse qu'il se sentait bien et que la nuit avait été bonne. Lui-même commença sa journée comme d'habitude, en prenant son livre de prières qu'il voulait toujours placé à sa portée.

Quand la sœur rentra, moins d'une heure après, le coup invisible de la mort était frappé : le malade se plaignit de vives et subites douleurs dans la région du cœur et à la tête.

Voyant la figure devenue tout à coup livide, le regard troublé, la parole à peine perceptible, la bonne sœur n'eut que le temps de s'écrier, en tombant à genoux : — Oh !

monsieur le comte, disons ensemble un acte de contrition !

— Pardon, mon Dieu ! répéta à deux fois, avec un inimitable accent d'humilité et de tendresse, ce grand et ferme chrétien : puis il inclina la tête vers le crucifix placé entre ses mains et tomba dans l'assoupissement avant-coureur de l'éternité.

Cependant madame de Montalembert, accourue au premier signal du danger, avait envoyé chercher le médecin le plus proche et surtout un prêtre. Grâce à elle, les dernières prières ont pu être dites, les onctions saintes appliquées avant que la vie se fût retirée.

Peu de jours avant la catastrophe, on l'avait vu se traîner douloureusement jusqu'à Saint-Thomas d'Aquin, pour aller s'agenouiller à la table sainte. Il était donc prêt.

C'est ainsi que le vaillant athlète ne cessa d'être le serviteur de l'Église qui combat que pour devenir un des membres glorieux de l'Église qui triomphe [1].

V

Quand le bruit de sa mort arriva à Notre-Dame, le P. Félix se disposait à monter en chaire.

— Je viens, dit-il à l'immense auditoire qui tressaillit sous la commotion de cette douleur inattendue, je viens jeter une grande tristesse dans vos âmes, mais il est de mon devoir de vous apporter ici cette douloureuse nou-

---

[1] Léopold DE GAILLARD, *Correspondant* du 25 mars 1870.

velle, moi qui fais partie de cette Compagnie de Jésus, qu'il appelait sa cliente...

Ainsi, sous ces mêmes voûtes où Lacordaire avait chanté, à l'unisson de la voix de son noble frère d'armes, les gloires de la vérité catholique, une voix éloquente parlait du deuil de tous.

Ce deuil fut porté par les représentants de toutes les nobles causes que le grand défunt avait défendues.

La Suisse catholique n'oublia point l'appui généreux qu'il lui avait donné aux jours de l'épreuve.

L'Irlande accourut monter la garde d'honneur auprès de ce cercueil, où il reposait avec une expression de sereine et douce majesté.

Les fils des martyrs de l'infortunée Pologne, la nation en deuil, vinrent conduire ce grand deuil de la France chrétienne.

C'était le 15 mars 1870. Depuis les funérailles de Chateaubriand, Paris n'avait plus vu un tel triomphe.

La Chambre se ressouvint de la plus noble gloire parlementaire de ce temps.

Comme la chaire à Notre-Dame à la mort de Lacordaire, la Tribune pouvait prendre le deuil de ce mort. L'un des députés rappela que le grand orateur avait dit un jour :

— Il me faut le bruit, les émotions, l'entraînement du combat; il me faut de grandes causes à défendre, de grandes passions à épouser; faites-moi rester un an dans l'inaction, confiné dans mon appartement, vous me tuerez!

Les députés, avec l'Académie, prirent place dans ce cortége où ce n'était plus la mort qui passait, mais la vie entière du défunt, avec toutes ses gloires et ses souvenirs généreux, qui défilait sous les yeux de la France.

La presse catholique fit écho. L'*Univers* s'encadra de noir.

Mais, l'orateur de Notre-Dame l'avait dit :

— L'Église se souviendra de lui, elle qu'il a si vaillamment défendue, elle qu'il appelait sa Mère!

L'Église lui devait son suprême hommage. Ce fut Pie IX qui le lui décerna, en ordonnant qu'un service solennel fût célébré à Rome, en souvenir des services rendus au Saint-Siége par le comte Charles de Montalembert, citoyen romain et patricien de la Sainte Église.

FIN.

TABLE DES MATIÈRES.

IV. — RENAISSANCE CHRÉTIENNE.

V. — CHOSES DU COEUR.

VI. — DÉBUTS PARLEMENTAIRES.

VII. — LE PAIR DE FRANCE.

VIII. — LE REPRÉSENTANT DU PEUPLE.

IX. — SOUS L'EMPIRE.

X. — *NOVISSIMA VERBA.*

XI. — COMMENT FINIT MONTALEMBERT.

FIN DE LA TABLE DES MATIÈRES.